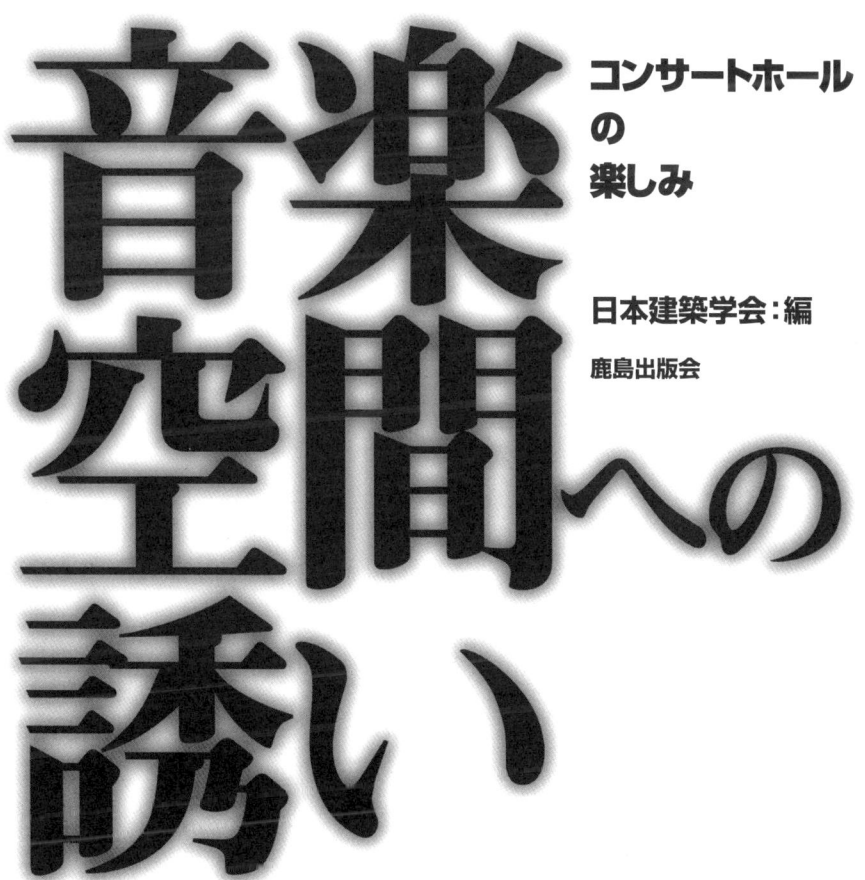

音楽空間への誘い

コンサートホールの楽しみ

日本建築学会:編
鹿島出版会

はじめに

　本書は、(社)日本建築学会建築計画委員会劇場・ホール小委員会が「音楽空間研究」と題して行ってきた研究資料を下地としてまとめられたものである。建築・音楽分野のさまざまな人に原稿を依頼・インタビューするといった形でまとめられた資料は、合わせてA4版500ページ弱に及んだ。これを材料として最後に委員会メンバーによる座談会・研究会を行い、それを加えて大幅に再編集したものが本書である。

　建築家が自分の設計したコンサートホールについて解説する時、しばしば音響を拠り所に語る場面に出会う。その後に話す音響設計者がもう話すことがないと冗談交じりに語るくらいである。つまり、建築設計者にとって、音響は脅迫にも似たテーマなのだ。それ故、語られていないデザインのキーが他にも多くあるはずという疑問をもち続けてきた。音楽を楽しみたいという期待に対して、観客や音楽家・制作者は、実際の音楽空間をどのように受け止め、利用しているのだろうか。また、設計段階ではあれこれ思いを巡らすものの、一旦施設ができ上がってしまうと、振り返って検証してみる機会が意外と少ないことも気になっていた。

　こうした疑問から研究会は出発した。コンサートホールにとって、音響・聴覚による情報が極めて重要な議論の対象であることは言うまでもないが、一方、見ることの大切さが軽視されすぎているのではないか、という素直な気持ちである。建築設計の多くは、視覚情報を最も頼りになる情報源として、それに貢献しているという事実だ。それを「聴くこと」と「観ること」の関係を手掛かりとして考えてみることから始めた。舞台と客席の関係のデザイン、ホワイエ領域のサービス計画などを探ることで、コンサートホールに求められている魅力を浮かび上がらせたいと考えた。

　楽しみながら具体的に学ぶといっ姿勢で、オーケストラコンサート鑑賞付きの研究会や千住真理子さんによるミニコンサートを企画したり、毎回盛りだくさんの内容、幅広い議論を行った。その意味で、本書には従来の建築書とは性格を異にするコンサートホールのキーワードが散りばめられていると確信している。音楽をより一層楽しみ、またその空間作りを考えるために、読者それぞれの立場からそれらを発見していただければ幸いである。

本杉省三

目次

はじめに……3

第1部 音楽ホールの魅力とは……6

- 1.1 音楽空間のデザインと楽しみ [本杉省三]……8
- 1.2 対談：わが愛しのコンサートホール [船越徹・本杉省三]……19

第2部 ステージサイドから見た音楽空間……30

第1章 作曲家と指揮者に聞く

- 1.1 現代音楽とコンサートホール [作曲家：小鍛冶邦隆]……32
- 1.2 街・ホール・オーケストラ [指揮者：井上道義]……39
- 1.3 コンサートホールの高揚 [指揮者：高関健]……46
- 1.4 空間演出への参加 [指揮者：大友直人]……57

第2章 オーケストラとソリストに聞く

- 2.1 オーケストラとコンサートホール [東京交響楽団]……64
- 2.2 オーケストラと聴衆 [新日本フィルハーモニー交響楽団]……79
- 2.3 ヴァイオリニストとステージ、ホール [ヴァイオリニスト：千住真理子]……89
- 2.4 ピアニストとステージ [ピアニスト：仲道郁代]……95

第3章 主催者とプロデューサーに聞く

- 3.1 音楽文化を育てる場としてのホール [児玉真]……100
- 3.2 コンサートを企画する、主催する [平佐素雄]……112
- 3.3 コンサートホールのにおい [西巻正史]……126

第3部 アーキテクトサイドから見た音楽空間 ……………… 134

第1章 音楽ホールの楽しみ方
1.1　ホワイエでピクニック　[勝又英明] …………… 136
1.2　ロス流、クラシックコンサート　[小野田泰明] …………… 141

第2章 音楽ホールの歴史
2.1　音楽ホールの道程　[清水裕之] …………… 147
2.2　音楽空間の様相　[井口直巳] …………… 155

第3章 音楽ホールのデザイン
3.1　ホールタイプの継承と再考　[澤岡清秀] …………… 165
3.2　ホールデザインが目指すもの　[斎藤義] …………… 171
3.3　ホールデザインのこれまで、これから　[伊東豊雄] …………… 177

第4部 音楽空間づくりの実践 ……………… 188

序 …………… 190
4.1　座談会：サントリーホールはなぜ成功したか …………… 192
　　　[本杉省三・斎藤義・井口直巳・武政博史・浦部智義・大月淳（司会）]
4.2　札幌コンサートホール・Kitara　[宮部光幸・藤垣秀雄] …………… 206
4.3　東京オペラシティコンサートホール《タケミツメモリアル》 …………… 221
　　　[武満徹・岡村雅子・柳澤孝彦]

資料編 年譜とホールデータ ……………… 238

1. 日本のコンサートホールの変遷100年 …………… 239
2. 日本のコンサートホール・データ

おわりに …………… 247

第1部
音楽ホールの魅力とは

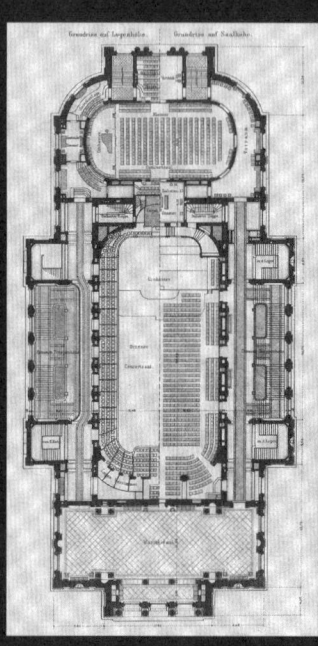

　居ながらにして世界中の音楽を聴くことができるのに、また気に入った音楽を何度でも、自由な時間に聴くことができる手段があるのに、なぜ決められた時間と場所にわざわざ出掛けて行くのだろうか。一回ごとに、一瞬の間に消えていってしまう音と時間に何を求めているのだろうか。なぜ、私たちは劇場やコンサートに出掛けるとき、普段よりちょっとおしゃれをしたりするのだろう。いつもよりゆったりとホワイエを歩いたり、普段なら座らなければならないところを立ったままコーヒーカップを手にもつことが、なにゆえ行儀悪くなく、かえってスマートなのか、短い休憩時間なのにシャンペンやワインをなぜ口にしたりするのだろう。演奏家も、なぜあんなに格式ばった格好をしたりドレスアップしたり

するのだろう。あるいは、コンサートホールというと、なぜみんな決まったように木のインテリアばかりを好むのだろうか。こうした疑問に対する答えは、簡単なようでもあるし難しそうでもある。昔からそうだったから、と言ってしまえばその通りだが、技術が発展し生活が多様化すればするほど、こうしたささやかな「?」に素直な気持ちで応えることの意義があるように思う。

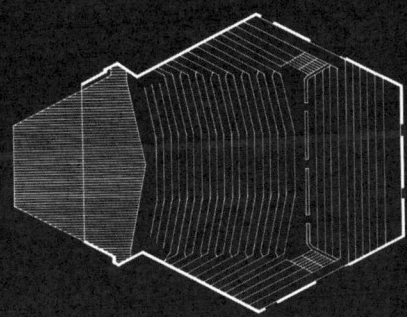

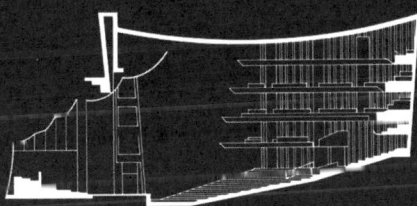

1.1
音楽ホールの魅力とは
音楽空間の
デザインと楽しみ

本杉省三

1. なぜ？

　居ながらにして世界中の音楽を聴くことができるのに、また気に入った音楽を何度でも、自由な時間に聴くことができる手段があるのに、なぜ決められた時間と場所にわざわざ出掛けて行くのだろうか。一回ごとに、一瞬の間に消えていってしまう音と時間に何を求めているのだろうか。なぜ、私たちは劇場やコンサートに出掛けるとき、普段よりちょっとおしゃれをしたりするのだろう。いつもよりゆったりとホワイエを歩いたり、普段なら座らなければならないところを立ったままコーヒーカップを手にもつことが、なにゆえ行儀悪くなく、かえってスマートなのか、短い休憩時間なのにシャンペンやワインをなぜ口にしたりするのだろう。演奏家も、なぜあんなに格式ばった格好をしたりドレスアップしたりするのだろう。あるいは、コンサートホールというと、なぜみんな決まったように木のインテリアばかりを好むのだろうか。こうした疑問に対する答えは、簡単なようでもあるし難しそうでもある。昔からそうだったから、と言ってしまえばその通りだが、技術が発展し生活が多様化すればするほど、こうしたささやかな「？」に素直な気持ちで応えることの意義があるように思う。

ベルリン・フィルハーモニーのホワイエ　1963年竣工。設計はハンス・シャロウン。ホワイエの一部は客席部の下に潜り込んでおり、ひとまとまりとして計画された空間の中に人の動きを計算した多数の階段が配される。

2. すべてがデザインされる音楽空間

　デザインというと、どうも視覚的なことばかりをイメージしてしまうが、そんなことはない。作曲家は音をデザインしてい

るわけだし、演奏家は作曲家の意図を人々に伝えるために音を具体化するデザイナーである。また市民と音楽をどのように結びつけるのかを考えるマネージメントも、音楽活動をデザインしていると言える。そして、それらがひとつに結ばれる場所が音楽空間であるとするならば、建築としてのコンサートホールは、あらゆる面から音楽を総合的にデザインする場であるのではないだろうか。

　ところが、イヤな建築にたくさん出会っているせいだろうか、デザインというと建築家のお遊び・独り合点と思っている人が少なくない。しかも、新しいホールができて話題の焦点になるのは、音響がかなりの割合を占めている。「コンサートホールは、音が良ければ他のことはどうでもよい」などと偏っているとしか思われない発言をする音楽人にもよく出会う。演奏家自身に「音楽と聴衆・観客との関係はどのようにあって欲しいのか」、「どのような空間デザインが好ましいと感じているのか」そうした質問をすると、「そんなことよりも音が良ければそれで十分なのだ。デザインなどとわがままで余分なことを考えているから、いいホールができないんだ」と繰り返し言われたときには、正直こうした音楽人たちから素晴らしい音楽が生まれるのだろうかと大きな疑問を抱いてしまう。

　彼らが信奉するコンサートホールの代表格は、何といってもウィーンのムジークフェラインスザール（楽友協会大ホール）だ。あのインテリア空間のきらびやかさは逆の意味で、聴衆が音楽に求めるものを象徴している。それはデザインに満ち満ちている。バルコニーを支える柱は彫像で飾られ、壁や天井には古典的様式に基づいたモールディングが金色に彩られている。そして眩いばかりに輝くシャンデリアや舞台背面の豪華なオルガンは、聴衆の視野から消えることがない。それは、常に聴衆の目に映り込むよう堂々と存在感を持って配置されている。それは、どこにでもある

ウィーン、ムジークフェラインスザールのインテリア　1869年竣工。座席数は1680席。設計はテオフィール・ハンセン。カリアティーデと呼ばれる女神像、アポロとミューズが描かれている天井、シャンデリアなど煌びやかな装飾である。

家庭の居間でも音楽室でもない。当時の富裕層にとっても真似のできないほど特別な場所、どこにもない場所である。それを威厳をもって示している。特別な場所へ特別な服を着て音楽を聴きに行く。そこでは見るもの聴くものすべてが人々の五感に刺激を与える。それが、より一層感動を豊かなものにしてくれるというわけだ。視覚的デザインが音楽空間にとって無用のものであったとしたら、これらをどのように説明すればよいのだろうか。その時代ではそうした装飾が当たり前であった、というだけでは何の説明にもならないだろう。つまりムジークフェラインスザールに象徴されるように、いつの時代であっても音楽空間は細部に至るまで全てがデザインされているのだ。

3. 良いホールとは？

良いホールとはどんなホールだろうか？これに対する答えは簡単である。コンサートを企画・制作するプロデューサーにとっては、「お客さんの来るホール」が良いホールである。演奏家が誰であれ、内容がどうあれ、お客さんが入らないことには公演も商売も成り立たない。シューボックスもアリーナもお客さま次第であるというわけである。「良い響きのホール」こそが良いホールだというのは演奏家である。観客との関係は唯一「音」で結ばれていると判断している。「音」が空間との関係、観客との関係の中でどのように形成されるのか、それらを一気に飛び越して、とにかく「音」なのである。一方、ホールを借りて自分たちで演奏会や発表会を催す者にとってみると、「貸料金の安いホール」こそ一番の条件である。身銭を切って演奏会を実行しなければならない彼らにとっては、いくら音が良くても、使用料金が高いホールは単なる高嶺の花にしかすぎない。さらには、普段トイレで苦労している女性客にとってみれば、トイレの数こそが問題で「並ばずに用が足せるホール」が良いホールということになる。

しかし、それでなくても経費削減を迫られている管理者にとっては「維持費がかからないホール」であり、行政にとっては「議会で問題にならないホール」、政治にとっては「利用率が高いホール」が良いホールである。どのような文化政策をもって運営しようとしているのか、自主事業でどのようなことを行っているのか、そんなことはあまり問題ではない。逆に、いつも話題を求めているマスコミにとっては、音が悪く、トイレは少

なく、見難い席があり、運営が難しいホールの方が記事になる。すなわち、「記事になるホール」こそが良いホールである。そして建築家はというと、客席に人のいないガランドウ状態で「写真映りの良いホール」というのがお決まりであろう。

　こんな言い方は、随分皮肉っぽく聞こえるかも知れないが、世の中でホールについて話すときに、多くの人が決まって話題にすることではないだろうか。それらはどれも当たっている。間違いではないだろう。では、それを満足させれば良いのかというとそうではない。そんなことは当然のことで、そのために建築デザインとして何ができるのか、何をしなければならないのか、そこを話題にしたい。

4. 一日でわが家のようになる

　「一日でわが家のようになった」と新国立劇場で「アイーダ」の演出をしたF.ゼッフィレリが設計者の柳澤孝彦に、そこでの仕事のしやすさを話し掛けてくれたということを聞いた。その表現の何とも温かな感じが私は気に入った。新国立劇場は、都心の2LDKないし3DKならおよそ1000戸分の広さを持っているし、エアヴォリュームならさらにその数倍はある。その位のヴォリュームを使って、オペラや演劇などを制作する舞台芸術家の贅沢な感覚を羨ましいと思ったのではもちろんない。劇場やホールに一旦入ってしまえば、出演者たちは楽屋と舞台しか知らない。舞台に立つ、演奏するという圧迫されるような緊張を強いられる彼らにとって、楽屋は唯一リラックスできる場になる。そんな彼らが、望むことがどこよりも居心地の良い「わが家」ということなのだろう。

　ゼッフィレリ自身は演出家だから自分が舞台に立つわけではないが、彼の意図が出演者によって表現されるわけで、その意味で彼もまた観客の目に曝されている。つまり、その感覚は出演者そのものだし、出演者を気持ちよく舞台に送り出し、良い演奏をしてもらおうと心を砕いているプロデューサーをも代弁していると言える。また、このことは多くの観客の意識化に共通するものなのかもしれない。どこにも拠り所のない、人気のない寒々しい場所でなく、温かな人の気配が漂うホッとするような場所が望まれているのだろう。もともと小さな部屋である楽屋を「わが家」のように作ることは難しくないだろうが、舞台やホールは、その大きさや他者との関係から、どう考えても

「わが家」というわけにはいきそうもない。しかし、その場に慣れることで「わが家」のようになるのだとすれば、いち早くそうなるような雰囲気をデザインすること、ある種の緊張感と同時に親しみのある落ち着ける空間を作ることが、それに近付くことなのだろう。そこは、住いでいえば親しい友人や客を迎え入れ談話する場のようなものかもしれない。リビングルームのような感覚でホールをデザインするということだろうか。

5. 良いホールであることが良いことなのか？

「見えることは重要だよ。でも、全部が見えなくたって、かえってその方が観客の想像力をかき立てる、よく聞こえないから余計に耳をそばだてて集中する、そういうことってあるでしょ。」と演出家で俳優の串田和美に言われてしまうと、ハッとする。「そうだよな、そういうことって確かにあるよね。」と、こちらも妙に納得してしまうところがある。

かつての劇場は、舞台が狭かったり、楽屋が少なかったり、遮音が十分でなかったり、使い勝手を含め、いろいろな面で今の水準から劣るものが多かったかもしれない。しかし、そこに行くだけでワクワクさせる魅力があった。それがどれだけ大切なことなのか、ということを暗示しているのだが、その魅力作りこそが難問で設計者を悩ませる。無論この問いは、劇場に限らずコンサートホールにおいても同じ意味をもっている。串田和美の話を聞いていると、文句の付けようもないホールであることが果たしてそんなに素晴らしいことなのか、計画研究や設計はひたすらそれを追求するべきなのか、それが目指す目標なのか、建築は何を提供すべきなのか、できるのか、そんなことを振り返らずにはおれなくなる。機能以上のもの、良いということ以上のものが存在しているということをどのように説明し、作り出せばよいのだろう。

世界で最初の公立コンサートホールとして位置付けられるライプツィッヒの初代ゲヴァントハウス（1781年）も、空間は随分と小振りだったようで天井高が7.35m、全容積は2131m³にすぎない。そもそもは呉服組合の会館であった建物内の市立図書館が引っ越したのを機に改造されたコンサートホールだ。だから制限付きだった。現代の水準からすれば機能的にやや劣るかも知れないけれど、しかし、ゲヴァントハウスの出現は、現在新築されているコンサートホールとは比べようもないくらい

魅力的だったに違いない。当時の様子を描いた絵が、その大らかな気分をよく表現している。いずれにせよ、何か苦戦しそうだというところでも、芸術家たちは、逆にそこから何かしてやろうという創造意欲を奮い立たせる。聴衆も想像力を膨らませる。そんな意欲を湧かせる空間、人との出会いこそが大切だということを思い知らされる。

また、P.ブルックの言葉を借りて「建物が美しくても、生命力の爆発が起こらないこともある。劇場というものの不思議が解明できなければ、劇場建築がひとつの科学として整う望みはない。」と語った吉井澄雄（舞台照明家）の真意もそれに通じるところがある。劇場の不思議は、コンサートホールの不思議にも通じるものだ。私たちは、人間同士の精気ある関係によって生まれる感動がそこにあると信じて行く。その関係は、お互いが求め合わないところには生まれないし、またお互いに求めるものが違っているところにも生まれない。創造意欲をかき立てる、生命力を爆発させる、そんなコンサートホールのデザインは、やはり舞台と客席の静かだが刺激的な関係を解く中に存在している。

6. 時間の蓄積、記憶の蓄積

こうした意識を育てるためには、時間の蓄積が必要なのであろう。ヨーロッパのホールには、そうした過去から受け継がれている記憶があり、その厚さが音楽と聴衆を結び付けているのかもしれない。ヨーロッパの各地域・各都市に19世紀に建設された幾百ものコンサートホールがそのまま残っているわけではない。しかし、たとえ少なくなってしまったとしても、残り続けてきたものが、人々の記憶・音楽の記憶を代々伝えてきた。姿を変えながらも伝え続けてきた。そのことによって音楽の空間と人々の関係もまた生き続ける。

実際ライプツィッヒでは、ほぼ100年ごとにコンサートホールが生まれ代わってきた。どの時代のホールも市民に愛され、市民に記憶されてきたに違いない。しかし、最初のゲ

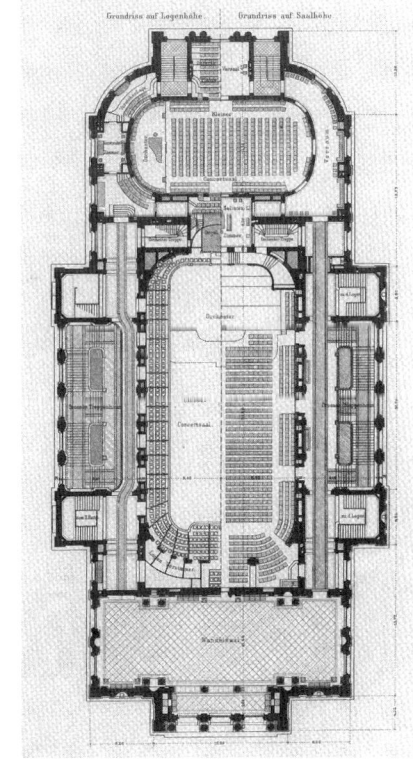

ノイエス（旧）・ゲヴァントハウス・平面図面　使用年代1884～1944年。設計はM.グロビウス、H.シュミーデン。大ホールは、初代ゲヴァントハウスと同じシューボックス型であるが、座席数は約3倍の1560席。

ノイエス（新）・ゲヴァントハウスのホワイエ 1981年竣工。設計はシェコダ、ゲッシェル、スツィーゴライト。客席数は1905席。急な客席勾配の下にあるホワイエ空間は、ガラス面に包まれている。

ヴァントハウスは、第2代目(旧)ゲヴァントハウスが完成（1884年に）した翌年には、惜しげもなく取り壊されてしまった。新しいコンサートホールは、座席数が約3倍になった大ホールと初代のホールをほぼ踏襲した小ホールから構成されていた。コンペで選ばれたM．グロピウスとH．シュミーデンによる建築は、新古典主義のファサードの構えをもつ堂々たるもので、そのホール内部は、改造によるインテリア空間しかもたなかった初代とは比べものにならない豪華さに溢れていた。正面にオルガンを配し、両側面の上部には半円形の高窓から自然採光を取り入れ、光輝くシャンデリアと共に壁面や天井面の装飾やフレスコ画が、当時の建築様式を思う存分表現している。しかし、1944年の戦禍で半ば崩壊してしまうと、1968年には石造の壁面を残し往時の姿を留めていた建物が取り壊されてしまう。そして3代目の新ゲヴァントハウスが1981年に出現することになる。

　その建築は、K.F.シンケルの流れを受け継いだ2代目とは大きく異なり、ホールをややブルータルなコンクリートの塊で表現し、それを宙にもち上げ、その下にできるホワイエ空間をガラス面が包み込むといった構成になっている。外観は、音楽空間をイメージさせる優雅さからは遠く、むしろ当時の社会主義建築特有の、無骨ともいえる量感と機能をそのまま表現している。しかし、もち上げられたホール・ヴォリュームの下、すなわちホワイエの天井面に描かれた壁画は、夕方にもなると明かりが灯されたホワイエを行き交う人々の背景となり、広場を楽しいものにしている。また、ホール自身の内部空間も、前2代からは想像もできないくらいの変身振りだ。舞台を中心に観客席が四周を取り囲むアリーナ形式を採用している点は、ベルリン・フィルハーモニーと同様であるが、全体の構成はずっと単純で素直な構成になっており、仕上げ材・色彩共に深みを感じさせる印象で統一されている。ハイサイドライトやシャンデリアを有する装飾性に満ちた以前の空間からは、それこそ正反対の位置にあり、地味で目立たないが、力強さをもったインテリア空間となっている。

　このように常に前のホールとは異なった敷地、異なったスタイルでホールが作られてきていることが何を意味するのか、考

えてみないわけにいかない。バッハ以来の伝統を受け継ぐ音楽都市ライプツィッヒにとって、コンサートホールは都市の象徴であり、アイデンティティの表明でもあったに違いない。それ故、コンサートホールのデザインが、そのまま時代や社会、あるいは人々が音楽に期待するものを表していると言える。時間や活動の記憶を蓄積することは、何も空間やデザインをそのまま維持することではない。演奏スタイルが時代と共に変化するように、建築空間も時代・社会と決して無縁ではいられない。いくらフルトベングラーやトスカニーニが素晴しかったからといっても、あるいは、いくらウィーン・フィルやベルリン・フィルが高い評価を得ているからといって、そのスタイルをそのまま踏襲する人はいないし、そんなことをしたら軽薄のそしりを免れない。コンサートホールの空間もそれと同様のことが言える。歴史から学ぶことは多いが、今作るとなれば、今の時代が解釈する精神を持ってデザインされなければならない。

大社文化プレイスのホワイエ
1999年竣工。設計は伊東豊雄建築設計事務所。大ホールは600席・小ホールは250席。開放的で伸び伸びとしたホワイエ空間をつくり出している。

7. 行くだけで半分治ってしまう病院、行くだけで楽しくなるホール

　これまでは医者や看護婦が働きやすい病院とはどういうものかを追求してきたけれども、この考え方だけではダメなことがわかってきた。「これからは、そこへ行くだけで半分治ってしまうような魅力ある病院を作らねば」と教えてくれたのは、病院建築を30年間研究してきた長澤泰（東京大学教授）だ。劇場やコンサートホールの問題と重ね合わせてみると、なるほどと思わせるものがある。

　最近できたホール施設で、私がホッとするのは大社文化プレイスである。伸びやかで大らかな共通スペースやホワイエ空間は、そこにいるだけで気分が晴れ晴れしてくるし、何時間いても飽きない場所である。実際、町の人たちが誰彼となく寄ってきては、しばらく時間を過ごしている姿を見ると、こちらまでゆったりした気持ちになる。外部に

ビッグハート出雲の白のホール内部　1999年竣工。設計は小嶋一浩＋小泉雅生／C+A。341〜441席（白のホール）。白ホールは、音楽時には2層のバルコニー席をもつシューボックス型、演劇時には袖舞台をもつプロセニアム形式の劇場となる。

モルティングス・コンサートホールの内部　1967年竣工。設計はオヴ・アラップ事務所。座席数は824席。1967年にビール製造所を改築してコンサートホールにしたもの。一度焼失し、1970年に再オープンした。

も楽しみを誘発するような場所があるし、楽屋に面してテラスが設けられていたりと、内部と外部が気持ちよく繋がっている。

　観客としてワクワクさせてくれるホールは、ビッグハート出雲のホールだ。コンサートホールのモードと劇場モードのふたつのスタイルをひとつのホールで実現しており、コンパクトでありながら多層のギャラリー構成をもつ空間が楽しい。ホワイエと一体化されたホール空間は、自然採光が入ってくるようになっており、外部空間の一部を切り取って屋根を掛けたような、そんな溌剌とした新鮮な空気を感じる。ホール内のアチコチを動き回ることを許してくれるような雰囲気があり、好きな場所を選んで自分なりの楽しみ方を発見することもできる。

　やや趣は異なるが、秋吉台国際芸術村も独自の雰囲気をもっている。町から遠く離れた山間に行く人々は、既に行く前からモチベーションをあげ、心構えをして行かなければならず、否応なく気分を高めさせることになる。極めて特徴的なホールは、音楽と空間の関係を自問させるような意図に満ちており、見ることや聞くこと以上のものを投げかける現代音楽のメッセージと重なり合っている。

　音楽ではないが、こうした感覚を劇団自らが演出して作り出してしまうのが、劇団第七病棟である。これまでにも銭湯、映画館、倉庫等を改造して公演を行ってきている。座長の石橋蓮司はまさに神出鬼没。都市に埋没し消え去る運命にある空間に魅力を発見し、演劇活動を展開している。そして、場所性を露わにすることで劇場空間に仕立て、既成の劇場空間では得難い芝居本来の醍醐味を私たちに取り戻させてくれる。音楽では、ビール製造所をコンサートホールに改造したモルティングスの事例が広く知られている。恒常的なコンサート空間としないまでも、ふさわしい音楽と場の出会いがもっとあっていい。

ハノーヴァー・スクエアルームズ内部の絵　1775年頃建設された。ハイドンがたびたび指揮したことで有名。ロンドンにオープンしたイギリス初の有料公開コンサートホール。

8. 現代に生きるコンサートホールのデザイン

　今日、コンサートホールと言えば、誰もがある空間を想像できる世界共通のビルディングタイプである。が、そのもとはヨーロッパにしか見られない特異な空間だと言える。それは、17世紀末から18世紀にかけて管弦楽曲が宗教音楽から独立して作曲、演奏されるようになって初めて生まれてきた建築物である。

　宮廷や貴族の館、上流階級のサロンとしての始まりから考えても、その空間に期待されていた雰囲気は、今日とは随分違っていた。1775年ロンドンにハノーヴァー・スクエアルームズが、イギリス初の有料公開コンサートホールとしてオープンしている。それは、バルコニー席もなく比較的あっさりしているように見えるが、正面にオルガンを配置しており、既にコンサートという機能以上の雰囲気を意図的に作り出そうとしていた様子を伺い知ることができる。別室には喫茶室や談話室が用意されているなど、当時最も最先端の社交場として品格と麗々しさに溢れていたと記述されている。ここにはハイドンも招かれていたし、今日いうところのプロデューサー、興業師ザラモンの存在も知られている。こうした新しい職業が生まれ出てくる

背景に、産業革命以降の新しい富裕層が社会の中心に躍り出て、彼らが求める音楽のイメージがそのまま形になって現れた姿を垣間見ることができる。

　社会構造と経済構造はいち早く新時代を築いたが、建築が新しいデザインの拠り所を見つけ出すのは、ずっと後のことである。そして音楽という目に見えない驚異のために、建築家のみならず音楽家自身もまた、そのあるべき空間について、自信をもった解答を提示できないままに自分の殻に閉じこもってしまっているように思える。

　私たちの記憶の多くが、活動のみならず空間と共にあることは誰もが知っている通りだ。そして記憶の証として、しばしば人はそれを実際の姿、すなわち建築物として留めることを希望する。木のホールに音楽家たちがこだわったり、音を出してもいないのに「何だかここはいい演奏ができそうな気がする」と感じるのは、期待するものがあり、それを時間や記憶と結びつけて感じているからではないのか。クラシック音楽創世記の時代そのままを維持し続ける優れたコンサートホールは、もちろん掛け替えのない私たちの財産である。しかし、H.シャロウンによって提案され、H.V.カラヤンによって生き生きとした音楽空間として成長してきたベルリン・フィルハーモニーホールのようにその時代、その社会の中で生きている建築家や音楽家が、協力し合って新しい空間と音楽の関係を築き上げるチャンスがアチコチに存在しているのが現代日本であるように思う。それに向かって、果敢に挑戦して行くのが私たちの使命ではないか。安易に従来通りのスタイルに頼るのでなく、生活に喜びや希望を感じさせるような、そんな楽しい音楽の空間を作り出したい。それこそが人々と音楽の潤滑油である。

1.2 音楽ホールの魅力とは
「わが愛しのコンサートホール」

対談：船越徹・本杉省三

本杉◎船越先生は、単にクラシック好きというレベルでなく、数十年に亘って、何千回とコンサートに行かれている人並みはずれたクラシック音楽愛好家でいらっしゃいますが、それほどクラシック音楽（以下、音楽）を好きになられた理由は何でしょうか。それらのことと深く関係すると思いますが、音楽やオペラとの出会い、初めてコンサートに行かれた経緯なども合わせてお聞かせいただけますでしょうか。確かご自身でもコーラスをなさっていたとお聞きしたことがあるのですが、コーラスをはじめるきっかけなどもお伺いできますでしょうか。

船越◎直接音楽に傾倒していく理由ではないですが、私が初めてコンサートに行ったのは小学生のとき、恐らく学校行事で、旧奏楽堂に山本五十六を歌ったカンタータみたいなのを聴きに行った記憶がありますから、もう随分前ですね（笑）。

本格的に音楽を聴き出したのは、高校に入学するかどうかの頃、自宅にSP用の電気蓄音機はありましたから、友人からワインガルトナーの「運命」とワルターの「未完成」のレ

船越徹氏

コードを借りて聴いたのが、音楽にのめり込んだ始まりですね。借り物のレコードなのに、すり減るほど聴きました（笑）。でも次第に、その電蓄では満足できずに自分で作った電蓄で、トスカニーニの「ローエングリン」や「こうもり」の序曲を大音響で聞いたりしていました。

初めて自発的にコンサートに行ったのは、成蹊高校の音楽好きの友人2、3人と「コンサートに行こう！」ということになって、当時、アメリカから帰国したばかりのバイオリニスト江藤俊也のリサイタルを、日比谷公会堂に聴きに行ったときですね。まだ1947、48年当時ですから、夜間は米軍が使用していて、ウィークデーの昼間だけの公演でしたが、高校生で時間は何とかなりましたので、何回か通っているうちにコンサートにはまりました。その当時

の思い出で、特に印象に残っているのは、日比谷公会堂や帝国劇場（以下帝劇）にはねずみがいたこと（笑）。それと日劇にはホリゾントがあって、その前に今日のものよりも段数が多くて高いひな壇があったのですが、公演時にひな壇に並ぶオーケストラより強く、後ろのホリゾントに照明が当てられ、オーケストラがシルエットのように見え、そこに近衛さん独特の指揮姿が浮かびあがる照明が印象的でしたね。

　楽器のほうはオーボエを少しやってみたこともあるのですが、どちらかといえば、そういったレコードを聴いたりコンサートに通った経験が、その後大学生時代に遠山信二（遠山一行の弟）主催の「宗教音楽研究会合唱団」に参加する動機にもなったのだと思います。合唱団に参加して、初めて歌ったのがモーツァルトの「レクイエム」だったのですが、その後は音楽を自分で行う側としても一所懸命にやりました。

本杉◎なるほど、コンサートも若い頃から大人に連れて行かれたというよりも、ご自分でチケットを買って聴きに行くということのほうが多かったわけですね。建築家になられたのが不思議なくらい若い時代から音楽に包まれた環境だったようですね（笑）。クラシックのもうひとつの代表格のオペラとの出会いはいつ頃で、どこの劇場に観劇に行かれたのでしょうか。また相当昔から外国でオペラもご覧になられていたのでしょうか。

船越◎海外でのオペラは、自分で仕事をするようになってからですのでずっと後ですが、帝劇で上演されたグルリット指揮の「ドン・ジョヴァンニ」（1948年）が初めてだったと思います。当時、帝劇のオペラは藤原歌劇団で、もちろんキャストは変わりますが、今の歌舞伎と同じように20日間程連続で公演が行われていました。藤原義江、木下保をはじめ、カルメンなら川崎静子、ソプラノなら砂原美智子、畑中亮輔、下八川圭祐といった人たちの全盛期で、キャスト面でも一番楽しめる初日と最終日の2公演は必ず行きましたね。若くて体力はあったから、始発電車に乗って行列に並んで安くて良い席の切符を買ったものです。

　その後、当時の宝塚劇場での初めてのイタリアオペラ来日公演「フィガロの結婚」でシミオナートが一幕で歌ったアリアは今でも耳に残ってます。その他、印象的だったのは「アイーダ」です。公演そのものは総じて素晴らしかったのですが、宝塚の舞台の奥行きでは、凱旋の行進のシーンで集団が歩いてくるという表現が難しく、仕方がないから舞台の上をあっちこっちに行ったり来たりして、さらにだんだん人が増えてくるので舞台上がぎっしり一杯になってさまにならない（笑）。こんな舞台じゃダメだなぁと感じた記憶がありますね。

本杉◎旧奏楽堂・日比谷公会堂・日劇・帝劇・宝塚という、いわゆる古くて名だたる劇場・ホールが全て出てきましたね（笑）。その後、船越先生がコンサートやオペラに頻繁に通われるようになった数十年の間に、神奈川県立音楽堂・東京文化会館・日生劇場など、名のある劇場・ホールが幾つか日本には建ち上がってきましたが、船越先生にとって一番印象的な劇場・ホールあるいはオープニングで印象に残った劇場・ホールなどはどこでしょう。

船越◎音楽好きの立場でいえば、日生劇場のオープニング（1963年）は凄かったですね。その建築の完成もさることながら、オープニングでマゼールが指揮をしたベルリ

日生劇場の外観 1963年竣工。設計は村野・森建築事務所。座席数は1330席。ベルリン・ドイツオペラの柿落としなど、我が国のオペラシーンに残る名公演も行われ、竣工後すぐ日本を代表する劇場となった。

ン・ドイツオペラ「トリスタンとイゾルデ」が、今でも耳に残っているくらい衝撃的でしたね。それはもう、「新しいものに触れた」というそれこそが凄いことだったのですね。当時は、「ワグナーは長すぎて眠くなる」というような話がよく書かれていましたが、私にとってはすごく素晴らしかった。このオープニングシリーズはチケットを買うのに徹夜で並びましたが、同時に上演した「フィガロの結婚」・「フィデリオ」・「ヴォツェック」もそれぞれ非常に興奮しましたね。

本杉◎日生劇場のオープニングについては、いろいろな方からエピソードを伺っています。結果的には大変成功したようですが、例えば、公演に先だって日本から劇場図面をベルリンに送ったところ、オーケストラピットなんかが非常に狭いことにクレームがついたので、関係者が急遽、泰明小学校の校庭にオーケストラ分の椅子を並べて屋上から写真撮影し「日生劇場でも大丈夫です」と連絡したという話ですとか、また実際、劇場に来てからも「こんな小さなところでどうやって上演するんだ！」と言われた話などがあり大変だったようですね。しかし、その公演内容の充実度については、ベルリン側でも語り草だったと聞いています。その他の劇場・ホールはどうですか。

船越◎オープニングでいえばずっと後のサントリーホールのオープン（1986年）も印象的でしたが、何といっても東京文化会館（1961年）でしょうね。そのインパクトは大変強烈で、音楽ファンの一人として喜びましたし、建築家としても空間にかなり魅力を感じましたね。

特に、東京文化会館は、ホワイエが一番印象的でした。はじめて東京文化会館に入ったときには、まず単純にすごく広く感じましたね（笑）。また、ホワイエがガラス張りで遠くまで景色が広がっているのを見て「ホワイエってこんなに開放するものなのかぁ」と少し驚きました。しかし何と言っても、ある広さを確保しながら、ホワイエから客席へ入って行く方向性が分かるというか、客席へ向かって入っていく雰囲気を出している空間配置は凄いなと今でも思います。小ホールのホワイエについても、小ホールであれだけの空間をもっているという意味では他にないのではないでしょうか。景色を丁寧に見ますと上野駅が見えて

東京文化会館大ホールのホワイエ 1961年竣工。設計は前川國男建築設計事務所。大きいだけでなく、魅力的なホワイエ空間。

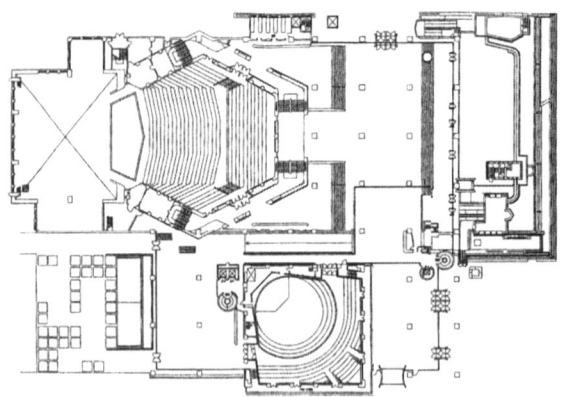

東京文化会館1・2階平面図　1961年竣工。設計は前川國男建築設計事務所。空間的関係を持たせた大・小ホールやレストランの配置など、巧みなプランニングである。

しまうのですが……（笑）。またアプローチ空間でも、2階に精養軒が入っている部分の天井が低くなったところから大ホールと小ホールに分かれて入っていく部分などは、フランク・ロイド・ライト（以下ライト）的な手法も取り入れられ、さらにライトにない手法としては、小ホールへあがっていく斜路と大ホールのホワイエとに空間的な関係性をもたせていることなどは本当に素晴らしいなと思います。アプローチやホワイエの大事さというのは、客席までの空間が連続していることだと思います。ベルリン・フィルハーモニーホールで証明されているように、聴衆・観客が入口を入って客席へたどり着くまでの楽しさを、いかに演出できるかが重要ですよね。

東京文化会館の小ホールも非常に気に入ってまして、客席が湾曲していて自分の横を見ると向こうのほうの人まで見え、聴衆どうしの関係が非常に面白く、客席では大ホールよりむしろ小ホールのほうがいいのでは、と思うくらいです。大ホールの客席の雰囲気は、ものすごく感激したというのはなかったけれども、いつまでも「ああいいホールだな」と思う場所ですね。つまり東京文化会館は、「人と人との関係を空間化するということは大事である」ということを最初に感じることができた場所だったのでしょうね。

東京文化会館の音響面については、完成

東京文化会館大ホールの内部　竣工・設計は前出。近代に建てられた多目的ホールでありながら、積み上がったバルコニー客席をもち、劇場性を醸し出している。

当初、雑誌「国際建築」に「大ホールの音の評価を書いてくれないか」と依頼されたのをよいことに、大先輩の前川國男先生の設計に対して、「東京文化会館の1階席では、音が頭の上を通り過ぎていくように感じられた」など、若気の至りで生意気にもいろいろと書いてしまったことがあるのですが、音の良さについては、同じ前川作品であるそれより前の神奈川県立音楽堂（1954年）のほうがはるかに衝撃的でしたね。神奈川県立

神奈川県立音楽堂の内観 1954年竣工。設計は前川國男建築設計事務所。座席数は1054席。その後多く建設されたわが国のコンサートホールと比べて、比較的低い750mmの舞台高さと急な客席勾配が特徴である。

音楽堂の柿落としは、SYMPHONY OF THE AIR（トスカニーニ亡き後の、NBC交響楽団の解散までの仮称）で、前川國男先生と私の父（義房。初期の建築音響研究および設計者。前川先生とはいくつかのホールで協同している。）と並んで聴いた特等席のせいではないと思うのですが（笑）、その時の音の素晴らしさには驚きましたね。もちろん、オーケストラが優秀だったということもあるのでしょうが、また言い難いのですが、父が音響設計を行った（父のお弟子さんの石井聖光氏が協力した）こともありますが……。その音の良さに影響されてか、あまり理論的でないのですが、私は当時「あっ、ホールの床勾配は、こうするのがいいのだな」という感じをもつくらい、神奈川県立音楽堂は非常に良い印象でした。

その床勾配に非常に関係することなのですが、日本の建築家の場合、「オペラハウスは観るもの、コンサートホールは聴くもの」というふうに単純に理解している人が多いようですが、私はオーケストラコンサートの場合に一番大切なのは、オーケストラ全体が見えることだと考えています。逆に、オペラは舞台の手前が見えれば殆ど全体が見えているわけですから、前の人の頭がある程度かわせれば、コンサートホールより勾配が緩くても良いのです。もうひとつの建築家の迷信は、コンサートホールの舞台の高さが高過ぎることですね。舞台を低くして床勾配を急にすることが大事なのです。これはベルリン・フィルハーモニーホールも、ロンドンのロイヤル・フェスティバルホールもそうなってますよね。日

本のホール設計者は、自分のお金で切符を買っていろいろ考えながら観て、聴くべきだと思います。

少し前後しますが、多目的に利用することの多い日本の劇場・ホールにとっても、東京文化会館の客席は非常に参考になりますね。ご承知のように、私は東京電機大学の教授時に浦部智義君と、コンサートやオペラの舞台―客席間の視覚評価について調査・研究をしています。それを分析してみますと、東京文化会館は、オペラにもオーケストラコンサートにも共に視覚評価の良い多目的ホールなのです。Bunkamuraのオーチャードホールは、設計者の三上祐三さんによると「コンサートホールがメインでありオペラもできる」とおっしゃってますが、視覚評価を分析してみると逆で、オペラ上演についての方が評価が高いのです。1階席の勾配が少ないためにそうなるのだと思います。

本杉◎音響の菅野さんという方がある本の中で、「ビジュアルメディアとオーディオメディアは違う。オーディオメディアは、レコードやCDという媒体で聴くことによるメディア。コンサートは、ビジュアルメディアなのだ。つまり、極端にいうと、コンサートは音楽を聴くのではなく、観に行く場所だ」という意味の文章を書かれてます。オーディオとコンサートとの違いなどについては、何かお考えの点はありますか。

船越◎私自身は、オーディオはあまり熱心にやらなかったのですが、オーディオ愛好家の友人に頼まれて、オーディオルーム付きの家を設計したことがあります。完成してその音を聴かせてもらうと、もちろんLPですからスクラッチノイズは入りますが、それを気にしなければ今のCDとは比較にならないくらい素晴らしい音がするのです。その時初めて、「オーディオってこんなにいい音がするものなんだ」と思いましたね。生演奏のように聴こえるわけですから、音楽を聴くという楽しみを満足させるだけなら本当にこのほうが優れているかもしれませんね。そういうことがわかってくると、コンサートに出かける以上、ホールには「観る」付加価値がすごく大切になるはずだと考えるようになってくる。例えば、「観る」付加価値が非常にあるサントリーホールでチケットを買う場合など、自分が座る席がどこかということがとても重要になってくるわけなのです。

本杉◎ところで、そこで演奏されるクラシック音楽というのは、その名の通り、モーツァルト（1756-1791年）にしてもバッハ（1685-1750年）にしても相当昔の音楽ですよね。そういう音楽のための空間を設計するときに、それらが演奏された時代に戻って、そのイメージを踏襲して設計したりするというようなこともあるかと思うのですが、船越先生が仮にクラシック音楽のための空間を設計しようとする場合、音楽の、あるいはその音楽が作られた時代をイメージするというようなことはあるのでしょうか。それとも現代の我々の感覚で設計されるのでしょうか。

船越◎例えば、最近私は古楽器派と言われる人たちのバッハの演奏を立て続けに聴いたのですが、ブリュッヘン、鈴木雅明、ヘレベッヘ、トン・コープマン、トレバー・ピノック、その5人の指揮者ともがテンポも表現も非常に現代的だったのです。だから、僕は「古い音楽だからレトロ調の空間がいい」という考え方は全くナンセンスだ

と思っています。クラシック音楽も現代の出来事だと思って聴くべきだと思いますし、当然空間もそう考えています。

それからちょっと別のことから言いますと、ホール空間の設計方法論は、私は「まず視覚で設計し、それから音響で補正するべきだ」と考えています。

音楽のもっている空間性について、ずっと昔であれば音楽を目で見るという感覚は考えられていなかったかもしれませんが、実は、バッハのマタイ受難曲では、オーケストラ・合唱ともにふたつに分けられ、それぞれが単独に、あるいは掛け合ったり、全体が一緒になったりして演奏するのです。これは、信者・一般民衆やいろいろな登場人物による出来事を音だけで表現する曲なのですが、トーマス教会の空間を利用して効果を挙げたものと思います。そこに既に音楽のもっている空間性があると思うのです。また、ベルリオーズについて「幻想交響楽」という映画があり、その中で彼の演奏は空間性を非常に意識しているというようなシーンがありましたが、事実サントリーホールでベルリオーズの「レクイエム」を演奏する場合などは、ホールの高い位置に金管楽器を並べるなどして、音楽の空間性の効果を出していますよね。

そのような音楽がもっている空間性が、マーラーの時代に入ってから随分明確になってきたと思うんです。マーラーの場合、ふつうの演奏でも楽器と楽器、例えば木管

聖トーマス教会の内観図 1885年再建以前のライプツィッヒのトーマス教会の内部。J.S.バッハが1723年からカントルとしていたことで有名。

と金管の音がぶつかるというような感覚があり、その感じが見えてくる抜群の面白さが、聴き手にとってあるわけです。最近、シャイー指揮のコンセルトヘボウ管弦楽団がサントリーホールでマーラー編曲のバッハの管弦楽組曲「一番」を演奏したのですが、トランペットを指揮者の側に置いてトロンボーンを舞台の一番後ろまで下げて、随分離れた位置に置いたのですね。それを私は、舞台の真横の席で聴いたんですが、その立体感は本当に印象に残りました。他にもわかりやすい例でいうと、武満徹の曲のように舞台上での奏者の配列を指定したものもあります。

つまり、特に現代のように、そういった

ベルリン・フィルハーモニーの内観 1963年竣工。設計はハンス・シャロウン。客席数は最大で2200席。舞台がホールの中心にあり、ワインヤードといわれる丘陵地にある「ぶどう畑」をイメージした空間としての連続性や立体感をもつ空間構成。

音楽の空間性を聴き手によく伝えることが顕著になってきている場合には、19世紀のシューボックス型ではうまくいかないと思います。私は、現代において音楽を楽しむ空間という意味では、断然アリーナ型をお勧めしますね。私自身も舞台に立つ側としてコーラスをやっていたのは先に触れましたが、日比谷公会堂などは、暗い観客席に向かって歌うだけで、決して聴衆に包まれた感じにはならないのです。恐らく空間に魅力のないホールですと、音楽家の方もそういった感じをもたれていると思います。

本杉◎マーラーは、1963年のベルリン・フィルハーモニーホールを知らなかったわけですが、音楽のもつ空間性というものが潜在的にあったという今のお話は、説得力がありますね。しかし、顕著でないにしても先生のおっしゃっている音楽のもつ空間性がバッハの時代からあったのに、なぜ19世紀は決まり切ったようにシューボックス型しかできなかったのでしょうか。

船越◎それは歴史家の仕事ですので滅多なことは言えませんが（笑）、簡単に言えばウィーンのムジークフェラインスザール（楽友協会大ホール）などの空間形式は宮殿のサロンから来たものと言ってよいように思いますが……。

本杉◎難しいところですね。宮廷音楽から発展してきた、いわゆる今日のスタイルに通ずる、正装して普段とは違う世界に自分を置いて音楽を楽しんでいる聴き方の他にも、シューベルトが好んだ音楽会などの絵で見ていると、彼がサロンでピアノを弾いていて、その隣で友人が歌っていたり、まわりを自由にいろいろな人が肩を寄せ合って聴いているというようなスタイルも見られます。また、リストに熱狂する女性ファンがいて、今のアイドルのコンサートのように、花を投げたり卒倒したりという聴き方があったことも事実ですよね。ですから、その当時なりに、あるいはその当時の方がクラシックにも様々な楽しみ方があったの

に、シューボックス型しかできなかったのは、発想の問題でしょうかね（笑）。

　聴衆のスタイルは、社会のニーズや時代の風潮によって大きく変わっていきます。船越先生が建築家として、観る・聴くための建築を考え、ある時代の特定の目的のために設計するとします。しかしそれは、長い時間の中で機能が変化したりすることがあります。建築が生き延びていくために、建築そのものがもっと自立した空間であるべきだという考え方で設計されるのか、それとも、時々の要求に柔軟に応じられるように自由に変えられる一種のブラックボックス的空間を考えられますか。

船越◎ある目的のために特化して本当に良いものを作ったとすれば、その建築の寿命が長いのはある意味で当然だと思っています。住宅についてもフレキシビリティという言葉が最近よく使われているようですが、たといフレキシビリティがないように見えても、良い空間でありさえすれば長い間愛され、使われ続けることができるのです。劇場・ホールについても同じですよね。これは、音楽空間に限らず建築の普遍的な問題でしょうね。

本杉◎つまり、空間のもっている良さが使い手に働きかけるということですね。そういえば、空間が人に与える影響として、例えば、指揮者の井上道義さんなどは、以前「正装して行けるような雰囲気を作って欲しい、そういう風に誘われるような空間が良い」というようなお話をされていましたが、そういう雰囲気や雰囲気づくりについては、どのようにお考えですか。

船越◎コンサートで音楽を聴くということは、この人がこの曲をどのように演奏するかという興味をもって、さらに言うと問題意識をもって聴くべき真剣勝負であると、私は思っていますから、井上道義さんのおっしゃることに賛成ですね。どの程度を正装とするかは個人差があるとは思うのですが、どちらかといえば、私は正装していく雰囲気のほうが良いのではないかと思います。私の場合は、楽しむ音楽というより何かを得る音楽を求めてコンサートに行っていると言えるからかもしれませんが、そういう真剣な姿勢は大切ではないかなと思います。この頃のオペラなどでは、演奏が終わって音が消える前に拍手が起こることがありますが、それは真剣に聴いていない証拠だと思いますね。

本杉◎それについては、演劇人たちも同じことを言いますね。例えば、客席のデザインをするときに「ふかふかの椅子なんか作らないでくれ！」と。俳優たちは、真剣に芝居をしながら問題を投げかけているわけですよね。そこでお客さんが真剣に受け止める姿勢でなく、

リストの演奏会風景 1841／1842年　ベルリンのコンサートにおけるフランツ・リスト。聴衆が熱狂している様子がうかがえる。「人間と音楽の歴史・コンサート」（音楽の友社より）

市原市市民会館のホワイエ内観 1974年竣工。設計は船越徹＋アルコム。ホワイエからブリッジとエントランス方向を見る。エントランスからホワイエを通って客席に至るまでのアプローチ空間を、シークエンシャルに設計している。

あぐらをかいてふんぞり返って観ているのが許せないというのです。

船越◎それはよくわかりますね。コンサートでも芝居でも、聴衆・観客が真剣に聴いている雰囲気というのは、間違いなく演奏者・演技者に反映されるんです。「気楽に」という言い方はありますが、だらしなく聴いたり観たりしてもいいと言っているわけではないと思いますよ。

本杉◎雰囲気が重要なところでは、ホワイエがありますね。先生にとってベルリン・フィルハーモニーホールは別格として、新国立劇場では、テラスを開放するなど新しいスタイルも取り入れています。一方、日生劇場のようにそんなに広くないが各階にインティメイトなホワイエが配置されているものなどいろいろあります。そのあたりはどうですか。広い・狭いはひとつの指標ではあるけれども、簡単に広いから良いとか、狭いから良くないと評価することもできないわけです。例えば、ロンドンのウェストエンドにある劇場ではホワイエが非常に狭く、肩と肩が触れ合うくらい混み合っていますが良い雰囲気がありますよね。

ベルリン・フィルハーモニーのホワイエ 1963年竣工。設計はハンス・シャロウン。

船越◎ベルリン・フィルハーモニーホールのホワイエは、ホールの中と同様ずば抜けて世界一だと思います。聴衆のお互い同士の関係をうまく作り出す空間は本当に素晴らしい。

　日本のホールでは、先に述べた東京文化会館が断然すぐれていて、日生劇場は使いながらもちゃんとした雰囲気をもっていてかなり良いと思います。私が設計した市原市民会館（1974年）のホワイエは、長い距離を歩かせて、日常から非日常に至るシークェンスをつくるという一寸他に例のないものでした。

　しかし一般的に言えば、日本の建築家の作るホワイエは、醜いと思います。広さが足りないものも多いが、空間としてどう作ったらいいかという理念がないものが沢山みられます。広さについて言えば、確かにニューヨークのブロードウェイの劇場のホワイエなどは、雑踏の醸し出すある種の雰囲気はもっているものの騒がし過ぎて問題です。

　建築家の方は、もっともっと自分でチケットを買ってコンサートやオペラに行くべきだと思いますね。そうすれば、舞台裏だけではなく、客席空間はもとよりホワイエ空間が聴衆・観客にとってどんなに大切かということが本当に理解できると思うのです。

　　　　（取材協力：浦部智義・青池佳子）

第2部
ステージサイドから見た音楽空間

　結局、外来ものを取り入れているというのは変わらないわけですから、音楽というものを利用したあらゆる現代の文化に対する視点というのが、演奏会の中に現れてきていいのではないでしょうか。その代わりそれはごっちゃにはできませんから、レセプション中心の演奏会であるとか、招待客が対象の演奏会であるとか、切り分けて考える必要があると思います。日本の音楽が海外との交流で成り立っている以上、そのような側面も大切です。また日常的な中で人々と音楽がもっと根付くということも考えた音楽ホールのあり方というのも、考えて行かねばなりません。文化的な娯楽施設としてのホールを中心として、さまざまな施設が集まっている街というのがあってもいいですよね。
　現代音楽に関しては、練習を

公開するですとか、レクチャーを伴った演奏会というのが考えられます。演奏会をどう聴くかというようなことを考えるきっかけにもなるという意味で、今後ますますこのような形式が増えていくと思います。同様に、クラシックに関してもこのような舞台裏を見せるようなことがもっと行われてもいいと思います。以前、私がミュンヘンにいたときに体験したことなのですが、チェリビダッケがミュンヘン・フィルハーモニーを指揮していたときに彼の主義として必ず公開リハーサルをやるという契約を市と結んでました。そうするとそこには市民がどんどん押しかけてきて、広がりができたわけです。そういう人たちは、もちろん本番には来ないわけですが、音楽というものはこんなにいいものだという実感は得て帰って行くわけです。

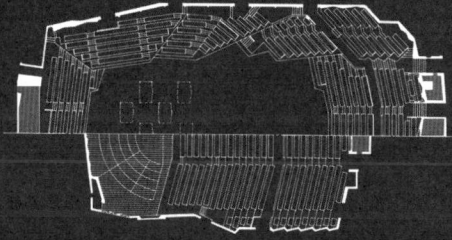

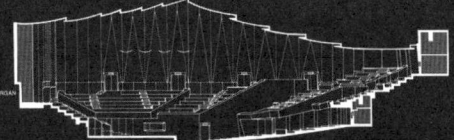

2.1.1
作曲家と指揮者に聞く
現代音楽とコンサートホール

作曲家：小鍛治邦隆
聞き手：井口直巳

現代音楽のためのコンサートホールとは？

井口◎小鍛治さんは作曲家であると同時に指揮者でもあるので、現代音楽を作曲されたり指揮されたりするお立場で見たときの、国内外のコンサートホールについてのお考えを伺いたいのですが。

小鍛治◎現代音楽の中心的な現場は、実は1,2人から多くても30人程度といったアンサンブルの形態での演奏会が、ヨーロッパやアメリカなどを含めてどこでも盛んです。そのぐらいの編成は、例えば東京文化会館の小ホールとか津田ホールなどのステージに乗るはずですが、現代音楽では、例えば打楽器などを膨大な数使ったり、管楽器などのもち替え用の楽器などをステージ上に用意しておくために演奏者以外のスペースがかなり必要になります。例えば20人ぐらいの編成で現代音楽をやろうとすると、東京文化会館の小ホールではステージに乗らないことがあり、津田ホールのステージの広さでもぎりぎりです。このような現代音楽の演奏に関する特殊性から考えると、まずステージの広さに関する問題というのがあります。

一般的に現代音楽の演奏会というのはマイナーですから、多くても500席までのホールを対象としないと採算が合いません。これは海外でも同様で、小中規模の放送局のホールなどで現代音楽の活動がされているようです。日本ではこの程度の規模で現代音楽の演奏を前提とするホールはほとんどありません。

現代音楽の演奏会では、10分ぐらいの演奏をやるために10分ぐらいセッティングをしなければならないということも起きています。演奏会で使う楽器をすべてステージ上に乗せておくのもあまり好ましくない

津田ホールの舞台 1988年竣工。設計は槇総合計画事務所。座席数は490席。客席から舞台方向を見る。サインカーブをずらした曲面が印象的。

小鍛治邦隆氏（中央指揮）と東京現代音楽アンサンブルCOmeT。横浜みなとみらいホールにて。

ので、スムーズに入れ替えができる迫りなどの機構も必要だと思います。

井口◎現代音楽では、舞台だけでなくホール全体を使ったり、電気音響が用いられることも多いですね。

小鍛治◎現代音楽では、一方から演奏して一方から聴くという関係でない場合がよくあるので、ステージの可動性もあれば新しい刺激になると思います。音楽は伝統的なものに捉えられがちですが、何かの刺激、例えばホールの機構とか、観客の新しい興味などから、新しい音楽が創造されるということがあります。また、現代音楽では多方向から音を出すということが多いのですが、現状では観客席に演奏家を据えたりしていますので、多方向からの演奏に利用できるスペースとか仕組みが欲しいと思うことがよくあります。座席の中に譜面台を立てて演奏するのはやはり不便ですね。現在では、一方向から音を出すというのが前提になりすぎているきらいがありますが、16世紀の末から17世紀の初頭にかけてベネチアの教会などでミサの際に音源を多数もうけてステレオ効果を狙うということも実際にやられていたわけですから、これはもともと西洋の発想の中にあるわけです。聴衆が音を聴くのではなく、音の中に聴衆がいるという関係も十分考えられると思います。このような場合には、スピーカーシステムも重要になりますし、それをコンピュータで制御し、音源を移動させたり、バランスを調整したり、生の楽器に合わせたりということも夢としてあります。

劇場とコンサートホールの違い

井口◎現代の劇場には、照明機材、音響機器、舞台装置、映像装置などが備えられて、現代の演劇等の要求にできるだけ近づこうという形でさまざまな実験も行われているのですが、コンサートホールに関しては、現代音楽の要求に建築がついてきていないという気がします。

小鍛冶◎それは、音楽家の方にも原因があると思います。現代音楽と言えども基本となっているのはクラシックで、現代音楽の演奏家などもその訓練を受けて来ています。それで音楽家の方もそのような要求をあまり声を大きく言ってきませんでした。その点フランスなどでは、現代音楽の歴史もあるし、ピエール・ブーレーズなど、非常に権力をもった人が現れ、行政的に現代音楽の場としてIRCAMとか音楽都市などを強引に作っていったのでしょう。ああいったことはなかなか我々にはできないことですね。

井口◎演劇では、野外テント等上演者が場を自分で作ったりしてきました。また、それが建築にもずいぶん影響を与えてきたという歴史があるのですが、現代音楽の場合は、そのように演奏者が従来のコンサートホールではなくもっと違ったところで演奏をするというような、かつてのピエール・ブーレーズの「オペラハウスは破壊されなければならない」といった過激な意見は、これまであまり出てこなかったのでしょうか。

小鍛冶◎彼も1950年代にあのような発言をしてから20年後の1970年代以降にやっと実現できるようなきっかけを得たわけですね。1950年代は前衛音楽の運動の中で、旧来の演奏のあり方とは異なる形式が沢山出てきました。有名なシュトックハウゼンの「グルッペン」などは、3つのオーケストラが聴衆を囲むように配置され、コンタクトをとりながら演奏するというものなのですが、これはもちろん従来のステージでは溢れてしまうので、当時は体育館のような場所で仮設ステージを作って演奏したそうです。当時「ラウムムジーク」と呼ばれ

「グルッペン」初演時のリハーサル風景　3群のオーケストラを作曲者のシュトックハウゼン自身と、ブルーノ・マデルナ、ピエール・ブーレーズが指揮している。

た空間音楽、空間的な音の配置を前提とした新しい音のあり方という考えなどは1950年代に出てきました。そういう「音楽の発想」自体が最初にあったので、そのための空間というのはついてきていなかったのです。それではそれが後に改善されていったかというと、ピエール・ブーレーズが出てきてやっとパリでふたつほどできたかなという程度です。ただ、そういうことが必要だという意識は非常に高いと思います。

井口◎音楽の世界では、既存の型というものを発言では破壊すると言っても、実際には本当に破壊するというわけではなく、現実には従来の枠の中でいろいろ工夫していくというのが主流であったわけですね。

小鍛冶◎こう言ってしまうと、だんだんと希望がなくなってしまうのですが（笑）、1980年代以降は、先祖帰りと申しますか、1950年代の新しい試みというのを踏まえて、これを伝統的な形に吸収するとか、伝統的な枠組みに再構成するといった試みが強くなってきていると思います。こういう経済的と言いますか、効率的と言いますか、そうした試みを作曲家も演奏家もおこなっているようです。そうなるとコンサートホールもこのままでいいという話になってし

まうので、ある意味では問題だと思います。（笑）

現代音楽とホールの関係

井口◎1950年代に出てきたような編成の特殊な作品が最近はあまり出てきてないような気がします。それは作曲家の方に原因があるのか、世の中の制約が多いためにやめる方向にきているのか、どちらだと思われますか。

小鍛冶◎そのような配置の点で斬新なオーケストラ曲をコンクールや委嘱などで作曲したとすると、まず今の練習場で練習ができないというのが最初に問題になると思います。また演奏会の際に、その曲と組み合わせる曲が現代の曲であっても普通の編成で演奏する曲であったりすると、セッティングの時間もかかりすぎてしまう。そのような現実的な理由で避けられているのでしょう。作曲家も演奏家にあえてそのような大変なことをさせられるほど偉くないということでしょうね。（笑）

私達は何でもできるホールを作ってほしいとは思いませんので、何かができる可能性をもつホールを作っていただきたいなと思います。そのようになれば、特に若い作曲家にとって、彼等はあまり大胆な実験などをおこなわない、そんなことができるなど夢にも思っていないようなので、勉強になる

と思います。なぜかというと、彼等は1960年代にクセナキスなどが盛んにおこなっていた実験を実際に聴いていません。そのようなホールがないので現実的に知りません。新しいものが出てくるためには、現実にやってみることが必要で、そのための場を与えることが重要なのだと思います。

井口◎先ほどのフランスの例が出ましたけれども、IRCAMのような現代音楽のための場所、もしくは音楽都市のような現代音楽までも視野に入れた、広く音楽のための新しい建物といったものを日本に作るとしたら、どのようなものが必要だと思われますか。

小鍛冶◎IRCAMや音楽都市の一番重要な部分は教育だと思います。そこから何が生まれてくるのかという、新しい可能性というものを考えて作るべきでしょう。音楽都市などは地理的にはパリ市街のはずれにありますが、国立音楽院をそこに移転して、一連の教育施設としてのホールの位置づけ

IRCAMの内部 1978年開場。設計はピアノ＋ロジャース。コンサートホールというよりは、実験用の可変式ワークショップであるが、定期的に実演見学を認めている。

も考えられているのではないでしょうか。現代音楽の創造とか演奏というものは、結局若い世代が引き継いでいくわけですから、学生達が音楽の場にはどんな可能性があるのか、実際に体験させていかなければなりません。音楽都市のホールは、IRCAMのアンサンブル・アンテルコンタンポランという演奏団体の中心的な演奏会場になっていて、そこでのリハーサルを学生達が見ることもできるし、場合によっては学生達もそこに参加して新しい音楽を実地に学んでいます。

　日本とは逆に、特にフランスなどでは若い演奏家はクラシックを演奏する機会が少ない。なぜかというと、モーツァルトやベートーヴェンというのは若い人にはなかなか弾かせてもらえないわけです。若い人たちは最初のうちは現代音楽の演奏などに携わることが多いので、学校教育でも現代音楽を積極的に取り入れているところがあります。そのようなところから考えると、現代音楽の演奏会場を作るのであれば、うまく教育機関と繋げていく必要があると思います。日本の大学も立派なホールを沢山作ってきましたが、こういうものがないことを考えるとちょっともったいなかったかなという気もします。

井口◎IRCAMができたのが1976年、音楽都市は1995年に全体が竣工して、ひとつの街が完成しました。IRCAMは音楽を聴くための空間というよりは、実験の場として閉じた箱という性格が強かったと思います。ところが音楽都市の方は、建築的な構成もその運営も、ものすごく外に対して開いている印象があります。この20年間に現代音楽とホールの関係の考え方も変わってきている気がします。

小鍛冶◎そうですね。IRCAMの中の空間というのは、実験の場としてスタジオのような実利的な空間でしかなかったので、結局あれは先鋭的な創作の場です。それを聴衆に開かれた場にしていく、演奏の場を作るというふうに変化していったのが音楽都市なのではないでしょうか。音楽都市は音楽博物館にもなっていて、音楽の歴史の体験の場でもあります。日本の場合はクラシックの需要に対してさえ大変曖昧なわけですし、突然そこをとばして現代音楽というわけにもいかないでしょう。ひとつの地域の中ではある分野の音楽に突出した関わりというのを作るのではなく、広い音楽との関わり方というのを作っていかなければならない。クラシック音楽に限らず、広く世界的な音楽文化の資料館というのも必要なのではないでしょうか。

井口◎秋吉台に現代音楽のためのホールができましたが。

小鍛冶◎まだ行っていませんが、あのような場所に現代音楽に関する学生のための夏期講習や集中セミナーなどのまとまった時間をつくるのは非常に良いことだと思います。一般的な街の中にあるホールと同じ考え方はできないですから。ただ毎年続いていた現代音楽祭が開館した年で終わりというのは残念ですね。あのような滞在型ホールをフル稼働させるのは日本ではまだ難しいのでしょうかね。

観ることと聴くことの関係

井口◎コンサートホールのステージと客席との間の観ることと聴くことの関係についてはどうお考えですか。

小鍛冶◎普通クラシックの演奏会というのはかなり様式化されていて、例えば舞台の

音楽都市東館コンサートホールの内観 1995年竣工。設計はクリスチャン・ド・ポルツァンパルク。座席数は800〜1200席。楕円平面形をしたこのホールは、四方を取り囲む2階バルコニー席と1階の可動客席で構成されている。

裏側をなるべく見せないというような意識がありますが、現代音楽の場合にはそのような余裕がなくて、ある意味で演奏家のすべてをさらけ出してしまう所があります。例えば、楽器を並べておいてもち替えて演奏するというように、クラシックの演奏会とはちょっと感じが違います。そういう意味で現代音楽の演奏家は生身の人間という意識が強くて、ある種の名人芸と言えるものが見ものであったりするので、いろいろな方向から見られるのはいいことだと思います。舞台と観客が切り離されない新しい構成というものができた方が、これからの現代音楽の聴衆が育っていくことを考えてもいいのではないかと思います。

井口◎先ほど現代音楽の演奏会に関しては、500席ぐらいまでが適当だというお話がありましたが、日本にはこの規模でのアリーナ型のホールは見あたらないですね。現代音楽の見地からは、この程度の規模のアリーナ型ホールの可能性はありますか。

小鍛冶◎それは十分あり得ると思います。ただ、アリーナ型といっても、上手、下手はあり死角も存在するわけですね。現代音楽の場合は、むしろプロレスやボクシングのように中央にリングを設けて、演奏家は下から迫り出してくるなど、そういった極端なことがあってもいいのではないでしょうか。現代音楽の場としては、聴衆との関係をこれまでのあり方からいったん切り離し、そこに参加してもらうといった思い切ったことができる仕掛けがあるといいかなと思います。

井口◎クラシック音楽の場合には、見にくい席でもあまり文句のでることが少ないですね。目をつぶっていても音楽を楽しめるお客さんもいるわけですが、現代音楽のように初めて体験するようなものには視覚的な情報というのは大切なのではないでしょうか。

小鍛冶◎まったくその通りですね。現代音楽の場合、そこで何が行われているかということから音楽に入って行くわけですからね。そういう意味では、見にくい席が多いシューボックス型というのは向いていない面もありますね。

ホールと街との関係

井口◎日本では街とホールの関係というのは希薄で、立派な建物なのに広く一般の人々に親しまれているとは思えない場合が多く見られます。音楽を聴く人、特に現代音楽を聴く人はもっと数は少なくなりますが、そういう特殊な趣味をもった一部の人たちがくることを想定してホールは作られてしまっているような気がします。しかしパリの音楽都市では、全くその辺の発想が違っています。

小鍛冶◎音楽都市にその原型が見られますが、博物館や資料館的な意味合いをもたすということがすぐに思いつきますね。日本の場合、音楽がヨーロッパ文化の最良の部分であるという構えがあったり、19世紀

的なブルジョワジー的考えで、ガルニエのオペラ座のように、入ったら夢の階段がある、というような感覚がどこかに残っているのでしょう。それはそれで博物館の一展示としては面白いでしょうが、そうでないものがあってもいいと思います。いろいろな側面があるべきなのでしょう。ただ地方都市のホールを考えた場合には、そのようなブルジョワジー的発想というのは絶対に向かないと思います。もう少し気軽なほうが良いのではないでしょうか。ヨーロッパのように劇場の格付けがあってもいいのだと思います。

井口◎今までとは違う方向を目指すホールが出てきてもいいのですが、そうはっきり明快な方針を出しているところはあまり多くない感じがします。

小鍛冶◎結局、外来ものを取り入れているというのは変わらないわけですから、音楽というものを利用したあらゆる現代の文化に対する視点というのが、演奏会の中に現れてきていいのではないでしょうか。その代わりそれはごっちゃにはできませんから、レセプション中心の演奏会であるとか、招待客が対象の演奏会であるとか、切り分けて考える必要があると思います。日本の音楽が海外との交流で成り立っている以上、そのような側面も大切です。また日常的な中で人々と音楽がもっと根付くということも考えた音楽ホールのあり方というのも、考えて行かねばなりません。文化的な娯楽施設としてのホールを中心として、さまざまな施設が集まっている街というのがあってもいいですよね。

現代音楽に関しては、練習を公開するですとか、レクチャーを伴った演奏会というのが考えられます。演奏会をどう聴くかというようなことを考えるきっかけにもなるという意味で、今後ますますこのような形式が増えていくと思います。同様に、クラシックに関してもこのような舞台裏を見せるようなことがもっと行われてもいいと思います。以前、私がミュンヘンにいたときに体験したことなのですが、チェリビダッケがミュンヘン・フィルハーモニーを指揮していたときに彼の主義として必ず公開リハーサルをやるという契約を市と結んでました。そうするとそこには市民がどんどん押しかけてきて、広がりができたわけです。そういう人たちは、もちろん本番には来ないわけですが、音楽というものはこんなにいいものだという実感は得て帰って行くわけです。

井口◎それはとても大切なことですね。つまり、一回の演奏会がホールのキャパシティの2倍、3倍の価値をもつようになるわけですね。

小鍛冶◎私たち演奏家は「一回の演奏会をどう演奏するか」ということだけではなく、現代の音楽のあり方というのを考えた上で、その行為をいかに広い方面にアピールしていくかということに利用していかなければならないのでしょうね。

（取材協力：武政博史）

2.1.2
作曲家と指揮者に聞く
街・ホール・オーケストラ

指揮者：井上道義
聞き手：井口直巳

井上道義氏

街とホールの関係

井口◎指揮者の目でご覧になって、街とホールの関係についてお伺いします。

井上◎話をあまり壮大にしたくはないけれども、やはりホールというもの自体がヨーロッパの文化であると思います。

日本にはそのようなものがありませんでしたが、ヨーロッパには教会があって、日曜日にはそこに人々が集まっていたという歴史があります。そこに音楽があった。それと、相当に昔から貴族たちの何かの集いには音楽が欠かせないものとしてありました。このように大きな建物が簡単にはできない時代から、音楽や劇がさまざまな場所で行われていました。たとえ階級によって席が分けられていたとしても、人が集まる場所があって、そこで音楽や演劇が行われるというのが、いわば街の文化であったのです。

しかし、日本では逆に人がたくさん集まる場所を作ることは避けられてきたように思います。権力者がそういう場所を作りたがらなかった。ヨーロッパには城塞都市があって、その中には広場が作られたのですが、日本では城塞都市と呼べるような街はなく、戦の際に敵が入ってきたら方向感覚を失わせるように迷路のような構造の街さえ作られたくらいだから、もちろん広場などありませんでした。広場に人が集まる、あるいは広場の脇の教会などの建物に人が集まるということがなかったのです。

近代になってからは、街の中心に人が集まる場所が作られるようになってきたとは言えます。それでもそういった街は少なくて、相変わらず、市役所、コンサートホール、美術館といったたくさんの人が集まる公共の建物が街はずれに建てられてしまうケースが圧倒的に多い。例えば今私たちのいる三鷹市芸術文化センターにしても、街の中心から遠く外れて、特徴のない交差点の脇に建てられている。音響のことなどは非常に熱心に研究されているにもかかわらず、建てられる場所については議論がない。これが問題だと思います。まあ街そのものが中心をもたないので、街の中心に建てるという議論自体が成り立ちにくいのかもしれませんが。

サントリーホールの人気の理由は街の中

三鷹市芸術文化センターの外観 1995年竣工。設計は柳澤孝彦＋TAK建築研究所。中ホールはシューボックス型で規模は625席。ふたつの棟をつなぐ中心部に位置する吹き抜けの空間。

心にあるからです。もともとは交通至便とは言えないロケーションではあったのですが。その点、日比谷公会堂は本当に良い場所に建っています。あれが壊されない理由はいろいろとあるようですが、あそこに良いホールを作ったらどんなに素晴らしいこ

とかと思います。

　新国立劇場は、ずいぶんと反対が多かったけれども、今の場所に建てられた。おかしなロケーションですよね。まだ日本も財政にゆとりがあった頃だったから、そこに大きな街を作ってしまえと始められたわけですが。これもサントリーホールのようにアクセスが後からついていっている感があります。

井口◎新国立劇場の計画だけが先にあって、オペラシティの構想は後から生まれたものですね。

井上◎どうも私たち日本人は、街というものをトータルに考えることができない歴史を背負っているのではないか、そう思えてなりません。ビジョンというのは本来バー

新国立劇場・オペラシティ施設全体 1997年に竣工した、新国立劇場・東京オペラシティ街区の航空写真。オペラ・コンサート・演劇の機能を併せもつ巨大な劇場都市である。写真©村井修

チャルなものですが、そのビジョンに向かって何事かをなしていくという経験が私たちには欠けている。それが今になっても続いている。

　街とは、あるビジョンのもとに人工的に作られるもののわけですが、人工的というのが良くない、自然でないものは良くない、という考え方がずっと支配的でしたから、自然発生的な村がただたんに拡大したような街の姿にしかならなかった。川が流れて水車があってという時代ならまだしも、もうどこにも純粋な自然なんか無いのに自分の家には緑が欲しいと言ってこぞって郊外に出ていく。山の手線の中に高密度に居住するというのではく、際限なくスプロールしていく。その結果、移動にものすごく時間がかかってしまう不便な街になってしまったのが今の東京です。これと、街の中心がない、あるいは中心であるべきところに人が集まる施設が建てられないという事実はまったく同根の病というべきです。

　私は、着るものも食べるものも西洋を受け入れているのだから、街の作りかたも西洋流をどんどん受け入れて構わないではないかと思います。それで壊れるような日本の文化であるなら壊れるものがあっても、それでいいじゃないかと。

　僕は京都に長くいたのですが、あそこでは古いものを残すことについては意見が一致するのに、新しいもので何が京都に向いているかという方向にはまったく話しが進まない。それでは新しい時代の新しい街にはならないし、住みやすい街にもならないと思います。結局は、生きる場所の大切さが顧みられないということになるのでしょうか。

井口◎人が集まる施設、例えばコンサートホールにしても、場所としてのポテンシャルが高いところに建てられることは大切ですね。

井上◎そう思います。例えばパリはもちろん良い街ですが、あそこには良いコンサートホールが無い。芸術的な能力がある人はたくさんいるけれども、音楽文化の面ではベルリンやウィーンに負けているのはそれが理由だと思います。ロンドンも長いあいだクラシック音楽が盛んではなかったけれども、ロイヤル・フェスティバル・ホールができたりしてから、非常に伸びました。やはりいい場所にいいホールがあることが大切です。東京でも丸の内地区あたりに良いホールを作ることができないものかなと夢想することがあります。

　美術館も同様ですね。山の上にあったりしてはダメです。鎮守の森のようなところに作ってしまうのは残念です。

井口◎日本人は、芸術というとなにか奉るべきものと思ってしまうところがあります

ロイヤル・フェスティバル・ホールの外観　1951年竣工。設計ロバート・マシュー。客席数は2895席。ロンドンの芸術センターの役割を持つ、テムズ川南のサウス・バンク地区の中心施設でもある。

井上◎そうですね。なにも下駄履きで行ける必要は無いのだけれども、だからといって無闇とカッコつけて行くことが文化的であるというのはおかしいと思います。

井口◎さきほどパリの話が出ましたが、「音楽都市」は、都市計画的には広大な新しい郊外の土地（ラヴィレット公園）に建っているけれども、日本のホールとはかなり違っていて、演奏会がない時でも、公共のスペースに楽器のオブジェとかいろいろと置いてあったりして賑やかです。日本の場合、ホールは使われていないときにはガランとしていて殺風景ですね。

井上◎街そのものがそうじゃないですか。例えば、大手町は皆が帰ってしまうとガランとしていて寂しい。街に人が住まない。音楽の中にも人が住まない。音楽はふだんの生活とは別物としてしか扱われていないことが多い。

僕の妻は小さなホール（ムジカーサ）を作ってしまったのです。自分が3階に住んで、1階と2階をホールにしていて、100席作れます。場所も、代々木上原駅から5分ぐらいです。彼女はそのオーナープロデューサーというわけです。東京には小さいホールがあまり無いので、多く使われていて、成功しています。なぜかと言うと、住んでいる場所と音楽が演奏される場所が近接しているからです。それらがいっしょにあることが幸福なことなんです。例えば映画でも絵でも、本当は住んでいるところのすぐ近くで見ることができるのがいい。音楽も同じです。

ホールとオーケストラの関係

井口◎次にホールとオーケストラの関係についてですが、日本では初めて新日本フィルハーモニーがひとつのホール（すみだトリフォニーホール）をフランチャイズにして活動を始めましたが……。

井上◎これはヨーロッパでは当たり前のことで、100年、場合によっては300年くらい続いている。ドレスデン、ライプツィッヒなどは400年近い。オーケストラの楽団員は毎日そこに来て、楽器もあって、春夏秋冬いつもそこにいる。そうすると街の人々と楽団員が顔を合わせ、交流が生まれる。それが必要なんですね。日本ではそれが無かった。そもそも酒ぬきで人々が交流するというのが日本ではなかなか難しかったのでしょうね。そこに茶の文化の興隆もあったのでしょうが。知らない人とパッと会って話すのは、酒が入らないとできないというような感じが長く続いたのではないかと思います。

ムジカーサの内観 1995年竣工。設計は鈴木エドワード。渋谷区にある座席数100席の小規模な室内楽ホール。中2階バルコニーより1階ホールと舞台を望む。

地方でも札幌や金沢には優秀なオーケストラがありますが、例えば東京で、各々ふたつくらいの区が協力してひとつのオーケストラの面倒をみることができれば、多分Jリーグ並みの面白さになります。

　私が常任指揮者を務めていた京都市交響楽団でも、本拠地としている京都コンサートホールですべての練習をすることができない。これは本当におかしなことだと思います。例えば他の楽団が3時半から京都コンサートホールを使う場合、私たちは3時半には完全に明け渡さないといけない。そうすると3時に私たちの練習を終えたらいいかと言うと、それでは間に合わない。人が交錯したらどうする、ものがなくなったら責任の所在はどうなる、といったようなことがあって、練習は2時半に終えないといけない。それでは開始時間を普段の10時半から9時45分に早めようとしても、無理なんです。まだ通勤ラッシュが続いているので楽器をもったまま電車には乗れないというのです。そこにはある種の特権意識というか、既得権を手放したくないという楽団員の意識もあるかと思います。それやこれやで練習が音楽的に思うようにできなくなってしまう。コンサートホールを動かしている財団とオーケストラを動かしている組織との関係が同じ市の中なのに、なぜそうなるのか不思議です。

井口◎ホールが建つ前から別に練習場があると、ずっとそこを使わざるを得なくなってしまうようですね。

井上◎練習場など作るからいかんのです。学生のオーケストラにでも貸してもいいと思うんですが、京響のために作ったのだからということで、それができない。

　一人一人は話せばわかるし、意見も言うのですが、公の場で議論する段になると、とたんに口を閉じてしまう。論理的なディベートをすることに慣れていないので、文句を言われるのがいやだということになってしまう。なるべくことを起こさないようにする。だから馴れ合いになってしまう。この辺りのことは、とても歴史的なものがあると思います。根深い問題です。本当は私も含めて日本人一人一人の問題でしょう。例えば、為政者を選ぶのは民衆であるという民主主義はできあがっているにもかかわらず、そうして選ばれた為政者のすることに対して、民衆は責任がないと思ってしまう。そういう状況がある。本当は自分たちに一番の責任があるわけですが、こういうことに対しての認識が欠けていると思います。

観る・観られるの関係

井口◎コンサートホールの形式、特に舞台と客席の「観る・観られる」の関係についてどうお考えになりますか。

井上◎これは難しいですね。僕が知っている音楽関係の人たちは、ホールがどんな形式であろうとも、演奏には関係しないと考えていると思います。聴衆が前面だけにいようが、背後にいてお尻から見られようが関係ない。

　例えば、サントリーホールとNHKホールというまったく異なるタイプのホールでNHK交響楽団が演奏するとき、その態度が違ったかというと、変わらなかったと思います。

　でも、つまらないことかもしれませんが、拍手が響くホールとそうでないホールは、演奏者に確実に影響を与えると思います。例えば東京文化会館大ホールは拍手があま

り演奏者には強く聞こえない。聴衆の反応が冷たく感じられてしまうんです。拍手が響くホールだと、練習の苦労が拍手で報われた気持ちになるわけです。

井口◎日本のクラシック・コンサートでは、聴衆はかなり集中して観ているという傾向があると思います。それを演奏者の方々が強く感じられることはあるのですか。

井上◎ホールの形式にかかわらず、それは感じますが、演奏にはほとんど影響しません。ただ、聴衆の立場に回ったときは、アリーナ形式とシューボックス形式ではずいぶん感じが違うと思います。アリーナ形式のホールだと、「観る・観られる」という関係が強く意識されるから、ぼろな格好では目立つ席には座りにくいとか、逆に開演の間際に入ってきて回りのお客さんから見られたいと思っている人もいるようです。私はコンサートに来る人には顔が知られているから、例えばサントリーホールのステージ背後の席には座りたくない。

井口◎日本人はこのような「観る・観られる」という関係に慣れていなかったので、コンサートはただ聴きに行くだけであるという意識が強かった。でも、アリーナ形式のホールがいくつかできてきたことで、このあたりの意識はずいぶん変わったと思います。

井上◎ありますね。ただ、アリーナ形式にふさわしくない曲というのがあるんですよ。アリーナでは割合とみんなが楽しくなってしまうような気がして、ベートーヴェンの曲のような、ひとつのことに向かっていくような性格をもった音楽は分散してしまう感じがしますね。単に音響の問題だけでなく、「何か人生楽しいな」「みんな集まって平和だな」みたいな雰囲気になってしまうのです。

例えばショスタコーヴィチの内臓をえぐるような曲をシューボックス形式のホールで聞くと、気持ちの重さを保ったまま家路につくことができますが、アリーナ形式のホールで終わった瞬間にみんなでわーっと拍手していると、これはただのゲームだったのではないかという気がしてきてしまう。

好きな曲がある。CDでは物足りない。10年前にコンサートで聴いたその曲、そのときの気持ちを思い出したくて、もう一度コンサートに足を運ぶ。そうするとたくさん人がいて、お祭りのような感じで、演奏される曲を自分一人のものとして受け止めることが困難である。アリーナではそういうことが起こると思います。

僕自身指揮者としては、なるべくホールの環境を重視して曲目を選ぶようにしています。だからサントリーホールではベートーヴェンは避ける傾向にあります。ショスタコーヴィチもできるだけ避ける。いま言ったような事情の他に、どうも響きがベートーヴェンにはふさわしくないように思うことも理由のひとつです。すべてに色がついてしまってモノクロームの音楽をつくることができない。

井口◎ベートーヴェンではどのホールが向いているとお考えですか。

井上◎東京では東京文化会館が一番です。もともと劇場用につくられた音楽だから、雰囲気は暗めで、割にデッドな響きのところがいい。オペラシティは響きが長くてこまるけれど暗めなので黒白つけられないというところです。

いずれにしても、聴衆の立場での「観

る・観られる」という関係はもっと考えられていいと思うし、その場合、演奏者のことはとりあえず無視してかまわないのではないかと思います。どんなところでも演奏するわけですから。むしろ聴衆にとって、隠れて観たいときにはそのような席があり、見られたい人にはそれにふさわしい席が用意されている。そういうのが大切でしょう。その意味では新国立劇場はとてもよくできている。隅っこみたいな、ちょっと人の目がいくかなというところもある。僕はあの劇場は、かっこつけて行ってもいいし、スニーカーで行ってもおかしくないし、なかなか良くできていると思いますね。

2.1.3
作曲家と指揮者に聞く
コンサートホールの高揚

指揮者：高関 健
聞き手：本杉省三

目でも音楽を聴いているのでは

本杉◎音楽は勿論「聴く」ものですが、同時に私たちは目という大事な器官をもっていて、目を通しても音楽を「聴いている」と思えてならないのです。その意味で建築空間として作り出されているコンサートホールのインテリア空間、および公演の前後に私たちがくつろぐホワイエなどの空間が観客に及ぼす影響は計り知れないものがあるのではないかと考えています。生理学的には「目が音を聴く」ということはあり得ないのでしょうが、経験として私たちは目でも音を聞いているのではないかと思われる会話をしていることに気付きます。例えば、ホールに入ったときに「このホールは響きそうだ」などといった具合です。もちろんこの場合、視覚的な情報にもとづいて、そこで音楽が鳴っている様子を想像し、経験的に判断しているわけです。具体的な音に関する情報もなしに音を聴いている、あるいは観ているわけで、つまり視覚情報によって音楽が響いている状況を思い巡らしているのでしょう。このことから、目によっても音楽を随分楽しんでいるのではないかと想像することは、それほど唐突でないように思えるのです。

そこで、目の情報の大事さというものを聴く情報の大事さと共に考えてみたときに、音楽家の人たちがどのようにそうした状況を捉えているのだろうか、そこを是非伺いたいと思うのです。聴くことも観ることも、離れがたい一体の関係で成立するものだということではないでしょうか。そのことが空間・デザインの意味につながると考えているんです。

これらの背景の中で、音楽空間をデザインの問題としてどのような視点から評価する方法があるのでしょうか。評価といっても尺度の選択が難しいし、個人差がある。それでもなお、何か評価軸というものを探るとすれば、それはどんなものかを是非考えてみたいと思っているんです。

まず、音楽に最も感動した時期と場所について、合わせて、その時にホールをどのように評価していらしたのか、印象付けられた点は何かといった点から話を進めていただければと思います。

原点としての東京文化会館

高関◎私は子供の時から音楽を聴いて育ったんですけど、音楽家になりたい、と決定的に思ったのは、1970年にベルリン・フィルとカラヤンが来日した時、上野の東京

高関 健氏　写真©K.Miura

文化会館で聴いた演奏会です。曲はリヒャルト・シュトラウスの『ツァラトゥストラはかく語りき』でした。当時中学3年生だったんですけれども、オーケストラって凄いと思いましたね。1階席の前から6列目、真ん中の席でした。一般的には音響条件があまり良くないと言われているようなところです。それまでにもオーケストラはよく聴いていたし、チェコ・フィルをはじめ外国のオーケストラも聴いていました。しかし、ベルリン・フィルのものすごい演奏を目のあたりにして、それ以前に聴いていた音楽とは全く違うものだと。とにかく圧倒的な響きでした。それで音楽家・指揮者になりたいと思ったんですね。私たちの世代が音楽を聴く時、基準はやっぱり上野の東京文化会館ということになります。当然、学生時代に聴きに行った大事な音楽会のほとんどは上野でした。その意味では基準というより原点ですね。

大学4年の時には、初めて上野の舞台に立って桐朋学園のオーケストラを指揮したんです。ベートーヴェンの『レオノーレ序曲』の3番だったんですけど、その時実際に振ってみて、「あ〜やっぱり良いもんだな」っていうか、想像していた通りの音がしましたね。あの頃の上野はまだ新しかったですし、他にこれといったホールがありませんでした。自分が知っているその他のホールと言えば、日比谷公会堂と新宿厚生年金会館などがありました。あとはもっと古いものばかりでしたね。共立講堂などでもオーケストラの演奏会をやっていた頃ですから。それらに比べれば、非常に設備の整ったすばらしいホールでしたし、実際にほとんどの席からきちんと舞台が見えました。そういう意味でも音楽を聴いている満足感があった。日比谷では1階席の後ろの方になると人の頭しか見えないし、2階席が張り出しているから音はよく聴こえない。やはり東京文化会館は、空間的にも音響的にも従来のホールにはない強い印象として残っています。本当に全然違いましたよね。

想像していた通りの音がするという点で、上野はとても快適なホールです。会場によっては、客席での響きと舞台上の響きが違う時ってありますでしょう。ちなみにここ（すみだトリフォニーホール）もその差が少ない方です。音楽を演奏する立場の人間にとって、お客さんが聴いているのと自分が出している響きとの差がないホールが基本的には良いホールだと言えると思いま

すみだトリフォニーホールでのコンサート　群馬交響楽団の演奏風景。

す。

実際に演奏するようになって革新的だったのが、大阪のザ・シンフォニーホールとサントリーホールができたことですね。特に、大阪は音がまとまっていて好きです。両者の空間は一見似ているようでいてまったく異なっています。サントリーホールがひな段状に客席が広がっているのに対して、大阪のザ・シンフォニーホールはちょっと小振りでバルコニー状に出ている席の形態に特徴があります。残響をどうしても2秒とるんだと主張して、演奏効果のことを優先して考えて作った最初のホールです。それ以来、残響2秒がコンサートホールの条件になってしまったかのような功罪があるかもしれませんが、シューボックスタイプでもないアリーナタイプでもない、ボックス状のバルコニー席による独自の雰囲気とコンパクトな感覚が従来にないホールとして印象付けられました。

一方、東京におけるサントリーホールは、別の意味で大きな功績をもっているように思います。今まで演奏会に来なかったお客さんも来るようになり、裾野の拡大に貢献してきています。また活動内容においても、従来にない特色ある運営を展開しています。ホールオペラという言葉を生んだり、現代の作曲家に新作を委嘱し演奏する機会を設けたり、その継続的な活動は称賛に値します。ただ、私が空間的にちょっと気になるのは、1階から2階の所がつながらないで、段になってしまっているところです。そこがちょっと残念な気がします。連続感がなくヴォリュームも何か詰まった感じがありますね。このホールのモデルとなったベルリン・フィルハーモニーの良さのひとつは、どこにでも行けてしまう連続性にあると思っています。ホールの中だけでなく、休憩時間になるとホワイエを自然と散歩しますもんね、あのホールだったら。

空間の形式とホールへの想い

本杉◎ところで、空間の形式も設計者を悩ます問題ですので、この点についても是非伺いたい。片方に舞台があってもう片方にお客さんが居るウィーンとかボストンのようなスタイルと、ベルリンのように周りにお客さんがいるのとでは、建築的に全く異なっていますが、指揮者にとっても全く違うものなんでしょうか。つまりオーケストラしか見えない場合と、オーケストラの向こう側にも、さらにお客さんが居るという空間では、どのように違うのか、あるいは同じなのか。コンサートホールを設計する際に重要な指標となっているホール幅についてはどうなんだろうか。音響コンサルタントは、空間の幅が大事だと強く主張するんですが、でも実際にあるホールを見てみると、意外と幅が広くても大丈夫なんじゃないかという気になります。それよりも近いことの方が観客にとって重要でないのか。作曲家の細川俊夫さんに、どんなホールが良いのかと聞いたことがあって、彼は唯一「近ければいい、近くないと駄目だ」と非常にはっきりしていました。

サントリーホールができてからは、お客さんの嗜好というか流れが上野の東京文化会館からサントリーホールに変わったと言われています。しかし、そのサントリーホールの手本となったベルリン・フィルハーモニーをそのまま日本で作ったら、ホワイエを含めて自分が建物内のどの位置にいるのかわからない、入口から自分の席に辿り着けないといって苦情の対象になること間

違いなしだと思うんです。ところが、散歩好きのドイツ人にとって、また都市文化のアイデンティティを大切にする彼らにとっては、ベルリン文化を代表する個性ある施設として象徴的な存在になっている。しかも、その位置は東西ベルリンの接点ともいえる壁に近いところにありました。その感覚をドイツ人が愛しているからあの空間が生まれ、受け入れられたんだと思うんですよね。その形や形式でなく音楽とどう接するかという気持ちをデザインしたんだと思うんですね。ベルリンの空間は、写真や図面で見た以上に私は大変に感動しました。観客で埋まったホールにオーケストラが入場し、続いてカラヤンが登場したときの感動は忘れられません。中でもすごいなと思ったのは、指揮者の出てくるレベルです。カラヤンが下手から入って来る時は、お客さんとほとんど違わないレベルで入って、階段上がって指揮し、終わって退場する。で、花束を貰ったりする時に、観客と同じ目線でこう会話している感じで挨拶する。あの親近感が、それ以前のカラヤンのイメージと全くズレていました。そのとき私は観客と音楽家が一緒の気持ちで音楽しているんだ、この感覚で音楽空間を作るんだと感じました。

ホールの形式と近さ

高関◎実は、お客さんにはあまりわからないのかも知れませんが、指揮者のポジションに立ってオーケストラに向かい合っていると、どんなホールであってもある一定のお客さんが指揮者の視界に入っているんです。アリーナ形式でなくても、指揮者には第一バイオリンの左側のお客さんがいつも視界に入っています。ですから、私自身はホールの形式がどうこういうことに関しては余りこだわらない。ウィーンとかボストンのような、いわゆるシューボックススタイルであろうが、ベルリンのようにオーケストラの後ろ側にも、さらにお客さんが座っているような空間でも、一端舞台に立てば、やることはひとつしかないわけですから気になりません。好き嫌いもありません。場合によっては「お客さんの反応を見ながらやってみよう」とか、「あいつ寝てるぞ」みたいなことも実際にはありますが。ですから、私の場合はホールの形式によって演奏に決定的な影響を及ぼすことはありません。

ベルリンに7年間住んでいたので、フィルハーモニーではあちこちの席で聴いていました。すでに職業として音楽家を目指していましたので、音響よりもいろいろな角度からオーケストラを見てみたいと思っていました。その意味で取り囲み型は大変好都合でした。カラヤンの練習を見る時は、指揮者を真横から見ることができるEブロックにいつもいました。指揮者が何を言っているのか、オーケストラと指揮者とのコンタクトを一所懸命見たいと思っていましたから。その意味でも最高の条件でしたね。逆に、一聴衆として音楽をしっかり聴きたいときには、響きの良いところに行くんです。招待席に行く階段の途中が良い響きで、椅子のない階段通路でしたが、いつもそこで聴いていました。

ところで、コンサートホールを単純に音が鳴る場として考えると、取り囲み型のホールというのはオーケストラにとっては意外に好都合なのかなと思えてきます。シューボックスは、どうしても箱の一辺に詰め込まれる感じで、一定方向に音を出さなけ

ればいけないという気持ちが音楽家に働くみたいなんですね。それが囲み型のホールになると、ここで自分達が演奏すればよいという解放された気持ちになって、あるいは一種開き直りなのかも知れませんが、楽な感じをもつんじゃないでしょうか。もちろん響きが良い場合に限りますけどね。そういう意味でも、私自身はベルリンのフィルハーモニーのような空間が気に入っています。

シューボックスとアリーナ形式で決定的に違うのは、例えば同じ2000人をひとつの空間に入れようと思った時に、シューボックスでは舞台を片方に置くともう一端に位置する席と舞台との距離が遠くなってしまうのに対して、空間の真ん中に舞台を位置させるアリーナ形式では、舞台と観客との距離が平均してずっと近くなるということでしょうか。この距離についての問題は、観客が音楽を楽しむときに非常に大きなことなのかも知れません。オーケストラでは音色のブレンドが必要ですから、ただ距離が近ければそれで良いというような簡単な評価はできないかも知れませんが、やはり音源から遠いと響きは弱まるのも事実だと思います。ですから、非常に評価が高いとされているホールでも、舞台から遠くなるとそれほど満足感が得られなくなりますよね。典型的な例は、ボストンのシンフォニー・ホールです。前後にかなり長いんですよ。それから、ウィーンのムジークフェラインスザール（楽友協会大ホール）も後ろの立ち席の響きは寂しいものがある。やはりバルコニーの囲みの中に居ないと駄目ですね。ホール空間の構造が長くて悪くなってる最大の例は、多分ニューヨークのエイブリー・フィッシャー・ホールでしょう。大き過ぎるし、奥行きもあり過ぎるし。あそこはこれまでに何度も改修・改築されているはずですけれど、何度聴いても音は改善されません。反対に同じくらいの客席容量でもカーネギーホールは素晴らしい。もうひとつ申し上げたいのは、評価の高いホールでは、自分がここにいる、多くの人が感動する場に居あわせているという気持ちが、自然に他の人と自分を一体化させるような気がします。それこそが私たちがコンサートホールへわざわざ足を運ぶ理由ですし、そこに視覚的な要因がある程度左右していることは事実でしょう。

確かにウィーンは印象的なホールで、世界トップレベルのコンサートホールであることに異論はありません。しかし、他の可能性があることについては、私も共感します。とりわけ、細川俊夫さんが近さを強調する気持ちは本当によくわかります。自分が作曲した音を全部聴いてもらわないと

エイブリー・フィッシャー・ホールの内部　1962年竣工。1976年に改築。設計はフィリップ・ジョンソン。舞台を取り囲むバルコニー席は無く、コの字型のバルコニー配置。

困りますからね。考え尽くされた音・音の流れを隅々までひとつ残らず細部に渡ってまで聴いて欲しいと願うのは、作曲者として当然です。私も演奏するものとして、彼の意見に賛成します。遠くても良い響きなんていうのはコンサートを聴く状況では考えられないですね。大編成のオーケストラの場合も、基本的に同じだと思います。いつも大きな音が鳴っているわけではないですからね。本当に小さな音・かすかな響きも沢山鳴っているわけですから、それらを漏れなく感じるために近さは大切です。

オーケストラとホールの一体化

本杉◎都市とホールの関係、ホールとオーケストラの関係で言うと、最近は日本でもレジデント・オーケストラ、フランチャイズ・オーケストラなどといった言葉が各地で聞かれるようになってきました。特に地方でそうした動きがあることは心強い限りですよね。オーケストラとホールが一体になって活動することによって、芸術的向上や都市・市民生活との関係も深まってくることが期待されます。そうした結びつきについて、音楽監督をしている立場からもご意見を聞かせてください。また、場所の問題についていうと、高関さん自身普段から沢山の楽譜を見、演奏している経験として、こういう曲はこういう場所、こういうホール、こういう空間でやってみたいということはあるのでしょうか。例えば、モーツァルト時代には、音楽が演奏された場所はホールじゃなくてサロンの、しかも自然光が入ってくるような空間でした。しかし、今私たちが作るクラシック音楽のための空間というと、みんな外気から閉ざされた人工的な照明空間で、電気がなければ真っ暗闇の場所です。もう少し伸びやかにやっても良いように思うのですが、その点どのように考えているんでしょうか。

オーケストラ活動とホールの関係

高関◎最近できた日本の取り囲み型で好きなのは、札幌のコンサートホールKitaraです。もちろん演奏して納得したんですが、落成前に見学で入った時に「あ、これはいけるな」と思いましたね。まずホールに入った時に、

ウィーン・コンツェルトハウス 1994年群馬交響楽団の海外公演でショスタコーヴィチ「交響曲第10番」を演奏。

群馬音楽センターでのコンサート 2001年11月、国民文化祭における群響。マーラー「交響曲第3番」を演奏。

私たちはボリュームがどれくらいかというのを見ます。例えば、天井が高過ぎたりしても困るし、幅が小さくても困るし。ある種の空気みたいなものがあって、音響の良いホールと比較してみているのかも知れません。そこで、広さ・高さ・幅・奥行きみんな含めて経験的に「ああ、これはいけそうだ」という勘が働きます。だからここトリフォニーホールも、初めて入ったときに「ああ、これは大丈夫だ」と思いました。デザインとしては、ちょっと目が回りそうでしたけどね。

ところで札幌のコンサートホールがコンペになったとき、設計条件としてアリーナ形式であることが要項に謳われていたそうですね。それが札幌交響楽団からの意見だったというところに意味があるのではないでしょうか。「音」だけを伝えるのでなく「音楽する」ということを考えたとき、何も音楽家だけでそれができるんじゃない、聴衆・市民とともに音楽するということが、その中に込められているように思えるんですね。そこに現れているように、音楽家自身も単に音響だけを至上のものとして扱わず、自分たちの活動と聴衆・市民との関係、それにコンサートホールの空間との関係などといった幅広い視野で考えるようになってきた。そこが大切ですよね。

その他、水戸、仙台、名古屋、京都、新潟など、サントリーホール以降各地にオーケストラ活動とホールを結びつけるような動きが現れてきていることは、私たちも大変関心をもっています。音楽を通し豊かな社会環境が整ってくれることを願ってはいますが、オーケストラ活動とホールの関係については、実際にはなかなか難しい面があります。そうした社会状況の中で、オーケストラが地域やその都市において価値ある活動としてこれまで以上に理解され、さらに広く根付いていくために、ホールに常駐する形を目指して行くべきです。私が音楽監督を務めている群馬交響楽団でもコンサートホールを作るための運動を始めてます。それぞれの都市にオーケストラがあるとしたら、それが音楽活動の中心になって行くのが本来の姿でしょう。日常的な練習から演奏会を含めて、ホールを拠点として活動することによって、オーケストラの出す響きがしっかりしたものになってきます。指揮者だけでなくオーケストラのメンバー全員が会場の特性を理解していれば、各パートの音の出し方も決まるし、管楽器奏者によってはマウスピースの選び方が変わってきます。ティンパニーでは革の張り方が決まるわけです。そういった安定した演奏環境で練習から公演までを一貫して行うことで、いつもの通りに最高の演奏効果が保証されるわけです。もちろん演奏旅行は続けるでしょうが、日常的な活動に安定感が生まれることで演奏面での向上が期待できるようになります。

作品と空間

高関◎私は、指揮者という仕事柄、オーケストラ曲と向かい合うことが多くなってしまうのですが、その他沢山の楽譜を見ていると、こういう曲はこういう場所、こういうホール、こういう空間でやってみたいと考えたりもします。コンサートホールでないもっと別の空間です。オーケストラを指揮する場合、人数が多いのでどうしても大きなホールになりますけど、例えば今日の2曲目の協奏曲（クルト・ヴァイル作曲「ヴァイオリン協奏曲」）は、編成も小さいので（16

群響の野外コンサート 森とオーケストラ。群響の野外コンサート風景。

1994年プラハの春国際音楽祭における聖ヴィート教会でのコンサート 群響はドヴォルザーク「レクイエム」を演奏。

人）もっと小さな所でやって良い曲なんです。その方が演奏者もお客さんも面白く感じるかも知れないと思いますね。

また、モーツァルトのセレナードを石の舞台で夕方にやれば、残響も増えて演奏効果が上がりますよね。それこそ当時はミラベル宮殿でもやったそうですから。また、アメリカでよくやる夏の音楽祭、タングルウッドみたいなあれもまたすごく気分が良いものです。タングルウッドに実際に行ってみると、普段私たちが通っているコンサートとは全然違う楽しみ方があることを教えてくれます。舞台から客席のある部分までは屋根が付いていて、他は全部外なんです。人々は思い思いの姿で飲み物・食べ物を持参し、ピクニック気分で音楽を楽しんでいます。日本では、札幌でPMFがやっていますね。もっとも日本の夏は少し暑過ぎます。それに、クラシックの楽器というのは湿気に弱く気候にすごく左右されますからね。そこがひとつのネックです。

私の最悪の経験は、12月31日夜11時半からベートーヴェンの「第9番」の第4楽章を東京駅の駅コンでやったときです。本当に寒くて、棒を振って汗をかかなかったのは、後にも先にもあれ1回だけです。手がだんだん冷たくなってくる。きっと演奏者も辛かったんではないかと思います。やっぱり条件の悪いのは困りますね。演奏が生き生きしたものになりませんから。逆に、今でも素晴らしかったなと思っているのは、劇団SCOTの利賀村の舞台でシェーンベルグの「ピエロ・リュネール」を演奏したときです。玄関ホールのような比較的小さな空間でしたが、天井が高くトップライトから光が射し込んでくるような気持ちの良い場所でした。その小さな段々の場所にお客さんが座布団に座り、演奏者と一体になったような親密な雰囲気が感じられました。あれは抜群の効果がありましたね。

昼間の音楽会では、太陽の自然な光が入ってくるという考え方も好きですね。実際にウィーンのムジークフェラインスザール（楽友協会大ホール）もプラハのスメタナ・ホールもそうですが、古いホールは結構自然

スメタナ・ホールの内部 1912年竣工。1997年に改修後再オープン。アールヌーヴォー様式のこのホールは、市民会館の中にあり、プラハ音楽祭の会場にもなる。

光が入ってきますね。ハンブルクのムジーク・ハレもそうでした。何か安心するんですね、自然の光や空気が感じられるというのは。人間てそういうものなんじゃないでしょうか。

現代音楽の空間としては、最近できた秋吉台芸術村のホールは面白そうですね。あれは、ノーノの「プロメテオ」というオペラの上演を前提に作られたとのことでしょ。まだ訪れる機会に恵まれませんが、図面を一度見ただけで、ああこれは面白そうだなと思いましたね。決まり切ったコンサートの空間形式によらず、均質性を排除したところにチャレンジしてやろうという気分になりますよ。

ホールとオーケストラ配置

高関◎ところで楽器の特性についてですが、例えば木管楽器では、指の孔をひとつ開けただけで音があっちへ向いたりこっちへ行ったりするでしょう。クラリネットは特にそういう傾向が強いですね。それから金管楽器は指向性がはっきりしています。オーケストラの配置でもこのような楽器の特性を考慮します。今回のいわゆる古典的な配置では金管楽器は上手側に座っていま

ヴラチスラバ・コンサート・ホール 1994年群響海外公演。吉松隆「朱鷺に寄せる哀歌」を演奏。

す。正面に置いたら響きが直接過ぎるのですね。むしろホールの壁に音を一度当てて反射させてからお客さんに回した方がまろやかな響きになります。また、今日ご覧になってわかるように、第1ヴァイオリンを下手、第2ヴァイオリンを上手に対称に配置しています。これは20世紀前半までのオーケストラの伝統的な並び方です。つまりクラシックの作曲家たちは、この対称的な配置を前提にして高い演奏効果が得られるようにスコアを書いているわけです。それに比べて、現在多くのオーケストラが採用している高音域を下手、低音を上手という配置はわずか50年ぐらいの歴史しかもっていません。実際に演奏しても非常に理に叶っているので、私はオーケストラと話し合った上で、この古典的な配置に並んでもらっています。

　また、演奏旅行などで慣れないホールで演奏する際には、ホールによってオーケストラの配置を変えたりして空間にあった演奏を心掛けています。いつも通りにやってみてどうしてもうまく響かないとか、演奏する曲によって大事なパートをもってる楽器が、そこに置いてみたら駄目だったということがあれば、替えてみようと。そういう作業は練習の中でします。このような作業は、どこのオーケストラでも、どの演奏家でもすると思います。

　皆さんよくご存知のベートーヴェンの第9交響曲。第4楽章では合唱のほかに独唱

プルゼニ・オペラハウス　1994年群響海外公演。ドヴォルザーク「交響曲第8番」を演奏。

も4人加わります。先ほどの音の指向性や演奏効果のことに戻りますが、カラヤンはよく独唱を真ん中に置かないで、少し下手側に振って立たせていました。その方が音が伸びるっていうんですよ。ザルツブルクとウィーンでは特にそうしてましたけど、ベルリンでもそうでした。ウィーンはベルリンに比べるとずっと幅が狭いから、片方に寄るとすごく寄った感じがするかと思われるかも知れませんが、それがそうでもないんです。歌い手もわかっていて、少し斜めに立って歌うんです。そうすると綺麗に声が回るんです。だから必ずしも正面向いて歌うとか、曲目やホールに関係なく固定的に演奏空間を捉えてしまわないように心掛けています。

ホールのインテリアについて

高関◎ホールの色や材料については、壁・天井などの色はうるさくない方が演奏に集中できます。舞台床に関しては、譜面がよく見え、お互いの顔がよく見える方がいい。だから反射はある程度多い方がありがた

い。木の種類では楓だったり松だったり。そういうものが良いんじゃないですか。弦楽器の材料がそうでしょう？

　舞台と客席の高さについては、なるべく差が少ない方が、できれば同じ平面が好きですね。舞台面より低い席は、おおむね良い響きを得られません。舞台面が高いのに音響効果が良い例外は、ボストンのシンフォニーホールとアムステルダムのコンセルトヘボウですね。コンセルトヘボウでは一度指揮台に立ちましたが、フェンスがないと落ちそうになるほど舞台面が高いですね。2メートルはあるんじゃないかな？しかも、登退場する際には、2階席の後ろから急な階段を40数段昇り降りします。一方ベルリンのフィルハーモニーでは指揮者、ソリストが登場するアプローチは非常に低い。聴衆と同じ目線で会話するような高さ、近さですよね。舞台に上る階段は確か4段でした。最近同じ考え方のホールが増えて来て、ケルンのフィルハーモニーも、デュッセルドルフのトンハーレも同じ感覚ですね。そういう意味で一番印象深かったのは、ノルウェーのベルゲンにあるグリーグ・ホールです。舞台が一番下なんです。ほとんど半円形のホールに舞台が丸く配置されていて、それを弧を描くように客席が取り囲んでいる。比較的急な客席が、スタジアムのようにどんどん上がっているんです。1200席程度のホールでしたけど、良い音でした。デザインもいわゆる北欧のデザインで、たっぷり空間があって面白いホールです。舞台からお客さんが全部上に見えるんです。それこそギリシャの円形劇場の構造がそうですよね。劇場ではあると思いますが、音楽用のホールとしては珍しいものだと思います。日本では見たことのない空間でしたが、劇場でもコンサートホールでもその意味するところは同じことのような気がします。親近感と一体感です。演奏家がいて、それからお客さんがいる。別々にいるんじゃなくて、ひとつながりでいるっていう感覚ですね。その方が素直に音楽は聴けるし楽しめると思いますね。

（取材協力：青池佳子）

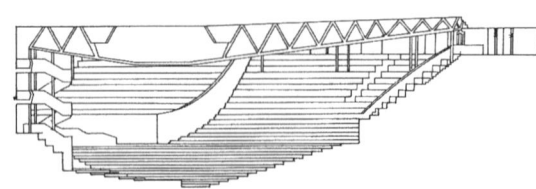

ケルン・フィルハーモニーの平断面図　1986年竣工。設計はブスマン・ハベレル。座席数2000席。古代ギリシャ劇場を彷彿とさせる舞台を中心に弧を描いた座席配置。急な客席勾配も印象的。

2.1.4
作曲家と指揮者に聞く
空間演出への参加

指揮者: 大友直人
聞き手: 井口直巳

ホール空間と観る・観られるの関係

井口◎サントリーホールや近年では札幌コンサートホールや新潟市民芸術文化会館などのようにいろいろな形のホールが作られるようになり、舞台と客席の「観る・観られる」の関係が多様になってきました。

大友◎ライブによる演奏会の魅力は、実際に演奏する奏者と観客が同じ空間を共有することです。実際に生の音を聴くということも含まれますが、空間そのものがとても大切です。それが我々オーケストラにとっての魅力のひとつであるとも考えています。

実際、私たちが演奏している時も、耳だけで演奏していることはほとんどありません。通常アンサンブルをする時は、耳だけでなく視覚の要素がものすごく大きなウエイトを占めています。視覚以外の全ての感覚を使っていることは間違いではないのですが、視覚が音楽に与えている影響力には想像以上のものがあります。ですから、舞台と客席の「観る・観られる」という関係も非常に重要です。

テレビや映画で音楽の演奏を見ると面白いものと、つまらないものとがハッキリ分かれます。面白いコンサート映像というのは何かというと、これは音だけで音楽を聴かせているのではなく、映像で音楽を聴かせているんですね。そういう点に着目して沢山の作品

大友直人氏　写真©篠原栄治

を創りだしたのがカラヤンです。映像作品に限って言えば、彼はそこで鳴っている音より、どのような画面のカットを取るかということに絞り込んで収録していたように感じます。実際、非常に的確なフォーカスだったと思いますね。我々が観客としてコンサートに行った場合には、テレビの画面で見るようなクローズアップや角度を変えて演奏者を見るといったことはできませんが、その代わりに自分の席から自由にさまざまな現象を楽しむことができます。これはコンサートに行って非常に大切なことですね。

井口◎ホールの空間の印象もいろいろ影響していると思われますか。

大友◎私がかねてから感じているのは、ステージから客席を見た時の空間的な印象ですね。空間の大きさが与える印象が、演奏

NHKホールの内観 1973年竣工。設計は日建設計。3層で幅広いホール形状で、客席数は3600席以上になる。多目的利用が基本だが、NHK交響楽団の本拠地。

者にとっていろいろな影響を与えることはあると思います。ただ幸か不幸か、指揮者はステージに出てきて客席にお辞儀をした後はオーケストラの方を向いてしまうのでわかりませんが。

　サントリーホールのように「向かい側に客席があるのは気にならないか」という質問を受けることも多いのですが、演奏に入ると私の作業はオーケストラとのやりとりだけになりますから、私には観客の視線の影響はありません。ただ、はじめてのホールに入った際にこの空間は大きいと感じた場合には、何らかのプレッシャーを感じますね。実際に、音を出してみた時に自分たちの出している音がどのように空間に聞こえているかという感覚は非常に重要です。演奏家達は、自分たちの出している音が客席にどう伝わっているのかという不安を常にもっています。特に新しいホールに行った時の不安は大きい。NHK交響楽団の場合、普段の音作りはNHKホールでできています。私の感想としては、NHKホールのステージの上は意外に良い音がしていると感じていますが、実際あのホールには空間に対する恐怖感がある。このためN響の団員はNHKホールの3階の一番奥まで自分たちの音を届けなくてはいけないという一種の使命感のようなものを無意識のうちに全員がもってしまっていて、キャパシティの少ないホールで公演をする際、最初の間はどうしてもオーバーフローしてしまう。

ホール空間の大きさの感覚

井口◎実際の座席数やホールの広さと、ステージに立った瞬間に感じる空間のボリュームは必ずしも一致しないように思います。むしろホールの設計によっていろいろ変わってくる気がするのですが。

大友◎あくまで私の感覚ですが、池袋の東京芸術劇場はステージから見るとすごく広くて3階席の奥が遥か彼方のような気がしますね。非常に音質の良いホールだと思いますが、私自身にとっては空間が大きく感じられるような印象があります。

　評価が高いことで知られる大阪のザ・シンフォニーホールは、もちろん好きなホールなのですが、時折私たちの出している音がホールに対して大きすぎているのではないかと感じることがあります。演奏が飽和状態になっていて、実はこのあたりが非常に微妙な部分で、演奏者としては精一杯ぎりぎりの所まで音楽を表現してみたい気持ちがある。でも空間のボリュームによってはコントロールしなくてはいけない場合もありますね。欲求不満になりますが。

　京都コンサートホールの印象については、オープン当初からずいぶんと変わりました。もちろん、私自身やオーケストラがホールに慣れてきたことも大きな要因でし

新潟市民芸術文化会館・コンサートホールの内観 1998年竣工。設計は長谷川逸子建築計画工房。座席数は1884席のアリーナ型のホール。柔らかな曲線で構成されたバルコニーや視線が透る手摺りが特徴的。

ょう。このホールは非常にしっとりとしたおとなしい響きで、サントリーホールとは対照的ですね。

　札幌コンサートホールで演奏した印象では、京都コンサートホールに非常に近いように感じました。むしろ京都に比べると聴きやすいかなと。音は少し拡散しているようでちょっとした不安感がありますが。

　新潟市民芸術文化会館もよくできていると思います。漠然としか申し上げられないんですが、空間の容積のサイズが私たちにとって視覚的に心地良いんでしょうね。

井口◎視覚的に心地良い空間の要因というのは何でしょうか。

大友◎ひとつは天井の高さだと思います。あまりに天井が高いとなんとなく不安になるのではないでしょうか。また単純に、ステージから一番奥までの距離感があまり遠いと影響が大きいのではないでしょうか。

ホールとオーケストラの関係

大友◎近年まで、国内オーケストラは日常的に音響条件の厳しい空間での練習を強いられることが少なくありませんでしたから、公演の際にホールと名がつくところに行くと、響きの良さにほっとしたものです。しかし最近は、例えば新日本フィルハーモニーのように日常的に条件の良いすみだトリフォニーホールが使えて響きの良い場所で練習したりすると、響きの悪いホールに行った場合、練習の時よりも下手に聞こえてしまうということも起こってきています。

井口◎その新日本フィルハーモニーの例に見られるように、楽器の置き場や、練習場、ステージでの楽器の配置といった問題まで日常的に検討することが可能なフランチャイズという形式が出てきましたが。

大友◎外国では「sound」という言葉を使

います。例えば「オーケストラにsoundがある」とか「soundが無い」という言い回しをよく耳にします。オーケストラにとってこの「sound」というのは非常に重要なことなんですね。オーケストラの音は曲によって違い、指揮者によっても変わりますが、オーケストラのもっている響きや個性、あるいは、楽器間の音のバランスや溶け合いかたというものは「sound」という言葉に含まれるといえるかもしれません。日本のオーケストラはこれまで、独自のカラーや個性がないという評価を受けることがありました。魅力ということで考えますと、これからのオーケストラは個性を創りだして行かなければいけないだろうと思います。

　また、私自身にも指揮者として自分独自の「響き」をもつことは非常に大事だと考えています。私だけの「響き」を自分の耳の中に、体の中にいつももっていて、それをオーケストラから引出すことが、指揮者としてのひとつの目標であり、少なくとも常にそういった意識でリハーサルをしています。

井口◎オーケストラの配置には、それぞれのオーケストラによって固有のスタイルがあるように思います。特に、外国のオーケストラではそれぞれ随分と違う並び方をしているようですね。大友さんの場合はいかがですか。

大友◎ケースバイケースですが、現在はオーケストラに合わせています。ひとつのオーケストラと密接に長期間にわたって経験を積み重ねていくことができるのであればいろいろな試みもしてみたいとは思います。しかし指揮者とオーケストラのつき合う時間が非常に少ないのが現実です。もちろん私も何度かいろいろな配置で演奏を試みたことがありますが、オーケストラというものは、日常が非常に大切です。大事なことは、常にアンサンブルをしやすい、一定のスタイルで訓練を重ねていくことでしょうね。

井口◎日本のオーケストラは、ヨーロッパに比べると奏者と奏者の間隔が広いようにも思いますが。

大友◎理由はステージとかホールが大きすぎるからではないでしょうか。例えば大阪のフェスティバルホールなどは、あまりにもステージの間口が大きいので、無意識のうちにもオーケストラもサイズを大きく見せたいのか、もしかしたらステージ係の思いがあるかもしれませんね。しかしこれは実は大きな問題です。

　日本のオーケストラはもともと広がって座る傾向があると思います。ウィーンのムジークフェラインスザール（楽友協会大ホール）で大阪フィルハーモニーと演奏したことがあるのですが、その時こんなに狭いところで演奏しているのかと驚きましたね。これは、狭いとか、広いという空間的な理由ではなく、アンサンブルが互いに身近に演奏するということなんでしょうね。

大阪フェスティバルホールの内観　1958年竣工。設計は竹中工務店。座席数は2709席。反射板後壁が移動して、舞台の大きさ、天井反射板の高さが調節できる。

ホールの形式やひな壇

井口◎演奏者の方々からは舞台上で演奏している時、客席がちらついて落着かないホール、あるいは観客に取り囲まれていても集中を妨げられないホールというのは、単純にホールの空間形式だけでは決められないというお話をよく伺います。では、一体コンサートホールの空間のどこに原因があるのでしょうか。

大友◎ひとつは照明ではないでしょうか。明るければお客さんの表情も良く見えます。私はあまり気にならないのですが、確かに、オーケストラの席に座ると想像以上に客席が見えます。ですから照明の感じで落ち着いたり、落ち着かなかったりということはあると思います。

ひな壇については、私自身も京都コンサートホールが建てられる際に練習場にいろいろなテープを張って設計者の方が事前のリサーチをしていた様子を覚えていますが、そうしたさまざまな人たちの試行錯誤によって、いろいろな意味での平均値が取られていたと思います。もっとも演奏者の意見を全部聴くのが良いことなのか悪いことなのかは分かりませんが…。

井口◎オーケストラをホールで聴く醍醐味のひとつには、名奏者がそれぞれ演奏に入る前からの仕草とか流れが見えるということがあります。そういう意味では見る側にとっては、特に管楽器奏者が良く見えるひな壇が高い方が面白いと言えるかもしれませんね。

大友◎私個人としては、オーケストラがすり鉢状に配置される方が好きですし、良いと思います。その一方、弦楽器のチェロやコントラバスのようにエンドピンで床に接している楽器などは、自分の弾いている音が床に響いていくという感触があって、これがひな壇のように狭いスペースで切られてしまうと、心理的問題なんですが、自分の音がそこで隔離されているのではないかといった気持ちになることがあります。

もうひとつ、トランペットのような金管楽器をあまりひな壇の上に上げると、音がストレートに前に出すぎることがあるんです。例えば、サントリーホールができた頃にニューヨーク・フィルが来日したのですが、公演初日にひな壇を上げ、すり鉢状で演奏をしたところ、終演後、楽団員から金管がうるさすぎるといったような意見が飛び交って、翌日からはフラットな舞台で演奏したという話があります。ただ、すり鉢状の配置であっても、要はバランスの問題ですから、時間をかければ解決すると思います。何より観客にとって視覚的な満足感があります。それは奏者自身にとっても良いはずなんです。はじめに申し上げたように、オーケストラでは奏者相互のアイコンタクトが非常に大切です。舞台がフラットになるとどうしても死角ができますから、死角のできにくいひな壇という配置は理想のひとつだと思います。良いオーケストラ、優秀な奏者になればなるほど感覚の鋭さが増していきます。演奏中、彼らは互いに情報交換するのですが、このときの情報量は質の良いオーケストラになればなるほど多いのです。

**ホールの湿度を
もっとコントロールできないか**

大友◎新潟市民芸術文化会館で東京交響楽団の楽員達と雑談した際、打楽器の方から湿度のことについて「建築関係の人と会っ

たらぜひ伝えて欲しい」と言われました。それによりますと、現在日本のどこのホールもリハーサルの時、演奏会の始まった時、終演近くなった時で場内の湿度がものすごく変わるらしいんですね。これは大変贅沢な発言かもしれませんが、特にティンパニーなど、最近はデリケートで良質な皮の素材を使っていますから、日本の気候風土の中では湿度に対して神経質になってしまいます。実際演奏会では、本番中のある時間から急に湿度が高くなって演奏会の終わり頃に極端に湿度が上がり、楽器の状態がものすごく変化してしまう。

　あるヨーロッパのティンパニー奏者が日本のホールの湿度に閉口して「こんな状態ではやっていられない」と言ったことがあったそうです。自分たちのホールでは、湿度にすごく神経を使っていつも一定に保っているのに、日本のホールはせっかく良いホールでも、どうしてそんなことができないのだろうということなのだそうです。

井口◎確かに、湿度のコントロールは、温度をコントロールするより技術的に特に日本では難しいと言えますが、できないことではありません。むしろ設計と運用の両方とも、そこまで十分な注意を払っていないというのが要因でしょうね。

大友◎日本の気候風土にとって一番損なのは間違いなく湿度です。これは特に弦楽器、打楽器にとっては音を左右する非常に大きな問題ですから、湿度に関しては奏者一人一人が常に相当神経を使いながら調整をしています。もし、湿度をホールである程度管理することができればオーケストラの音自体が飛躍的に変わるでしょうし、素晴らしいことだと思います。

ホールと街の関係

井口◎ホールと街の関係を、育てるという観点でお伺いしたいのですが。

大友◎これは将来の日本にとって最も大きな問題でしょうね。国内には次々と新しいホールがオープンしていますが、ホールを建てる際の一番大きなポイントというのは「どこにホールが建っているか」というロケーションで、これはホールにとっては命綱と言えるくらい大きな意味をもっています。ホールという存在は、市民の生活の中にあるべきで、交通の不便な場所や、人の集まらないような寂しい場所にホールがあることは損だと思います。ただ残念なことに現実にはそういった場所にホールを建てるケースが多いようですが。

　現状を分析すると、今のところ日本のいわゆるクラシックの音楽会というものは、残念ながらまだ市民生活の中に定着しているとは言えないのではないかと感じています。ただ、将来的な展望を申し上げると、これを変化させていくことは十分に可能でしょう。今日のように残業時間が減り、家にいる時間が増えてくると、沢山の時間をどう使っていくかということが現実的な問題になってきます。もちろんいつまでもごろ寝をしたり、テレビを見たりということばかり続けられない。そうした時に人間は、本来もっている習性として1人で部屋のコンピュータに向かうよりも、人と集う、あるいはどこかに出かけていくといったことを欲するようになると思います。そうした時間を大切な家族や友人たちと過ごす場所として、また自分自身が楽しむために、私はコンサートホールやオペラハウス、劇場、映画館がふたたび脚光を浴びる時代が来る

だろうと楽観的に考えています。そう考えると、コンサートホールや文化施設が街のどこに位置しているかということは大きな問題だと思います。それが必ずしも街の中心でなかったとしても、生活圏から一定以上離れてしまうことはあり得ないんじゃないでしょうか。

私は、ホールなどの文化施設が生活圏の中に自然にあるということは非常に大切だと思いますし、そうあるべきだと考えています。逆に今、そうでない所に建ってしまった、苦境に立たされているホールもあると思います。しかしながらそうしたホールもこれからの都市計画をどのように組み立てていくかによっては、生き返ることが十分可能だと思いますし、できればその手助けもしたいと考えています。

コンサートホールというものを中身だけとって見れば、ステージと客席しかないつまらない空間と言われてしまうかもしれませんが、文化エリアとして、さまざまな使い方で沢山の素晴らしい意味合いをもたせることは十分可能だと思います。そんなスケールで音楽を捉え、文化施設を捉えるということを、今後は日本でも考えていく必要がありますね。ただ、ヨーロッパやアメリカに全部習う必要はないと思います。それにしても、ウィーンからムジークフェラインスザール（楽友協会大ホール）やオペラハウスが無くなったら観光スポットが無くなる。ニューヨークのリンカーンセンターが無くなったらニューヨークという街の魅力の何パーセントかが消失してしまうというように、海外には街のランドマークとしての文化施設が多い。コンサートホールを持つことによる波及効果は計り知れないほど大きく、それは一晩に訪れる人の数をはるかに越える沢山の意味や可能性を持てるはずだと思います。

井口◎そうしたホールのある街ではオーケストラ自体も財産になりますね。

大友◎金銭的な面でいえば、オーケストラにはたしかにお金がかかります。しかし作り方によっては、目に見えない所で計り知れないほどの経済効果を生みだすことのできる財産です。今のところ目に見えない力に対する評価について私たち日本人は認識不足ですが、早く皆がそこに気付いて投資し、育てて行けば、日本の音楽界、いや文化そのものが変わっていく可能性があると思います。

（取材協力：青池佳子）

エイブリー・フィッシャー・ホールの内部　1962年竣工。1976年に改築。設計はフィリップ・ジョンソン。舞台を取り囲むバルコニー席は無く、コの字型のバルコニー配置。

2.2.1
オーケストラとソリストに聞く
オーケストラとコンサートホール
東京交響楽団インタビュー・座談会

東京交響楽団

金山茂人 **専務理事 楽団長**・金沢 茂 **パーソナルマネージャー**
相沢政宏 **主席フルート奏者**・渡辺哲郎 **コントラバス奏者**

聞き手:本杉省三

ホール設計への要点

本杉◎皆さんにお集まりいただいてお話を伺いたい理由は、大きく分けて3つに整理できると思います。第1点目は、建築分野と音楽分野の連携をもう少し深めたい。日頃コンサートホールで働いているオーケストラの方々が、どのような考えをもっておられるか、それをもっと具体的な問題として捉えたいと思っています。「ここをこのように改造してほしい」とか現実に則した意見を積み重ねていくことで、ホール設計者にヒントとなるような要点が浮かび上がってくればと考えています。第2点目は、都市あるいはコンサートホールとオーケストラの関係をどのように築いていくことができるのか、そこで生活する立場からお話を伺いたい。第3点目は、観客との関係です。以前に比べずっと多くのバラエティに富んだコンサートホールができたことによって、観客が何を求めてコンサートホールに足を運ぶのかが少しわかってきたように思えます。この点どのように受け止めていらっしゃるのか。

ところで新しい施設と古い施設の捉え方の問題があります。新しいコンサートホールができると、そちらの多くの目が向く一方、古い施設は改善が進まず忘れられていく運命によく出会います。劇場やホールに限らず、施設は竣工時がスタートラインで完成ではないのですが、こうした理解がなかなか難しい。活動と施設が一体となって展開され、生命の息吹が生まれるという意味においてそれらは両輪だと思うのです。施主と並ぶ両親の片割れだと思っているのですが、その後はもう単なるお客さんに過ぎなくなってしまう。実際使っていく過程で少しずつ手直ししたり、演奏者の方々もだんだんと慣れていって、お互いにしっくりした関係ができていくと思うんです。そこで「このホールはこんなところが良かった」というようなことや「もう少しこうしたらもっと良くなるんじゃないか」ということもお伺いしたいと思っています。

例えば、日比谷公会堂と神奈川県立音楽堂の違いがどこからきているもなのでしょうか。神奈川県立音楽堂は、建て替えられるという事態になって初めて建築界・音楽界双方から「あれは良い施設だから残そう」という運動が行われましたが、それまでは

きちんとした評価がなされてきませんでした。日比谷公会堂に関していうと、私たちの世代以降は、あそこでコンサートを体験したことが全くないということが原因して、記念碑的な意味合い以外では話題にすらなりません。スクラップ＆ビルドの風潮を見直して、古い建物をどう活かすことができるかがだいぶ議論されるようになってきましたので、今後は新しい視点での展開が期待できるとお考えでしょうか。。

時間がホールを育てる

金山◎現代のコンサートホールに関しては、作りについて「こうした方がいい、ああした方がいい」という気持ちはあっても、響きが悪いという不満はまずありません。好き嫌いの問題はあるにせよ、響きを聴いて「何、このホール」というホールはもう皆無に近い。専門家が集まって何百億もかけて作っているんですから、良いのが当たり前です。

「ホールはできてから数年立たなければしっくりしてこないのでは」というお話をされましたが、私は50年、100年、200年、300年の単位でコンサートホールを考えなければいけないと思っています。ところが、日本のホールについて議論されるのは、ここ10年ぐらいにできたものばかりですよね。大阪のザ・シンフォニーホールやサントリーホール、それ以降のホールについての話はよくされているようですが、なぜ、例えば日比谷公会堂や宇部市民会館といった歴史のあるホールの議論がされないのでしょうか。

海外に目を向けてみると、アムステルダムのコンセルトヘボウは百何十年、ニューヨークのカーネギーホールもやはり百年、それが今でもその都市の音楽文化の中心として使われているわけです。コンセルトヘボウでは、建物の沈下対策に大変なお金をかけて改修しました。そこには、日本の企業も相当お金を出しています。ウィーンのムジークフェラインスザール（楽友協会大ホール）しかり、パリのガルニエ・オペラしかり、百年以上も使っている建物はたくさんあります。

金山茂人氏

古いホールが話題にならないから演奏会もできない。日比谷公会堂は、新しいホールに比べれば、汚いし楽器搬入だってティンパニーを運ぶのに命がけで階段を上げなければいけない（笑）。もう壊されてしまった旧帝国劇場にせよ、あれはあれで日本のほとんど何もなかった時代の歴史や、日本のクラシック音楽の歴史が刻まれているんですよね。でも、あのホールの基本を変えずに大改装してもっと素晴らしいものになるかもしれない。それができないのが悪循環を生んでいるわけです。だから歴史が継続されない。日本では、何でもかんでも壊して新しいもの建ててしまう。そういう考え方は建築だけに限らず、私たちの国民性なのかも知れませんが。

音楽はバロック時代からのものをずっとやっているのにかかわらず、ホールだけは当時とは全く違う近代的なホールを使っている。ドイツは爆撃を受けたので、戦後の新しいホールが多いのですが、古いものを再建したり再利用したりもしています。パ

リのシャンゼリゼ劇場で私たちも演奏したんですけど、やはり歴史的なものに触れるというのは嬉しいんですよ。

都市とホールを育むオーケストラの役割

本杉◎具体的には、東京文化会館を核にして発展してきた音楽活動の場が、サントリーホールを初めとして、オーチャードホール、カザルスホール、オペラシティ・コンサートホール、紀尾井町ホールなどが出現したことによって大きな進展が見られるようになってきたことです。また、すみだトリフォニーホールと新日本フィルハーモニーの関係のように、オーケストラとホールとの新たな関係が芽生えてきました。欧米における都市とオーケストラとの結びつきが、都市の文化的イメージをそのまま代表し、個性ある存在となっています。東京交響楽団も本拠地である東京はもちろんのこと、新潟市民芸術文化会館でフランチャイズ契約を結ばれています。これは一般的な地方公演とは違って、楽団にとっても新潟市民にとっても意味ある活動と位置付けられると思います。

そもそも、東京交響楽団が新潟市民芸術文化会館で定期演奏会やそれ以外の活動などをなさることになったのは、どのような経緯からなのでしょうか。新潟市には、たくさんの練習室を有した音楽文化会館があり、そこを中心に全国に先駆けてジュニアオーケストラ育成が行われてきました。つまり、音楽文化を育てようという環境や雰囲気があるのだと思います。それは、更に観客を育てることにつながっています。そういった背景から話が来たのでしょうか。また、コンサートホールではない場所でコンサートをしたり、アウトリーチと呼ばれる活動、すなわちホールから出ていって別の施設で公演をして、普段コンサートに来ないような人たちにも興味をもってもらうような活動をするということに関しては、どのようなお考えをお持ちなのでしょうか。

街の雰囲気と共に育つ音楽文化

金山◎ヨーロッパに演奏旅行に行くと、その街に入った途端、何か音楽や芸術に関する雰囲気がもう始まっているように感じます。ニューヨークのエイブリー・フィッシャー・ホールなどでも、周りは危険なところだけど、何か雰囲気がありますよね。日本では、例えばサントリーホールはビルの谷間にポコっとあって、一歩外に出ると何かそれだけっていう感じがします。そういう意味の文化が、非常に寂しいんじゃないかなと思います。建物自体だけでなく、その街全体の雰囲気というのが重要なのではないでしょうか。その意

新潟市民芸術文化会館（りゅーとぴあ）の外観 1998年竣工。設計は長谷川逸子計画工房。東京交響楽団はりゅーとぴあの準フランチャイズオーケストラとして、1999年から定期演奏会などの活動を行っている。

味で、新潟市民芸術文化会館は非常に雰囲気がいいなと思います。

比較的中心部にありながら緑も多く、信濃川に接していて、新潟という雰囲気にさせてくれます。隣に音楽文化会館があって、全体のバランスが非常にいい。白山公園や憲政記念館など歴史的な環境が整備されていて、市民の憩いの場となっている。そのような雰囲気を再構成したということが、全国的にも注目される点ではないかという気がします。公園を信濃川まで平面的につなげるだけでなく、屋上庭園まで含めて立体的にそれらを連続させていますしね。

もちろんソフトの部分もすごくしっかりしています。東京の観客というのは、音楽的にはもう食傷気味で、いつもビフテキ食べていて、もうみんな飽きている。その上またビフテキ食わなきゃ、みたいにうんざりしているようなところも一方ではある。それで「ちょっと胡椒が足りない」というような批判の目が絶えずある。腹が減っていたら、別に胡椒が足りなくても醤油が足りなくてもガツガツ食べちゃうんでしょうがね。新潟の人には失礼かもしれませんが、何かそんな感じがしました。結局、新潟に限らず地方都市の観客というのが温かく感じるのは、そういう文化的な土壌の違いのようなものです。大都市にいると、コンサートなどはいつもやっているように思ってしまいますが、地方都市では実際やっていないんですよね。

サントリーホールでの定期演奏会では、

りゅーとぴあ・コンサートホールのオープニング風景 1999年10月新潟市芸術文化振興財団主催のりゅーとぴあ・コンサートホールのオープニング事業が東京交響楽団の演奏会からスタートした。

東京の観客は楽団員がステージに出ていっただけでは拍手なんてしてくれませんよ。外国のオーケストラだと拍手するんですけどね。日本のオーケストラには何故これほどに冷たいんだろうと感じます。そんなこともあって、私たちのオーケストラでは、コンサートマスターが一番最後に出るの止めたんです。観客に拍手を強制させるでしょ。それでちょこんとコンサートマスターだけ頭下げる。そんなもん冗談じゃない、やめようって。だから、コンサートマスターも全部一緒に出ることにした。そのかわり全然拍手はない（笑）。

ところが新潟は、オープニングだけでなく、もう最初から拍手ですよ。その時点でもう雰囲気ができ上がっちゃってるんです。音が出る前からコンサートが始まっているという感じですね。お客さんも「さあ、コンサートが始まるぞ」っていう期待感が一人一人からヒシヒシと感じられる。楽団員もみんな張り切っちゃって。すごい満足感がある。定期演奏会は年5回で、その他にも訪問コンサートや青少年コンサート等もありますが、頑張らなきゃいかんなとい

新潟とのきっかけは、まだバブルが最盛期の頃、建設工事中だったと思うんですが、新潟市役所から「市にプロのオーケストラをつくりたいので、参考に東京交響楽団の実状を教えてください」という手紙が来たんです。他のオケにも同じ依頼を出して、みな親切に資料などを出したようなのですが、私はすぐに「何の基本的な理念も無く、ホールができるからオーケストラを作るなんて迷惑だ、そういう発想でプロのオーケストラができるなんて思わないでくれ、冗談じゃない。今でもいいオーケストラはたくさんあるんだ。そんなくだらないもの止めなさい。」とボロクソに書いたようなんです。もう忘れちゃったんですけど（笑）。それを今の担当の方も憶えていらっしゃって、うちが印象に残ったらしいんです。もちろんホールができないことには何事も始まりませんが、それこそ、10年、20年といった活動を続けていく中で、次にプロのオーケストラを作りたいって発想が生まれるなら、それは本物だと思います。そういったプロセスがあれば、ホールの役目というか、位置付けがまた変わってくるような気がします。

　私が言いたかったことは、作るなんて言わずに東京のオーケストラを使いなさいっていう意味だったんですよ。それと定期演奏会というのは、オーケストラにとって一番力を入れているコンサートなんです。「じゃあ他のコンサートは手抜きですか」なんて言われると困るから、あまり強調できないんですが（笑）。定期演奏会の準備は数年前から調査を始めて、ソリストや指揮者とか曲目を吟味して決めています。実際、定期演奏会の評価が、そのオーケストラの現状を表していると考えられています。その力を入れたコンサートを、新潟のような地方都市の人たちに聴いていただいて感動していただけるなら、こんな嬉しいことはないわけです。新潟の人たちは、それを非常にストレートに受け取ってくれたのだと思います。

　だから今回もニールセンの「3番」のシンフォニーという東京でもめったにやらないような地味な曲だったんですけども、素晴らしい曲だといって非常に熱心に聴いて下さった。これからもサントリーホールの11回の定期演奏会の内5回を、そっくりそのまま新潟にもって行くという企画です。これからは新潟初演というのが増えるんじゃないでしょうかね。今までは「田園」だ、「運命」だ、「新世界」だなどよく知られた曲ばかり演奏されていたのが、新潟の空間にウェーベルン、シェーンベルク、アルバン・ベルクといった曲が流れるんですよ。観客が来るのかなって心配なんですけどね（笑）。みんな新潟初演です。でも、そういうものを聴いてもらいたいんですよ。古いシンフォニー、ベートーヴェン、ブラームスといった名曲ももちろんやりますけれど、その中にとんでもない曲も織り交ぜて、幅広い知識をもってもらいたいですね。それによって、新潟の人たちが自然に育つんじゃないですかね。我々も刺激を受けて、我々自身も育っていくんだって。お互い刺激し合うという相乗効果で、新潟の定演がこれから発展していくことを願っているんです。

　東京での定期演奏会は、原則として土曜日です。で、新潟の定期演奏会は翌日の日曜日にやります。楽器などは、土曜日の内にトラックに積み込んで新潟に向かいま

サントリーホールでのコンサート　サントリーホールでは、永年に亘り定期演奏会を行っている。写真は合唱付きの演奏会風景。

す。楽団員は、日曜日の朝に新幹線で新潟に向い、演奏会を5時から7時までやって日帰りをする。そうすれば月曜日からまた楽しく仕事ができるというわけです（笑）。

コンサートホールの雰囲気づくりと観客

本杉◎コンサートホールの空間について、今度はみなさんにも加わってもらってお話を伺いしてください。新潟のコンサートホールは、すでにコンペの要項の中で客席が舞台を取り囲むようなアリーナ形式であることが求められていました。市長が観客としてサントリーホールに行った時に、ステージを客席が取り囲むホールが対話的な雰囲気があって新潟にふさわしいと考えたようです。それ以前は、オーチャードホールのように可動の音響反射シェルをもつプロセニアム劇場のような形式を考えていたよ

うです。このため一時ポピュラー音楽の人たちからは反対があったりしましたが、県民会館との共存と差別化から納得してもらいました。

コンサートホールは、音が良ければ全て良しというものではないと思っています。音楽を奏でてそれを聴くという、ひとつの機能に付随して発生してくる要素がたくさんあると思うんですね。観客との関係、ホールの雰囲気や空間の美しさ、それ以外にも使いやすさや安全性なども考えなければならない。東京交響楽団は、サントリーホールでずっと定期演奏会をやるようになってから、アリーナ形式のホールには慣れてきたのではないかと思いますが、観客に取り囲まれるホールと、観客と対面するホールの違いをどのように感じていますか。

金山◎サントリーホールの一番の効果は、

金沢茂氏

それまでクラシックファンだけがコンサートを聴きに来ていたのが、サントリーホールを見たいというクラシックファンでないお客さん、近所のおばちゃんなどもたくさん来ていただけるようになったということです。

　私の友達にも「何でもいいからサントリーホールを見せて」という人がいました。「あんたのオーケストラの音を聴きたい」とは言いませんでしたね（笑）。やはり、すごい話題になっているんだなって感じました。コンサートにおいても、観客に夢を与えるということを考えると、視覚的要素というのは絶対大事なんです。そういった意味で、サントリーホールの功績は大きいですし、新潟ではさらに新しい感覚が加わったホール空間ですよね。設計者の長谷川逸子さんが非常に考えられたということを伺いました。「いいホールつくられたな」と感激しています。

　シューボックスで2000人を越えると、視覚的に無理が生じるのかもしれません。中にはオーケストラを遠く感じてしまうホールもあります。シューボックスタイプでも東京オペラシティなどは1600席ですから、そういう感じはしませんが。

相沢◎私にとって、一番やりやすいホールは東京文化会館ですね。というのは、音がまわらないので、やりやすいんですね。最近のコンサート専用ホールに比べると今では残響時間が短めなのでしょうが、それでも結構響いている感じがA客席に素直に届いているような印象がします。新潟は音が届いているのは良くわかるのですが、時に消える魔球みたいに返ってくる音の途中がどうなっているのかなという風に感じました。私たちがまだ慣れていないせいかもしれませんが。響きはすごくいいと思います。

金山◎東京文化会館でずっと定期演奏会をやってきて、サントリーホールやオーチャードホールができてきたときに、一番戸惑ったのはやはり演奏家でしたね。それまでとはまったく響きが違いますから。響きに対する考え方も時代によって違うということがあるようです。昔は日比谷公会堂でも良かったのかもしれない。そういう時代の変遷ってあるんでしょうね。

金沢◎客席の響きは良くても、ステージの上は良くないというホールもありますよね。私は演奏会をいろいろなところで聴くようにしているんですけれど、新潟のホールはどの客席でもよく響いて聞こえてます。ホールによっては席によって結構ばらつきあるんですが、新潟に関しては音がよくブレンドされていると感じました。ただ、ステージ上では若干不安をもちながら演奏している方もいたとも聞きましたが。

サントリーホールでのホールオペラ　サントリーホールでのホールオペラの風景。舞台を大きく前後2段に分け、背景のスクリーンに映像が映し出されている。

相沢◎ステージの上に反射板がありますよね。あれは設計段階で高さとか角度の計算をして決めているんですよね。今度の新潟の場合も、高さや角度も変えられるようになっていて、それを調整すれば、ある程度の変化が期待できるんだということを実感しました。最初の式典の練習日に、当初の設定よりも1m50cm程下げてみたら多少やりやすくなりました。

渡辺◎楽器によって違うのかも知れません。僕はコントラバスですが、音は変わらないような気がしました。

相沢◎そうなんだ。私は管楽器ですから、一番安心して演奏できるためには、まわり特に弦楽器がよく聴こえたほうが嬉しいんです。

金山◎新潟は舞台が低いので、とても1850人が入るホールに見えないですね。意外に近く感じる。目線をあげなくてもいいせいですかね。

相沢◎観客の側からいうと、ステージが高すぎると前の方の席はもう悲劇的ですよね。視界に入るのは弦楽器の人ばかりで、管楽器などは見えない。音も頭の上を通り過ぎて行っちゃいますね。一般的に一番前の席は、観るには良いが音は良くないと言われますが、新潟では、一番前でも他の席と同じように音が聴こえたのには正直驚きました。「不思議だなあ」と思いました。また、「指揮者を見るとき客席が視界に入るので違和感を感じませんか」と聞かれることがあります。演奏中に観客を見るということはそんなにないですが、それも慣れだと思っています。サントリーホールと新潟市民芸術文化会館の違いなども、慣れてくればさほど感じないのではないかと思いますね。

本杉◎建築的には、サントリーホールのバルコニー状になった最前列席の手摺は、全部壁で石が張ってあるのに対して、新潟では手摺はスケスケですね。女性のお客さんが座ると不安を感じるのではと心配する人もいるようですが、あれはお客さんに音を体全体で感じて欲しいという設計者の気持ちの表れなのです。その違いは感じましたか。

相沢◎見た目は好きですけども、華奢な感じがしますね。ホールの中も全体的に白っぽいし。音に関しては、演奏者はホール空間の中でどう伝わっているかということ自体、あまり解らないのです。

本杉◎一般的にコントラバスは、ステージの横を向いて演奏しますよね。そうすると、東京文化会館やオーチャードホールの場合では演奏者の正面に観客は見えません。それに対してサントリーホールや新潟の場合には、必ず譜面台の向こう側に観客が見えますよね。そういうのは演奏者にとって違うものでしょうか。

渡辺◎本来は楽器が正面を向いた方が音がよく聞こえると思います。コントラバスで一番感じるのは、ステージの床の材質です

相澤政宏氏

渡辺哲郎氏

ね。それによって音量や音質がだいぶ違います。硬過ぎると実音がないパーッと散った音になるし、床にはある程度の柔らかさがあったほうがいい。

本杉◎設計者によっては床材やその張り方についても随分気を配っています。木を張る方向を縦方向・横方向どちらにするかとか、框を付けるか付けないか、迫りの大きさ・数・位置、ひな壇の構成、塗装の質など、音響設計の人はそこまで面倒見てくれませんが、いつも悩みどころです。愛知芸術文化センターの時はだいぶ吟味をして、ある会社が開発した木を舞台全面に敷いたんです。あるオーディオの専門家が実際にその板を使って目の前でいろいろな実験をしてくれました。彼の発想なんですが、「音は人間の骨格を伝わって床に伝わる。だから床は、舞台から客席までひと繋がりにした方が良い」というような話でした。その簡単な実験を通し、なるほどと実感しました。

相沢◎体をどういう風に共鳴させるかというのは、割と私たちも考えます。例えば、胸のポケットに500円玉のようななるべく厚いコインを入れるとよく響くとかね。演奏するときに座る椅子に関しは、シンプルな方が良い。実際に演奏して音が変わるかはわからないんですが、布が張ってある椅子は音が吸収されちゃうようなイメージがありますね。材質の違いはよくわからないですが、高さとか傾斜が悪くて、ガチッと体がはまってしまうとか、よりかかるようになる椅子は良くないですね。

渡辺◎床に関しては、客席床も気になりだすとキリがない。ただ、観客が歩くときの、たとえばヒールの音がやたら響く場合もすごく気になりますよね。良い木を使うと靴の音まで響き過ぎちゃう。新国立劇場で感じました。新潟のホールは、パンフレットのページをめくった音も聴こえる。まあ、拍手もよく響くし、良いと言えば良いんだけれど。

金山◎そういう心配より、拍手がよく聴こえる方が嬉しいし、評価しますね。

金沢◎演奏している人が心配するほど客席では全くそういう心配はないですよ。こんなに良い音しているんだというくらい良い音がするんですよ。

相沢◎それと大きいホールではそうでもないのですが、中ホール程度の規模だと客席の傾斜が大きいと観客の服に音が吸われるような感じがします。観客がいないときはすごくワンワンいっていても、観客が入ると急に響かなくなるところがあります。紀尾井ホールなどがそうですね。観客が入ったときに、自分の吹奏感がかなり変わりそうだなと思ったときには、ゲネプロ（総稽古）のときに自分で調整しますね。なるくいい気にならずに音をまとめるように。

金沢◎東京オペラシティもかなり極端ですね。観客が入ってないときは全体にワァーンと聴こえるんですけど、観客が入ると割とポジション、ポジションで聴こえるんです。ミスするとすぐわかっちゃうという恐いホールですよ（笑）。

舞台裏の空間

本杉◎演奏家にとっては楽屋も大切な領域ですね。オーケストララウンジの広さや楽屋の居心地、使い勝手はいかがでしょうか。

相沢◎ステージに上がる前は、音を出して練習したい人と、休みたい人がいるんです。新潟は控室が比較的充実していますし、休

みたい人はそこにいて、音をさらう人は舞台裏でするという棲み分けができます。オーケストラロビーの広さもとってもいいと思いますね。棚もついているし。みんなあちこちで余裕をもって音をさらっていました。それとロビーでさらうときに譜面を置く場所が欲しいと思いました。まあ、弦楽器の人はケースをカパッと開けてそこに譜面立てればいいですし、譜面台をもってくればいいのですがね。私が一番好きな楽屋空間は、愛知芸術文化センターかな。

金沢◎サントリーホールのロビーは狭いですが、机があるので譜面を置いて練習ができるんです。普通は一カ所でごちゃごちゃに吹いてますよね。それはそれでちゃんと自分の世界に入っているんです。あれは不思議な感覚ですね。トランペットの横でトロンボーンが練習していても、ほとんど聴こえてないんじゃないでしょうかね。

渡辺◎気になる時は、調子悪いときですよね。集中している時は、あんまり聴こえないものですよ。むしろ、あれで変に机を置くとかえって邪魔になるんじゃないかな。折角のスペースが狭くなっちゃう。私は広い空間の方がいいと思うな。

金山◎楽団員というのは、楽器をもつとその場で音を出したくなるんです。だから音を出して練習する部屋があったとしても、なかなか行かないものです。練習するというよりも楽器の感触を確認しているといった感じなんでしょうね。

また、新潟では楽屋ラウンジにバーカウ

りゅーとぴあでのロビーコンサート風景 演奏会に先立って行われるロビーコンサートは、無料である。身近に演奏者の様子がうかがえ、ホールとは違った魅力がある。

ンターがあり、私たちの公演当日は人が付いてくれていて、特別にお茶やコーヒーが飲み放題でした。今後もやっていただけると嬉しいですね。あれはすごくいい。誰かいてくれると、大事にされているなと感じますよ。

新潟市民との新しい触れ合い

本杉◎新潟市民芸術文化会館では、ホワイエの他にも屋外に水の能舞台があります。いろんな場所が劇場になり演奏場所になるということを考えてのことだと思うのですが、ホール以外で演奏したら面白いかなという場所はありましたか。また、文化庁の事業として「ふれあい音楽教室」をされましたが、それについてもお話を伺えますか。

金山◎オープニングの時、ホールの中で演奏が始まる前に、エントランスロビーで弦楽器のアンサンブルの演奏をしました。市民に無料開放してね。新潟市の方からの要請で、市民との触れ合いをもとうということでお引き受けしたのですが、想像以上にとてもいい市民との触れ合いができまし

野外コンサート　トルコ古代遺跡を利用した野外ホールでの演奏風景。

た。いろんな方がいらっしゃって、床に直接座る人もいれば、二階からも覗いてるとか、階段には鈴なりになって座ってたりね。

　管楽器と弦楽器のアンサンブル、場所を変えて２ヶ所で行いました。管楽器をやった場所がとってもいい音してたんです。後ろにあるレストランの壁がとってもいい反響版になって、こっちの方が本物のホールじゃないかというほどいい響きでした。毎回やれと言われるんじゃないかと思うくらいすごくいい雰囲気でしたよ。

相沢◎私たち演奏者もいいと思いましたね。ホールの中とは比べものにならないくらい観客に近くて、握手できるくらいすごく近いんですよね。そういう音楽を通じての直接的なコミュニケーションが素晴らしく、私たちも感動しました。

本杉◎そのような企画は、コンサートが始まる前なので楽団員の方には少々負担になるかなと思うのですが、演奏会が終わった後に、楽団員の方たちと少しお酒でも飲みながら交流がもてる機会があるといいなと思っているんですが、どうなんでしょう。演劇などではときどき行われています。

金山◎演劇はそれが盛んですね。非常に観客を大事にしてますよね。オーケストラはね、終わったら一刻も早く帰りたいという意識ありますね。意識というかそういう習慣ですね。あれだけ人数いますけど、オーケストラは基本的に個人の集まりなんですね。宿泊場所も交通手段もみんな勝手に予約するわけです。その代わりプロ根性はすごくて、途中で電車が止まろうが台風が来ようが、ヒッチハイクをしてでも必ず集合時間には皆そろいます。ですから、本番が終わればこちらも関知しないのです。そうは言ってもね、自分の個人リサイタルの時は、そういう交流の場は設けているんですよ。

金沢◎楽団員は、本番の凝縮された２時間ずっと緊張しているじゃないですか。その緊張感を個人個人ごとに、自宅で、または飲み屋なりレストランなりに行って、切り替えることが必要なのでしょうね。個人個人はそうした交流が嫌いじゃない。むしろ大好きでしょうね（笑）。

金山◎他には、能舞台で金管とか木管のアンサンブルをやると素晴らしいだろうなと思っています。後ろの壁が開くんですよね。あそこではどんな響きをするのかなという興味を強くもちました。

　定期演奏以外の活動については、まだ予測がつきません。何しろ忙しいオーケストラで、年間150回も演奏会をやっているんですから。新潟でも、終わったらすぐすっ飛んで帰らないといけないとことも多いの

ミュンヘン・フィルハーモニーでのコンサート　ミュンヘン・フィルハーモニー（ガスタイク）での演奏風景。

です。しかしそれはそれとして、気持ちの中ではホールで演奏会をやるだけでなく、いろいろな場所を利用しながら新潟市民との普段着の触れ合いを持ちたいと思いますね。だから、演奏会が終わってからのパーティーみたいなことに自然につながっていくと一番いいですね。新潟のような場所だと、やはり皆さんそう遠くないところに住んでいますからね。東京ではそういうことはまずやらないですね。何しろ観客も忙しい。私、一度演奏会が終わった後もビュッフェを開けておいてもらうようにサントリーホールにお願いしたことがあるんですが、ダメでしたね。結局、人件費が高くてできないようですね。

相沢◎楽団員も知っくる観客がいたら、ちょっとそこで待っててって言えるんですけどね。そしたら「今日はどうでした」とか、そういう会話が始まるんでしょうけどね。楽団員仲間内では飲みに行ったりするんですけど、そこにばったり定期会員がいて、話が弾んだということもありましたから。

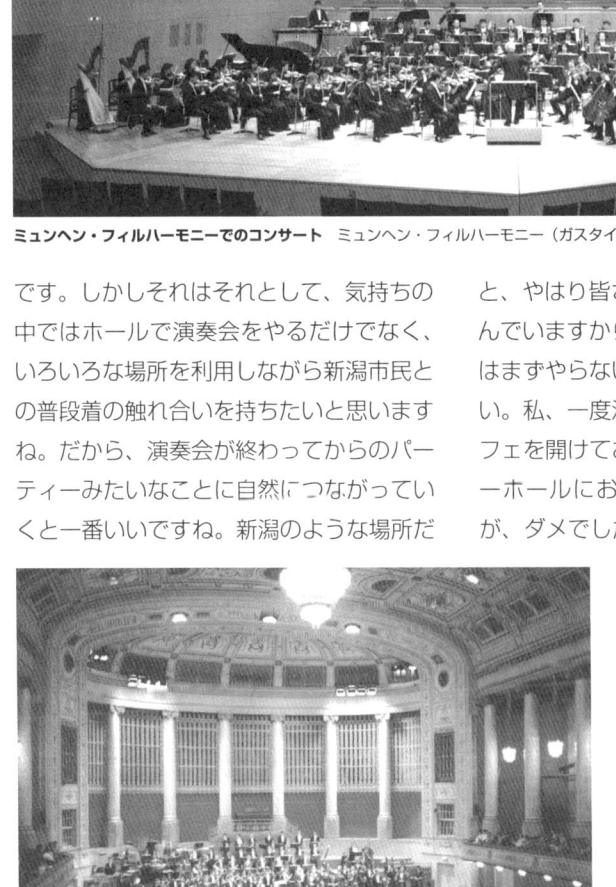

コンツェルトハウスでのコンサート　ウィーンのコンツェルトハウスでの演奏風景。

病院訪問コンサート 1999年10月新潟市民病院にて。入院されている方々200名以上を前にしての演奏風景。東京交響楽団は、新潟市の病院や学校に訪問しコンサートを行い交流を深めている。

アウトリーチで変わる意識

金山◎「ふれあい音楽教室」では、楽団員の人格が変わるんです。日頃あんなことやれって言ったって興味のかけらもないように見えるメンバーが、実際その現場ではものすごく熱心に教えるんですよ。子供も大変熱心にやってました。でも、帰ってきたらまた普段に戻ってしまっていましたけどね（笑）。

金沢◎まず最初、およそ3、4ヶ月前に学校に内容を説明しに行きます。2、3人で現地に行って下地を作って、準備の打ち合わせをします。しばらくは図面と書類のやり取りによる打ち合わせだけなので、楽員はまだ行きません。学校では、だいたい1ヶ月前から準備を始めるようです。体育館などに仮設のオーケストラ用ステージをセットするところから始まるんですね。もちろん、学校の先生も子供たちもそれを手伝います。そうして次第に期待感が生まれ、本番当日にオーケストラが乗り込んでいくわけです。子供たち自身が司会進行などを一所懸命手作りでやっているうちに、皆すごく真剣に聴き入るようになってくる。やる方も少しずつ盛り上がり、感動してくる

んですよね。

相沢◎今回やった石巻小学校の講堂はかなり古い木造でしたが、木が完全に乾燥しているせいかすごく響きが良かった。しかし普通の体育館ですから、外の音などは平気で聞こえる。ひとつ興味深い温かな話がありました。石巻小学校の近くに航空自衛隊の基地があるんですよ。で、校長先生が「この時間演奏会をやるからジェット機を飛ばさないで欲しい」と、航空自衛隊に直接電話してお願いしたんだそうです（笑）。

他にも今回の新潟に関して良かったことは、訪問コンサートで2カ所に行ったことです。1日目が市立養護学校で、2日目が県立養護学校でした。

金沢◎これは、もう感動のあまり涙を流す楽員もいたそうです。こういうコンサートは続けなきゃ駄目だと言っていたようです。実は、このような場合は曲目には注意が必要なのです。マーチなどをやると、興奮し過ぎちゃう人もいるんですね。それくらい素直に受け取ってくれる。実際、本番中に声を出す人やひっくり返る人もいて、大変だったようですけどね。

相沢◎訪問して演奏しに行った方が感動を与えてもらって帰って来たんですよ、本当に。10人前後のアンサンブルで、編成は小さかったんですけど、ちゃんと燕尾服を着て正装でステージに出ました。

市からの要請で始まったので、最初は遠慮がちに行きましたが、やってほんとに良かったと思います。オーケストラのメンバーにとっては、本番の前ですからきついですけどね。

金山◎そんなの東京では考えられないです。東京だったら、ゲネプロが3時って言ったら3時までに楽屋入りですから、その

前に何か入れるなんてありえないですよね。実際にそういう活動をしてみて分かったことですが、頭の中で考えていたものとは全然違っていました。できたら仕事ではなく、個人的に楽団員が10人とか5人ぐらいずつみんなでもち回って、そういう触れ合いの場所に行って喜んでもらい、また私たちでいろいろディスカッションした方が良いと思うほど価値あることではないかなと思いました。

音楽文化創造とオーケストラ

本杉◎新潟での活動は基本的に日帰りの行程でしょうから、あまり余裕がないかもしれませんが、ホールの中だけにとどまらない、そういった活動にも大変期待をしています。音楽には、もちろん芸術的に鑑賞して楽しむ行為もありますが、現代のようにますます個人のストレスが増えてくると、セラピーという音楽を通しての効用も注目されます。実際にそういう協会もできてきましたし。ただ、皆さんがやられているような芸術的な活動とは性格が違いますから、一概にそれと結びつけて論ずるわけにはいかないと思います。しかし一見病気ではなさそうに見える私たち自身も、そのような意味で音楽を必要とする場合もある。いろいろな意味でこれら多様な音楽活動が、今後ますます重要な意味をもってくるのではないでしょうか。

金山◎その割にはクラシック音楽への風当たりは冷たいですね。大蔵省の委員会や国会議員の所を訪ねて、助成のことやさまざまなお願いをするんですが、その時に言われるのは、「クラシック音楽はほんの一握りの国民のためじゃないか。そういうものに対して何故税金が必要なのか。国道に穴が開いたら埋めなきゃいけない、文化に何故金が必要か、理論武装してこい」って感じでね。

では、「こういうホール作ってですね、一握りの国民ためのクラシックを何故オープニングで使うんですか？」「なんでロックや演歌のリサイタルをやらないんですか？学校の教科書もクラシック音楽を中心にしていますし、クラシックを都合の良い時だけ使って、他方では大事にしない文化とは一体何ですか？」と言いたいですね。逆に音楽家の立場が弱いことを武器にしてる馬鹿な音楽家もいます。貧しいことは恥ずかしいことなんです。貧乏してると正義の味方みたいな考え方は冗談じゃないですよ。これは恥辱だと思わなければいけない。

本杉◎新潟という街に素晴らしい施設ができて、これが本当にうまくやっていけるかと建築の方からも注目してますし、ましてや地元の音楽に関係している人たち、この施設に反対していた人たちも含めて、多方面から目が注がれています。さまざまな活動がここで展開されて根付いていって欲しいですね。プロのオーケストラとして、是非これから皆さんに深く関わっていただいく、さらに幅広い活動が展開され市民との交流を深めていっていただけたら嬉しい。

金山◎お金次第という面もあると思います。新潟の人たちにとっては私たちは「東京」交響楽団なんですよね。新潟交響楽団じゃないんですよ。俺達の税金をあんな東京の人間にもってかれるのかっていう意識を持ってる人たちが大部分かもしれない。だからこそ、大ホールでポコっと演奏やって、ばーっと帰っちゃうっていうんじゃなくて、新潟の方との触れ合いを大事にしま

すという姿勢を見せていかない限り、長く続かないと思います。
　最初に言いましたように、東京でやるものと同じものを新潟でやるのは、すごくお金がかかるんですよ。今後への期待とともに、正直言って「本当に大丈夫かな」って心配や不安もありますね。ただ、数あるオーケストラの中で私どもがご指名いただいたのは事実なので、一所懸命やらなければいけないってことは、事あるごとに楽団員ともども肝に銘じています。これから総合的に真価を問われていくわけですしね。「なんだ」と思われたらそれっきりです。だから、「我々はよそ者じゃありません。名前こそ東京ですけど、新潟交響楽団のつもりでやってます」と言えるようになるかどうかが問われているのでしょう。そういう意味で、今回のこのような方式はとても画期的だと思います。

　　　　（取材協力：青池佳子、武政博史）

2.2.2
オーケストラとソリストに聞く
オーケストラと聴衆

新日本フィルハーモニー・座談会

豊嶋泰嗣 **コンサートマスター**　三界秀実 **クラリネット**
石田常文 **コントラバス**　金子典樹 **ホルン**　近藤高顯 **ティンパニー**

聞き手：井口直巳

聴衆から観られている感覚とは？

井口◎オーケストラとして国内だけでなく世界各地のコンサートホールで演奏された経験から、ステージで演奏しているときに聴衆から観られていることについて、どのように感じていますか？

豊嶋◎一般には、ステージと客席が一体化している方が演奏しやすいとされるけれど、私の感覚では、ステージと客席がある程度分かれている方が演奏に集中しやすい。この点で、すみだトリフォニーホールの大ホールは舞台が低めのためか聴衆の存在が近くに感じられますが、それほど気にはならないのに対して、東京芸術劇場は、客席のライティングがわりに明るいこともあるのか、ステージからはっきりと見えるので、かなり気になります。もっとも、ステージが客席で囲まれていて一体感があるサントリーホールでは演奏に集中できる雰囲気があるわけですから、結局は聴衆によるのかもしれない。演奏者は聴衆から観られていますが、逆に聴衆も演奏者から常に観られているわけですから、その雰囲気が演奏のしやすさ、しずらさの要因になることは否めません。

金子◎同感です。演奏者側からすると客席があまり観えすぎないほうが良いと思います。例えばソロをしているときに、客席に変な所作をしている人がいると気になってしまう。そのあたりは微妙で、聴衆がたくさん入っているという雰囲気は伝わってくる方がいいのですが、その存在が演奏の集中を損なわないような関係でありたい。

近藤◎演奏者によっても感じ方が違うから難しいと思います。客席がはっきり観えたほうがいいと言う人もいます。私のベルリン時代の先生は客席を見渡して、知っている人が来ているとすごく張り切っていました（笑）。

井口◎演奏者の位置によって、客席の観え方はずいぶん変わるものですか。

金子◎私はホルンで、ひな壇の上の方に座るから、ヴァイオリンのように一番下に座っている場合より客席が目に入りやすい。角度的にも上から見下ろすかたちになるの

豊嶋泰嗣氏

金子典樹氏

で、客席の観え方はずいぶん違うと思います。

石田◎私はコントラバスで、新日本フィルハーモニーでは正面右側の後列に並ぶので、一般的には上手（客席から向かって右側）に位置することになり、その場合にはすぐ脇に聴衆がいることになります。そうすると、構えている楽器の後ろにある自分の足の具合がとても気になります。他の奏者と違ってコントラバスは高い椅子に座るので、どうしても足を行儀よくおさめるのが難しい。演奏が始まってしまえばあまり気にならないのですが。

三界◎私はクラリネット奏者なのでステージの中央に位置する関係から、指揮者の背後にいつも聴衆が観えるんです。でも視野には入っていますが、努めて観ないように、気にしないようにしています。客席が明るいと、やはり気になってしまいますが。

近藤◎こうしてオーケストラの仲間の意見が聞けるのは面白いね。演奏者の位置によって客席との関係がこれほど違うことが初めてわかりました。私はティンパニー奏者なので最後列にいて、しかも職業柄ティンパニーは忙しくないので、聴衆の様子がすごく気になります。今眠そうだとか（笑）、今乗ってきているとか、演奏者の中では私が一番敏感に察知しているのでは。

ホールの雰囲気は、照明によって大きく変わると思います。客席だけでなくて、ステージの照明も明るすぎる。聴衆にとってあそこまで明るい必要はないし、演奏者に

も弊害であると思います。東京芸術劇場は、ステージから客席があからさまに観え過ぎるが、照明だけの問題ではなく、客席の素材や色調にも関係するのではないでしょうか。客席のシートの色がブロックごとに違っていますが、あれも私には大変気になります。逆に東京文化会館は、私の場所から見ても客席は真っ暗。オーチャードホールの場合には、奥の席が日本一距離があるのではと思えるほど遠くて、ステージから観ると真っ暗闇。聴衆がいるのかどうかも分からないので、一種の恐怖感を覚えます。すみだトリフォニーホールは、客席に座ってみるとかなりステージが遠く感じますが、音は非常に近くに聞こえる。そうすると相殺されて、距離感が減じられ、それほど遠くには感じなくなってきます。個人的には大阪のザ・シンフォニーホールが好きです。客席があからさまに観えず、それでいて聴衆の雰囲気はしっかりと肌に伝わってくる。照明、内装の材質や色彩、それに音楽。これらが不可分の一体となって総合芸術となる。あそこやサントリーホールでは、ステージに出て行くだけで音楽を作るという気持ちが湧いてきます。

ステージの形式と聴衆の視線

井口◎ステージにはいろいろな形式があって、客席が正面だけという一般的なかたちの他に客席が両サイドにあるかたち、あるいは背後にも客席があるかたちもあります。演奏者としてはそれらの違いをどう感じていますか。

石田◎聴衆としてサントリーホールのステージの背後の席（P席）で聴くことがたまにあります。楽しんでいる人もいるようですが、私はあそこに座ると自分も演奏してい

る気がして楽しめない（笑）。

金子◎背後の席は指揮者の振り方を観察するには良いですね。それと、ふだんの演奏ではあまり聴けない金管楽器の生音を聴けたり、どのように演奏しているかが分かったりして、音楽専攻の学生やアマチュアの人などには特に有用だと思えます。

近藤◎ベルリン・フィルハーモニーのステージ背後の合唱席は、私がベルリンにいた当時は3.5マルクで開放されていました。学生にはありがたい措置で、そのように運用されるならばステージ背後の席の意味が増すと思います。演奏する立場では、ティンパニー奏者はいつも最後列にいるので、サントリーホールのP席の聴衆の存在はやはり気になります。「ばちが沢山並んでいるけれど全部使うの」とか「楽譜に赤線が引いてあるけど」などという観客の話し声が全部聞こえてくるし。だからサントリーホールでやる時は、身の回りをとても気をつけるようになります。でもサントリーホールの場合、P席といっても壁が高く立ち上がっているので、直接後ろから観られているという雰囲気ではない。日本にはオーケストラのすぐ後ろにあって、オーケストラの指揮者や演奏者の勉強するための席はまだどこにも実現されていません。

金子◎確かにベルリン・フィルハーモニーやミュンヘン・フィルハーモニー（ガスタイク）のように合唱席に聴衆が入ると、とても低い位置なので演奏を始める前は気になります。日本のホールの場合は背後の席といっても一段高くて、ステージとははっきりと異なるブロックになっているので、ほとんど気になりません。

近藤◎すみだトリフォニーホールの大ホールは、ステージ後方に客席がないですが、2列でもいいから席があれば、このホールを本拠とする新日本フィルハーモニーの桂冠名誉指揮者である小澤征爾さんの指揮ぶりとか、オーケストラがどう反応するかを確かめることができるので、そうした実践の場として価値は高い。今からでも客席を設けてほしいですね。

　背後ではなくて、両サイドの席で言うと、東京芸術劇場の横の1列は非常に気になります。しかも壁が白いせいか、人間が浮き出てくるようで、演奏の大事な場所で観客が足を組み替えたりする姿がよく目に入ります。

石田常文氏

豊嶋◎オーケストラで弾いている時はあまりそう思いませんが、室内楽でビオラを担当して一番上手で弾くときには、完全なシューボックス型のホールで正面にしか客席がない場合、客席の方を向いて弾かないと音が伝わりにくい気がします。サントリーホールやザ・シンフォニーホールのようにさまざまな角度に聴衆がいる場合は、体の向きは気になりませんが。オーケストラで演奏するときも、ビオラの場合は内側に座っていると音を飛ばしやすいのですが、外側に座ると客席から楽器の裏板しか見えず、根拠はないのですが、客席側に楽器の表を向けた方が聞こえやすいように思います。ヴァイオリンを弾く場合はこういうことは感じません。

三界◎私は演奏中に客席が視覚的に気になることはまずありません。視覚よりも、む

三界秀実氏

よく見えることの重要性について

井口◎聴衆の立場からの見やすさという点について、どのように思われますか。今までコンサートホールは、音響の良さが優先されて、見やすさの面では多少は我慢してきたこともあると思います。しかし良く見えることも大事ではないかという意見もあります。

石田◎基本的には、クラシック・コンサートもショウビジネスであることに変わりはないなので、聴衆が楽しめることが最重要です。そのとき、見えない、見にくいというのはやはり大きな欲求不満につながると思います。クラシックだからと言って聴こえればよしとするわけにはいかない。すみだトリフォニーホールの大ホールでは、3階の席が少し見にくいという話を聞きます。

近藤◎3階席の手摺がしろ自分の回りに空間があるかどうかを気にします。つまり席の周囲にある程度の空間がある方が響きを作りやすく感じます。舞台が狭くて窮屈だとつらいですね。

邪魔になっていました。座ってステージを見ると、ちょうど手摺が真ん中にあったのです。安全のことや、法律もあるから、手摺を無闇に低くはできないと言われてますが、ヨーロッパではそのような経験をしたことはありません。

金子◎見やすさということから考えると、日本ではシューボックス形式のホールが問題ではないでしょうか。シューボックスでも19世紀に作られたウィーンのムジークフェラインスザール（楽友協会大ホール）やボストン・シンフォニーホールはなるほど響きが良い。しかしそれらのホールは、それほど奥行きが深くない。現在作られているシューボックスで2000席もあるホールは、いかにも奥行きがあり過ぎると思います。これでは奥の席からはステージが見えない。そういう意味では、ワインヤード式の方が優位にあると思います。好みによってあらゆる角度から見ることができるし、指揮者の近くでもいいし、自分の好きな楽器の近くに座ることも可能です。

ボストン・シンフォニーホールの内観 1900年開場。設計はマッキム・ミード・ホワイト。座席数は2631席。プロセニアムの奥に入ったような舞台で、コの字型のバルコニー配置。

石田◎シューボックス型のホールの場合、すみだトリフォニーホールは客席に傾斜があるのでいいのですが、そうでないホールでは、1階の1列目の人しか奏者の姿が見えないのではとこちらが心配になることがあります。逆にバリオホールは客席が急傾斜で、聴衆の顔がすべてはっきりと分かってしまう。そうなると奏者としてだけでなく、聴衆の立場に回っても照れくさい。

三界◎私も客席からステージがどう見えるかが気になります。すべての席からオーケストラの奏者全部が見るわけではないので、あの人はこちらが見えないのではないかと心配になってしまう。

豊嶋◎2000席クラスのホールですべての人に視覚的満足を与えることは不可能ですから、どうしても見る方を優先したいなら、小規模のホールに行ってもらうしかないというのが本音です。しかしその一方、見えにくくても音が良い席を選ぶというのも賢明な選択肢のひとつではないでしょうか。現実にそうしている人もいます。

石田◎音からすると一番後ろが良いことも多いし、チケットも安いし、そういう選択をする理由も良く分かります。個人的にもステージやホール全体が良く見えるのが好みなので、後ろの席を取ることが多いんです。すみだトリフォニーホールの大ホールでは、2階と3階のバルコニー席が全体を見下ろせるので好きだし、音も良く聴こえ、ソロだと息遣いが伝わってくる気がします。

近藤◎両サイドのいわゆるバルコニー席は、ウィーンのムジークフェラインスザールもそうですが、前の人が乗り出すとその後ろの人も順番にどんどん乗り出さざるをえない。それだけステージが見にくい。紀尾井ホールの下手側のバルコニー席からは、普通に座っていたのではファーストヴァイオリンはまったく見えない。あれではかわいそうです。最初から見ることを諦めて音に集中できる人はいいが、見たいと思っている人にとって、見えないことは音も聞こえないことに等しいわけですから。

豊嶋◎同様に、最前列の人は舞台の奥が見えない。これはどのホールでもそうなので最前列の宿命かもしれないですね。最前列からステージがどれくらい見えるようにしたら良いかはいろいろな意見があるらしいですが。

感覚的なホールの大きさ

井口◎先ほどオーチャードホール・Kitaraは、客席の一番後ろが遠すぎて不安だという話がありました。演奏していて、同程度の規模のホールでも感覚的に大きさが異なって感じることはありますか。

石田◎ザ・シンフォニーホールは、1700席ですが小さく感じます。

金子◎札幌コンサートホールは、2000席ありますが、ワインヤードのせいなのか、ステージから見ると全体の奥行きがあまりないように見え、まとまった雰囲気があります。

近藤◎ベルリン・フィルハーモニーかそう。実際にはすごく奥行きがあるのだけれども、ステージからは視覚的にはそれほど奥行きを感じません。

井口◎やはり奥行きを感じさせないホールの方が演奏しやすいのですか。

豊嶋◎必ずしもそれだけではないです。弾いた時に、自分の音がどこに行っているのかわからないというのがもっとも弾きにくいホールだと言えます。私の場合には、や

新日本フィルハーモニーのステージ　楽団創立30周年と、すみだトリフォニーホール開館5周年の記念演奏会におけるゲルハルト・ボッセ指揮の新日本フィルハーモニー交響楽団。

はり反響板があって、箱があってという方が良くて、距離感にしても音がどこにどのように行っているのかが自分で聞き取れると思えることが大切で、そういう意味ではシューボックス形式のホールがシンプルでいい。ザ・シンフォニーホールは、最初は良くなくて、ティンパニーの音がすぐ背後から聞こえてきた経験もありましたが、時を経て改善されてきました。サントリーホールも私にとっては、最近ようやく良くなってきたと思えます。音響に関しての物理的な改変をしなくても、自然に箱がなれてきて、響きが良くなることがあるように感じます。使えば良くなることは確かで、サントリーホールがあれだけ変わったのも、稼働率が第一の理由だと思います。1年350日使用されているホールは他にはありません。地方でいいホールを作っても使用されない時期が極端に長いのとはわけが違います。

近藤◎私のティンパニーは牛の皮を使っているので湿度に敏感ですが、湿気のあるホールに入るととたんに鳴らなくなる。ホールはそれ自体が楽器なので、湿気でホールが振動しないのではオーケストラがいくら工夫しても良い音がするわけがない。稼働率が少ないホールでは、コンサートが済むと空調を切ってそのままの状態が続く。そうするとその晩の熱気が残るので湿気が溜まってしまう。ベルリン・フィルハーモニーは24時間空調システムが動いていますが、それは理想であるにしても、最低限のメンテナンスは欠かせないと思います。

金子◎オーチャードホールは天井がすごく高いけれど、反響板を付けたりすれば良いと思います。でも日本のホールは、きれいな建物の天井をはがしたりするのは嫌らしい。私が住んでいたミュンヘンのフィルハーモニー（ガスタイク）も音響が良くなくて、鉄骨を吊るして反響板を変えたりしています。ベルリン・フィルハーモニーも床を張り替えたりしています。このように日本のホールでも、手を加えていけばもっと良くなるところは多いと思います。

ホールの使いこなしについて

井口◎新日本フィルハーモニーは、すみだトリフォニーホールをフランチャイズとして使用しています。少なくともこの点では、他のオーケストラに比べて恵まれていると思います。それを生かして、ホールを使いこなしながら、オーケストラの配置、ひな

新日本フィルハーモニー（すみだトリフォニーホール・大ホール） 1997年竣工。設計は日建設計。座席数は約1800席。左右のサイドバルコニーが直線的に舞台に向かって傾斜している。

壇の高さなどについて、音響の面、あるいは見やすさの面で良い方向に変えていくことも考えておられますか。

近藤◎すみだトリフォニーホールでも後から反響板を加えたわけですが、つける前はその効果について、実は私たちも半信半疑でしたが、つけてみると弦楽器がとてもストレートに聞こえて、安心して演奏できるようになりました。しかしその弊害も出ていて、今は反響板の3段目を取り去ったかたちにしている。また今は平土間でやっていますが、そうするとオケの余韻が長くなっている。これもまだ一考の余地がある。いずれにしても、設計段階ですべてをパーフェクトにすることはできないと思うので、使いこなしながら手を入れていく必要がどうしてもあると思います。

三界◎3段目の反響板を取ったのは、音響面だけでなく視覚的にも良かった。反響板は今までの位置だと聴衆の視線に入り過ぎて邪魔な感じでしたし、パイプオルガンの上半分が反響板に隠れてしまうようだ。

豊嶋◎オーケストラの配置やひな壇について言うと、個人的には、ひな壇はすり鉢状にした方が弦楽器には良いと思います。

近藤◎ヨーロッパは、ほとんどすり鉢状になっています。ひな壇の高さが日本に比べるとヨーロッパのは非常に高くて。大体一般的に30cm刻みです。ところが日本は15cm刻みです。私も当初はティンパニーの壇を上げて欲しいとこだわりました。聴衆の立場からも、すり鉢状の方がオーケストラを見るといった意味では絶対に楽しい。平土間で演奏されると1階席の観客は木管楽器も金管楽器も全く見えません。

石田◎演奏している時も、段差があった方

近藤高顕氏

が互いに音を聴きやすいはずです。前の人より頭ひとつ出ていると周りの音が全部聞こえてくる。
豊嶋◎そうですね。できるならばひな壇を高くして欲しい。それがフランチャイズ・システムの利点でもあるわけだから。
三界◎そうしたいのですが、ピアノの出し入れができなくなると言われています。
井口◎アムステルダムのコンセルトヘボウでは、コンチェルトの時のピアノの出し入れをお客さんの見ている前でクレーンで吊って行っていました。オーケストラの中にピアノが入る曲では、小さな箱の上にピアノの脚を載せてひな壇の高さに合わせたりとアブナイことをしていますけれど。
豊嶋◎サントリーホールのようなピアノのセリはないのでしょうか。
近藤◎すみだトリフォニーホールは、舞台の真ん中にあるから無理。ベルリン・フィルハーモニーもピアノを苦労して休憩時間に出し入れをしています。
石田◎なかなか日本ではあのようなことをやれないですね。
近藤◎ピアノが入らないオーケストラだけの時には試せると言っていましたから、やるべきですね。

好きなホール、嫌いなホール

井口◎お一人づつ自由に好きなホールと嫌いなホールをあげていただけますか。
　ホールの響きとか演奏のしやすさだけでなくて、楽屋の過ごしやすさとかスタッフの感じなど。すべてを含めての印象で結構です。オーケストラを前提にした大きなホールについてお願いします。
近藤◎私はやはり、すみだトリフォニーホールが好きです。音がナチュラルに響くから。客席を含めた雰囲気という点では、サントリーホールやザ・シンフォニーホールも好きです。サントリーホールは音響という点では趣味に合わないところもありますが、あの雰囲気はなかなか出せないでしょう。オーチャードホールは、私のティンパニーというポジションに関してはマイナス面が多く、また楽屋まわりなどでストレスが溜まります。
石田◎舞台と楽屋の往復で足は鍛えられる（笑）。敷地が狭くて無理があったのかもしれないですね。
金子◎楽屋まわりでは、札幌コンサートホールは良いと思う。あそこは敷地が広いからだと思いますが、楽屋が広いし全部に窓があるので。
豊嶋◎景色も良いし。リラックスし過ぎてしまうのが難点かな（笑）。
金子◎札幌は、皆さん言われるようにロビーや楽屋の雰囲気はすごく良いですね。ただ、ワインヤード型のホールはすべてそのような傾向だと思いますが、反響の仕方が違うのか、演奏しているとき、自分の音の返りだけでなく、まわりの音についてもなれないと聞きにくい。しかし、客席で聴いているとすごく良い響きがして、決して細くならない。新しい割りには良いと思います。東京芸術劇場は、聴いている時はそうでもないですが、舞台の上だとやりにくさを感じます。強弱がつき過ぎて、バランスが良くないと思います。

コンセルトヘボウの内観 1888年竣工。設計はA.L.ファン・ヘント。座席数は2206席。客席最前列の床から舞台までの高さは150cm。シューボックス型といえるが、舞台後部に多数座席がある。写真©金瀬胖

アムステルダム・コンセルトヘボウ ステージが階段状になっているので、コンサートの途中に観客の前で次に演奏する協奏曲のピアノをクレーンでステージに運んでいる。

石田◉私も近藤さんと同じようにザ・シンフォニーホールが好きです。東京文化会館が以前は好きでしたが、響きが良いホールが他に多くできてきた今となっては、残響の量が少ない気がするので弾き方を変えなくてはいけないのでそれが少しつらい。コントラバスでは楽器にエンドピンを立てますが、ステージの板の刺さり具合の感触が固いオーチャードホールや東京芸術劇場は、音も硬く感じるので好きになれません。ある程度のしなやかさや柔らかさのあるホールが良いですね。京都コンサートホールは、出した音が汚く感じ、生音ばかりが聞こえてくる気がしてあまり好きになれません。もっとも開館直後だったので、今はこなれてきて良くなっている可能性が高いと思いますが。

三界◉私は皆さんに人気のあるザ・シンフォニーホールで演奏した経験がないのが残念ですが、去年、札幌コンサートホールに行って素晴らしいと思いました。演奏者としてだけでなく聴衆の立場からも素晴らしい。地下鉄を降りてから、公園を通って散歩道を10分くらい歩いて行く。すると広場の向こうに大きな建物が見えてくる。入っていくと、中のスペースがものすごく広い。この一連のアプローチがとてもいいん

ザ・シンフォニーホールの内観 1982年竣工。設計は大成建設。客席数は約1700席。わが国初の本格的アリーナ型コンサートホール。客席数の割には、コンパクトな印象を与える。

です。演奏会を楽しみに行く人にとっては、自然の中を歩いて音楽の小屋に入って音を楽しんだ後、夜空の星の下をゆっくり歩いて帰っていくわけです。

石田◎冬は大変だろうね。

三界◎どうしても車に乗りたい人は、タクシーで行けばいいと割り切ってもいいのではないでしょうか。

豊嶋◎サントリーホールとすみだトリフォニーホールも好きですが、木の暖かいホールという感じがするのは宮崎県立劇場で、楽屋は別として客席はすごく良い。地元の木を使い、とても凝っています。

石田◎ウィーンのムジークフェラインスザールをモデルにしたと言われて、あそこはひな段が高いのもいいです。

豊島◎東京オペラシティのコンサートホールは響きすぎるように思います。

金子◎小さい編成の場合にはいいかもしれないけれど。

近藤◎東京オペラシティは、ステージの奥行きがなさすぎることと、ステージ上の反響板が巨大なUFOみたいになっていて恐いと思いませんか。

石田◎バルコニー席からは舞台が見にくいのが気になります。福岡のアクロスはどうでしょう。

豊島◎響きがありすぎます。

近藤◎響きに少し癖があるような気がします。

（取材協力：浦部智義、幸和紀）

2.2.3
オーケストラとソリストに聞く
ヴァイオリニストとステージ、ホール

ヴァイオリニスト：千住真理子
聞き手：井口直巳

観ることと聴くことの関係

井口◎演奏される方がステージで聴衆から観られているということに関してどう思っておられるのかということについて、他の分野の人は今までほとんど知らなかったと言っていいと思います。そこで演奏される立場から、観られることに関する聴衆との関係について、お伺いします。

千住◎プロの演奏家は、ステージに立ったときから見られることを意識すると思います。私は、小さい頃から学生時代までは、緊張を解くために、観られていることを意識することをやめていました。でも、ある時期、それは自分がプロフェッショナルだと自覚した時期から、私は観られるということを非常に意識するようになりました。なぜ意識するようになったのかと言いますと、非常にビジュアル面は大切で、音を出している以上にいろいろな刺激や先入観を、目を通して相手に与えてしまうということですね。まず目を通して固定観念を植え付け、その後で音が伝わると考えました。例えば、細い人は音も細いと思ったり、派手な服を着ていると何か派手な曲を弾いているように感じたり、そういったビジュアルな印象が、まず最初に聴衆に強く与えているのではないかと感じました。それを逆手にとって、今では、自分が演奏したい曲に合った服を着ようと思ったり、他にもステージに一歩踏み出した時から音楽が始まっていると考えて、例えばモーツァルトを弾くときはモーツァルトの雰囲気のある歩き方を考えたりベートーヴェンの時は、ベートーヴェンっぽい雰囲気をかもし出すように心がけたりしています。歩調、スピードも含めて観られていると考えるようになりました。

千住真理子氏

井口◎細い人の音が細く感じられるといったことは、実際どのような機会にですか。

千住◎かつてファンレターに、「千住さんは細いのに、演奏では太い音を出されていてびっくりしました」と書かれてありました。そのびっくりされた原因は、腕や身体が細い人は音も細いというビジュアルの印象があるのに太い音を出したというところにあると思うんです。そこで、逆にそういったことをどう生かせば、いい音楽につな

がっていくのか考えるようになりました。
　今までさまざまな人とお話をさせていただいた中で、「芸術家は音を追求するものなんだから、観えることは関係ないじゃないか」とおっしゃる方もいました。観ることだけが一人歩きするのが間違っているのは当然なんですが、私は、「聴衆は人間だから」と思っているんです。人間だから、まず目で演奏者を捉えて、それから音を聴くということからすると、音だけではないと思います。

聴衆との距離について

井口◎演奏しやすいホールは、どのようなホールですか。その理由はどういうところにあるのでしょうか。

千住◎大阪のザ・シンフォニーホールは、聴衆が視覚的に非常に近くに見えるので、とても好きですね。小さいホールではないのに、小さいホールで弾いているように、音も聴衆が近くに聴こえているだろうという安心感があります。聴衆とのコミュニケーションも、何か一人一人に話をしているような安心感があります。私たちヴァイオリニストは真正面を向いて、身体をそんなに動かさずに、聴衆の視線を普段でも多く感じながら、それに応えるような形で演奏をしています。ですから、あまり聴衆の視線を感じ過ぎるホールは、弾きにくいという方もいらっしゃる。

　ただ私の場合は、演奏を始めた瞬間に聴衆が何を感じたか、あるいは、自分がのっている時に聴衆が私に惹き付けられているかそうでないのかを判断しながら演奏しています。なので、聴衆の反応が手にとるように分かるホールは、最終的に良い演奏会に仕上がると思っています。

井口◎お客さんが近すぎるということは、あまりないということですか。またヨーロッパだとステージにもお客さんを上げることがありますが、それについては、どう思われますか。

千住◎近すぎるということはありませんね。逆に、近くにいて欲しいと思います。それは、物理的に近いだけではなくて、精神的に一体感を得られるということを喜んでいるといってよいでしょう。特に、サロンコンサートのような小さい演奏会をする時は、聴衆の近さといったことが、頭のなかにすごくあります。また聴衆の視線がきついとか、あまり見ないで欲しいと思う時は、こちらが演奏に自信をもつだけの準備をしていないというのもありますね。そういう場合には、音もはっきりと聞こえて欲しくないとか、なるべく遠くに座って欲しいというように考えてしまいます。逆に、演奏に自信がもてる準備ができていれば、聴衆にはできるだけ近くにいて欲しいですね。

　日本でも、ステージにお客さんがいるような場があった方が良いと思います。私もそのような状況で演奏したことがありますが、全然問題はないですね。よく伝わるというのがありますから、近くに来れば来るほどうれしいですね。

井口◎逆に遠い席の話になりますが、ステージ上から遠くに感じる席をもつホールがあると思います。そういったホールはどうですか。

千住◎遠い席をもつホールは、こちらが何かを表現をする時に、どんなに表現してもなかなか伝わりにくいという困難さがありますね。勿論、大きいキャパシティのホールの場合には、しっかりと伝わるようなお

化粧をした演奏をしますが……。

視覚的に遠いと思っても、弾きながら目をつむっていると、音は届いていると確信が得られるときがあります。そういった時は、自分の中で小さいホールをイメージして、なるべく目をつむって弾いています。そうしますと、音はきちんと伝わっているという安心感をもって弾けますし、また音がきちんと伝わっているから小さい音も美しく弾こうとも思えます。つまり、そのような工夫をして、自分の音楽の作り方を変えるんですね。ですから、視覚的に遠い大きいホールだからといって、思いっきり弾いて音が伝わるというものではないと思います。

井口◎同じくらいの大きさのホールでも、ステージから見て遠く感じるホールと近く感じるホールがあると思います。遠く感じさせる要因は何でしょうか。

千住◎ステージの上で感じる場合、要素のひとつは暗さだと思います。暗さにはいろいろあって、低い天井や狭い壁等による圧迫感からくる暗さもそのひとつですし、同じ状態の照明であっても、空間の広がりを感じさせないこともそうですね。後者の方は、それが材質によるものなのか、あるいは照明がうまく生かされていないのか、よく分からないですけど、逆に、空間の広がりを感じさせるホールは、全て把握できているような安心感がありますね。

あと非常に距離を感じさせるのは、聴衆の拍手の音がどこか上の方に吸い込まれていってまとまらなかったり、ステージまで届かなかったりする時ですね。ステージの音が聴衆に伝わらない時と同じように、何か離ればなれのような感じがしますね。

ホールによる違いで言えば、座席の列間隔がゆったりとしていて、一人一人がとてもはっきり見えるホールはいいんですが、つまって座っているホールは、音が全部そこに吸い込まれていくような恐怖感がありますね。

井口◎演奏される時は、客席の照明はかなり落とされていますか。

千住◎客席の照明は落としてもらっています。演奏している時は、舞台ライトが非常に強いので客席は観えないですが、出入りする時と客席に挨拶をする時は、よく観えるような状態ですね。

演奏する位置について

井口◎リサイタル等の際に、ステージ上で演奏する位置を、音だけで決められますか。

千住◎音だけとは言いきれません。例えば、小さいホールだと、できるだけステージの後方で演奏したいと思っています。あまり前には出たくないんです。聴衆全体がある程度同じ領域の中に入っていて欲しいんですね。そうしますと、聴衆をひとつの人格としてとらえることができるんですね。ステージの前の方に立ってしまうと、ステージに近い左右の端の聴衆を把握できないんです。ですから、ステージのなるべく後ろに立って自分でまとめたいという意識があります。演奏する位置を決める時は、できるだけステージの後ろに立ちたいという気持ちで、妥協しながら前に出ていって、音が納得できる位置を探していくんです。その位置が、ステージの後ろの方であればある程、私はうれしいですね。

大きなホールだと、ステージの前の方に出ると音がデッドになり、ステージの後ろの方が良い音が出る場合がありますが、見

カザルスホールの内観 1987年竣工。設計は磯崎新アトリエ。座席数は511席。写真は竣工当時のもの。現在、舞台奥にはパイプオルガンがある。

られることを考えると、遠くの席があるので前に出たいんです。ですから、音がデッドにならないギリギリのところに、演奏の位置を決めることもあります。

そのようにベストの位置を決めます。同じホールでもオーケストラとのコンチェルトの時やピアノとのソナタの時だと、演奏する位置が限定されることがありますので、ソロでは弾きやすかったホールが急に一転して弾きにくくなったりしますね。

井口◎具体的に、聴覚と視覚の両者のバランスの良いホールはどこでしょう。

千住◎カザルスホールは、弦楽器にとってはとてもいいホールですね。カザルスホールは、2階横のバルコニーがステージに掛かるまであり、なおのこと、なるべくステージの後ろで演奏したいのです。最終的には、ステージの真ん中よりやや前位に立つことになるのですが、ある程度どこに立っても、弦の音、ヴァイオリンの音はとてもいい状態で鳴ってくれるホールなので、そんなに前に出る必要性がないですね。

井口◎カザルスホールは、客席が近くに観えすぎて好まないという音楽家もいますが、千住さんの聴衆との距離の取り方からするとばどうなんでしょうか。

千住◎全然問題ないですね。

ホールの形式について

井口◎ホールの形状で何か演奏に違いはありますか。

千住◎サントリーホールのような前からも後ろからも観られる状態で演奏するのに慣れるのには、とても苦労しました。それまでは、後ろから観られるという設定がなかったわけですから。なぜ後ろから観られるのかという疑問から始まって、後ろをどう自分で考えていったら良いのかといろいろ悩みました。しかし、慣れてみると後ろ姿の自分も、何かにじみ出てくるものがあるではないかと思うようになりました。

井口◎それはどういうところから慣れてくるのですか。

千住◎それは何といっても、多くのステージ経験を積むことでしょうね。お客さまが後ろにもいる状態で自分でそれを意識して弾いているうちに、自分がそれをどう意識して弾いたらいいかがだんだん分かってくる。慣れないうちは、後ろにばかり気を取られて、前に伝わるはずの音を、何とか後ろにも同じように伝わって欲しいという気持ちで弾いていた時期があったんです。でも、ヴァイオリンから斜め前の方に出た音が反響して後ろにまわる音を、後ろの方は、目を通して理解して聴いて下さっているのだと思えるようになって、前を向いて弾くことの安心感が得られました。

演奏の位置の決め方も、要因でした。音の位置を決めようと思ってリハーサルでス

テージに立った時に、平衡感覚を失ったみたいにぐるぐる回ってしまって、なかなか決められなかったんです。サントリーホールの一番良い位置が分かってくると、今度は逆に自分が四方から観られていることが心地良いと思えるんですね。それを経験してしまいますと、前面しか観られていないホールでは、工夫していろいろと演奏する位置を探すくらいになりましたね。

　私は、サントリーホールや札幌コンサートホールなどのアリーナ型やザ・シンフォニーホールのようなステージの後ろにも席があるホールは、安心感があって非常に好きです。また、サントリーホールも札幌コンサートホールもひな壇を上げることによって、室内楽的なまとまった音が作れるんです。音に関しても工夫できるんですね。ひな壇を上げることによって、見た目としても何か安心感がありますしね。すごく広いステージに自分一人とかピアニストと自分だけで立つというのは、「音が伝わらないのではないか」という不安感が先にたちます。ひな壇を持ち上げることによって、音がはね返るだろうという意識が生まれ、安心して弾き始めることができます。

井口◎日本のホールのステージは平らな場合が多いですが、「ひな壇が階段状の方が音がいい」と多くの音楽家の方がおっしゃいますね。

千住◎そういう気がするんですよね。

井口◎お話を伺ってますと、客席に囲まれているアリーナ型のホールで演奏される方がお好きですか。

千住◎ホールの形状がこうだからというのではなくて、はっきりは分らないんですが、聴衆がひとつになる安心感を与えてくれるホールと、そうでないホールがありますね。その要因が、音であるのか、視覚的なものなのか、照明なのか、素材なのかは分からないのですが……。そこが弾いていて不思議なところです。でも、私自身はどこのホールも悪いという印象はもたないようにしています。悪いと思ってしまうと演奏会は成功しませんからね。

井口◎逆に2000席規模のシューボックス型のホールだと、一番遠い席まではかなり距離を感じると思いますが、そのあたりはどうでしょうか。

千住◎弾いていて遠くに感じるホールもあ

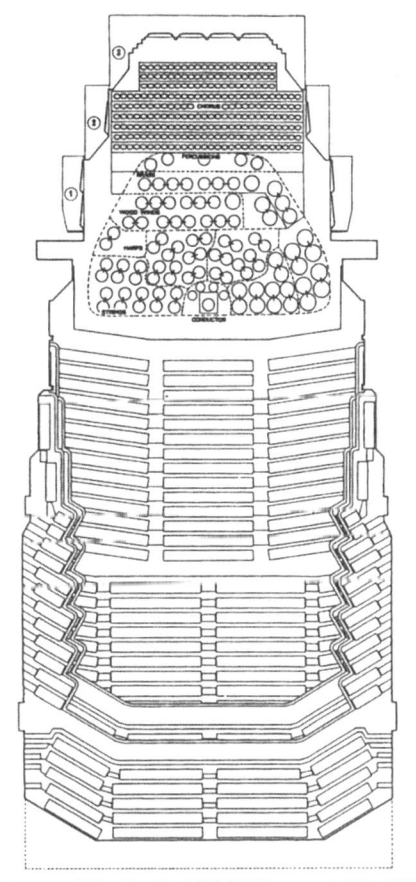

オーチャードホールのピット舞台使用時　1989年竣工。設計は三上祐三＋MIDI綜合設計研究所。座席数は2150席。前5列を舞台にして、オーケストラを配置した例。

りますが、オーチャードホールなどは見た目は距離感があっても、目を閉じて弾くと音はきちんと伝わっています。第一印象の見た目で、小さく見られているという不安感はありますけれど、弾いてみると大丈夫だという安心感がありますね。さらに、オーチャードホールではオーケストラピットを上げて張り出し舞台にした上で弾くと、お客さんと一体になれますし、音がきちんと耳に飛んで返ってきますね。オーケストラピットを上げて弾くと非常に弾きやすいホールです。

　むしろ音が伝わらず、ステージはステージ、客席は客席というように分離している感じのホールは、不安感がありますね。

（取材協力：浦部智義）

2.2.4
オーケストラとソリストに聞く
ピアニストと聴衆

ピアニスト：仲道郁代
聞き手：船越 徹

仲道郁代氏　写真©斎藤一男

船越◎ピアニストの仲道さんにお伺いしたいことは、音楽の空間が、聴くことのほかに観ることがどのような意味をもっているのかということです。もう少し解釈を広げますと、聴衆がコンサートで生の演奏を聴くとはどのようなことか、また会場の雰囲気はもちろんのこと、照明や音響なども含めて演奏家として生の演奏を聴き観られることをどのように意識されているのか、ということなのです。同時に、豊富なご経験から、ソロから室内楽やコンチェルトまでさまざまな演奏タイプの違いや難しさ、さらに雰囲気や音響面で好きなホールもお聞かせ下さい。

仲道◎まず、演奏している時は、聴衆に観られるということに関してあまり意識はありません。やはり、音楽そのものに没頭して、自然に体が動いていく感じですね。特にピアノは体が聴衆に対して横を向いているので、聴衆の視線はあまり気にならず、意識はピアノの方に集中して向かっている気がします。聴衆のお一人が手や足で拍子を取ったりされるのが目に入り、それが自分のテンポと微妙にずれてたりしますと、音楽のことを考える以前にそれとの戦いになってしまうこともあります。精神的にも努力はしていますが、その時は辛いですね。

舞台上では、観られるという直接的な感じではありませんが、会場の雰囲気は非常に伝わってきます。演奏会は、最初の一音を出したところから何かが起こると思います。その時に、客席の雰囲気がすごく熱かったり、ものすごい集中力があったりするとこちらも集中力が高まります。逆に、客席が非常に散漫な感じだとこちらも集中力を保つのが難しいですが、それもコンサートのスリルであり楽しみでもありますね。

また、そういった雰囲気とも大きく関係しますが、舞台は生き物なので、演奏家がこんなふうに弾こうといくら事前に練習・計画してもその通りにならない。それが、コンサートの魔法のような力でもあり怖さでもあります。そして、何よりもCDやオーディオと違う点は、まず弾く側と聴く側が同じ空間を共有し、コンサートにおいて演奏家も聴衆もその空間から影響を受けている点だと思います。例えば、コンクリー

トを使ったホールで演奏会を聴くのと、茶系の木を多く使った空間で聴くのでは、同じ音楽でも聴衆の印象が変わると思いますし、演奏者の立場としても、音だけではなく視覚的なものを含めて、暑い・寒い、空間が広い・狭いなどの条件によって当然演奏が変わってきます。例えば、古典からロマン派のものを弾く時はしっとりとした雰囲気で聴衆にも聴いてもらいたいし、私もそのような気分で演奏できるような空間が弾きやすいと思います。

私は、スタジオでの録音では、その曲における自分の解釈をはっきりさせたものを収録したいという意識で行っています。一方コンサートは、一音始めた時から時間と共に同時進行し、他者（この場合は聴衆）と同時に体験していく音楽の魅力を大切にしたい思いが強いですので、曲の解釈の一応の方向性は決っていますが、プラスαその場で起きるインスピレーションやそこに他者がいて空気ができていくことによって起こりうるものを大事にしています。コンサートでの予測できない何らかの条件を割り込みさせたくない人の代表として、グレン・グールドがいますが、彼は演奏会をあまりやらないで録音ばかりです。その気持もよくわかりますね。予測できない条件によって、自分の意図したことが崩れることもありますしね。

もう少し細かく見て聴衆と演奏者の位置関係で言うと、日本ではそういうことはめったになかったと思うのですが、ポリーニがサントリーホールで舞台上にお客さんを乗せる例も出てきましたね。私は、ムジークフェラインスザール（楽友協会大ホール）では、舞台上に聴衆がいる中で、またヨーロッパの大学にあるアリーナ型の小ホールでも、舞台上ではないですがそれと同じくらいの視線にお客さんがいるところで演奏したことがあります。しかし聴衆が近いこ

ムジークフェラインスザールの内観　1869年竣工。設計はT.ハンセン。舞台は高くひな壇数も多い。舞台後方に客席がある。

とは全然気になりませんでした。サロンコンサートなどで聴衆が非常に近くにいるのも、ヨーロッパに多く見られる舞台の低いホールも、それはそれで好きですね。

　聴衆からすると、ピアノという楽器は、演奏する姿を観るという観点からは非常に特殊ですよね。ピアノソロのコンサートでは、なかには顔の観える側を選ぶ人もいると思いますが、動きが面白い演奏者の手の見える側、つまり客席は大体舞台から観て右側の座席から埋まっていきますね。これは音の話ですが、サントリーホールのピアノソロの時は、音は逆に2階斜めの舞台に向かって右手RB席がいいらしいですね。演奏する姿を観る話に戻りますと、アリーナ型のホール、例えばサントリーホールでは、舞台の後の座席はピアノの蓋で演奏者の動きが見えない人が多いと思います。しかし、ピアノにとっては非常に大事なことなのですが、蓋を外すと音の鳴り方が全く違いますし、自分に戻ってくる音も違ってきますから、私はそのままで演奏していますね。しかし過去に一度、観え方の面からではないですが、蓋をとって演奏したことがありました。メンデルスゾーンの『バイオリンとピアノのための協奏曲』を演奏する時に、演奏者同士の位置関係から、ピアノの蓋を外さなければなりませんでした。その時は、低音が逃げてしまいとても弾きにくかったのを覚えています。あと、指揮者の方が弾き語りで自分で弾く時には蓋を外してやっていますが、その時の音はいつもと大分違って、上にふわーっとくる感じで、モーツァルトとかはオーケストラと一緒にふわーっとした感じになるのでいい面もあるかも知れませんね。

　音と視覚の関係にもう少し触れますと、舞台上のピアノの位置は非常に重要で、あんなに大きな楽器でも板1枚ずらすと音の鳴り方が違ってきます。全体的な聴こえ方を考えて、少し根太をはずしてみたりホールによっていろいろと場所を動かして一番良さそうな音の場所を探しますから、聴衆からどう観えるということは意識していませんね。音の返り方は演奏家それぞれに好みがあり、私は、あまり音が飛んでいってしまうのは弾いていて心許なくなってきますし、逆に戻ってきすぎても弾きづらいですね。自分の好みと聴衆の満足度の違いも稀にあり、弾きやすさはある程度あっても、響きのあまり良くないホールで弾いた時と、弾きやすさの面ではさほどでもないのですが、空間の雰囲気が良いホールとで同じ曲を演奏した時に、私自身は演奏したという満足度では、前者の方が良い感じがしました。両方を聴かれた人に後者の方が良かったと言われることもありますから、聴衆の満足度は、演奏や音だけではなく他の聴衆など全てを含めた環境によって変わってくるわけで、実際にコンサートを行う上で難しい点ですよね。私の立場から舞台に出ていて気持ち良いホールは、まず聴衆の拍手が舞台にとどくホールですね。そういう意味で、サントリーホールは、物理的に舞台を取り囲む席があるだけでなく、音に包まれる感じもする。聴衆が遠く感じませんし、気持ちが良い。カザルスホールも、非常にこじんまりとした空間で、お客様と親密な関係ができますが、音響面でもオルガンが入ったことでピアノの中低音が締まるようになってすっきりしました。また、一般的にホールも何年か経つと音が落ち着いてきますが、ホールが新しすぎるのも音が上滑りになるような気がします。横浜のフ

カザルスホールの内観　1987年竣工。設計は磯崎新アトリエ。

ィリアホールでは、最近音が落ち着いてきましたね。ムジークフェラインスザールは、ホールの使い勝手がすごく悪くてエレベータがなかったり搬入が大変だったり、ピアノの場所はものすごく狭くてコンチェルトをやった時は本当にぎりぎりだったりするんです。しかし、その歴史性やまろやかで本当に素晴らしい音で、非常に特筆すべきホールですね。その他にもヨーロッパだからといって、決して演奏しやすい会場ばかりではない。聴衆によく見えるようにしているらしいんですが、劇場みたいな所をコンサート会場にすると舞台が傾斜しているところがあって、私はそんなに体重がないので、引力を感じて弾きにくいですね（笑）。

　観やすさや雰囲気と関係すると思いますが、照明に関しては明るい方が聴衆からよく見えるという考えからか、特に地方に行くと照明が芸能人のショーのように非常に強いことがあります。観やすくするためにただ強く光を当てるというのではなく、見るということの中に肌感覚の観るということを含んで、自分の空想の世界を楽しんで欲しいと思いますね。一方、リヒテルは、照明を暗く落としてぼんやりしか観えない程度でやっていますが、ご本人によると、あれは聴衆が余分な雑念にとらわれることなく音楽に集中できるようにとのことです。一般にヨーロッパ人は目が光に弱いこともあるのか、ヨーロッパでのコンサートだとふんわりと暖かい照明をしますが、そういった光の感じ方だけでも演奏する時の心理状態に影響がありますね。演奏家も聴衆もリラックスして音楽に身を委ねられるような良い雰囲気の光環境づくりが必要だと思います。

　最後になりましたが、私としては、ソロから室内楽やコンチェルトまで、年間で同じくらいの回数演奏することを目安にしています。私は、自分で全て取り仕切れるという意味でソロのリサイタルが満足度が高いですね。一人で弾いているので外からの刺激はないんです。その点、室内楽で素晴らしい方とご一緒すると、思いもかけないものを引き出してもらったり直接的に刺激を受けられるのが良いですね。さらに特にリハーサルがとても楽しくてためになります。またコンチェルトは、同じ曲でも指揮者はむろんのことオーケストラもひな壇のつくり方ひとつをとってもそれぞれのオーケストラで主義がありますから、指揮者やオーケストラが違うだけで全く別の感じになりますし、それも素晴らしい方とご一緒

すると思いもかけずいい演奏ができたりしますね。例えば、指揮者が素晴らしい方だと、こちらがそう意識しなくてもこちらを自由にさせてくれながら、全ては指揮者の方にのっていたりする。これは弾いていてとても満足感がありますね。

（取材協力：浦部智義）

2.3.1
主催者とプロデューサーに聞く
音楽文化を育てる場としてのホール

プロデューサー: 児玉 真

児玉真氏

1. ホールの社会的な位置づけ

　私の場合、マネージャー（音楽事務所）というクラシック音楽の演奏家との現場からスタートしたので、当初ホールという存在はひたすら興行の場所で、どのホールが採算的に現実的であるかが一番重要なポイントでした。その音楽に向いたサイズでどのように採算を取れるかを考えていたわけです。音響の良さも、動員力と関係があるという認識でしか見ていなかったかもしれません。そのうちに演奏家との付き合いの中で、ホールの音響特性が演奏にどのように影響を与えるかを実地で覚えたように思います。その当時、芸術サイドにホールが音楽文化を育てる場所であるという認識はあったとは思えません。育てるのは主催者（東京も地方も含めて、マスコミの事業部や鑑賞団体が中心で会館もある程度はあったがまだ少数だった）であり、音楽事務所であるというのが当時（1970年代末）音楽を仕事としている人たちの間では当たり前のことだったと思います。この感覚は、音楽事務所の中では今も続いている感覚です。ホールも主催者のひとつだからです。ただ、クラシック音楽は、一部を除き25年前に比べても興行としての採算が取れなくなり、音楽事務所も音楽家という商品を売るだけという感覚ではできなくなってきています。ホール側も高い芸術性をもったものを育てるだけというようには思っていなくて、市民文化という視点からさまざまな育成を考えてきたといえると思います。

　1980年代に入り、ようやくホールが芸術を育てるという発想が強くなり、さまざまなことをやりだしました。公立のホールでは、特に住民の芸術への要望が高まるのと平行で起きていると思います。高い芸術性をもった芸術をより身近に体験する

機会への欲求です。公立ホールでは、芸術文化と市民文化との整理について若干文脈上の混乱が起こったケースもあると考えられます。企業が建設するホールでも、本社にとって直接的にも必要な会場をもち、さらに社会にも提供するという発想ではなく、ホール運営が独自の主張をもって（それを企業の戦略として）芸術文化に資するということを前提に建設されるようになってきました。ここでは、20世紀最後の15年間の「ホール（場所）」という観点からクラシック音楽の世界を見通しながら、考えていることを述べたいと思います。

①公共ホールと民間ホール

　公共ホールと民間ホールでは、ホール運営や事業企画の考え方が違うのではないかと思われていますが、私にとってはそれほどの違いを感じません。特にここ10数年に建設されたホールの場合、民間ホールであっても、企業の社会貢献的な発想から建てられたところがほとんどだし、公立のホールでも、財団経営により（役所から言うと民間となる）運営を行っています。お金の出所は違っても、ホールがその役割を果たそうとするときに、その立脚点となりポイントとなる思想と行うべきテーマは、そんなに違っていません。私の場合、カザルスホール、岐阜のメルサホール、三鷹市芸術文化センターなどの企画を考える中で、それほど大きな発想の転換が必要ではありませんでした。この10年、公共ホールは芸術を扱う上で民間ホールの発想に近づいて行き、企業のホールも、企業メセナがパトロン的な趣味ではなく（それも悪くないと思うのですが）社会的な意味づけを要求されてきたために、公立ホールの発想を取り入れるのが必然だったという流れだと思います。

②ホールができると何が変わる

　私は、常に「町にホールができることは、そこに住む人間の生活が変わることである」と言っています。芸術も文化も人間の精神生活上に大きな影響をもたらすものとして、「社会的な存在の人間がそれを享受し理解し実践することは、人間社会の発達のために重要な意味をもつ」

仲道郁代の音楽学校一座（阿南市）　1999年、仲道郁代の音楽学校一座。阿南市にて。児玉氏は左から2番目・仲道氏は右から4番目。

ということをまず前提とし、町にホールがあって、そこからいつもメッセージが発信されていることは、そこに、生活の習慣とか基準とかに新しい要素が加わって生活に幅と奥行き（選択肢と精神的な可能性）が生まれることだと思うのです。それも、場所があるということは、一人一人が主体的にかかわれる機会を作ることができる。比較的受身の生活、受身の感性に慣らされている生活の中では、ポジティブな場所というのは貴重でしょう。それゆえ、利用者が市民全部でなくても意味のある場所、と言えるのではないでしょうか。

③ホールの考え方

　ホールは社会的な存在ですから、当然まわりの人たちから「期待されている像」というのがあり、またそれを積極的に作っていかなくてはならない。そのことがホールの考え方の基本です。多くのホールが建設時に総花的な目的を掲げますが、それを具体的な企画に落とし込むための基本政策のようなものが弱いケースが多いように思えます。それぞれのコンサートの成功・不成功も大事ですが、企画が観客や市民、社会に対してどんな刺激を与えることができるか、どのように思われているかをイメージすることも非常に重要です。企画は限られた予算と人材の中でしか行えないので、オールマイティに作ることはできない。目標を明確にしないと危ない。

　そして、この考え方は、ある程度長期展望として行われる必要があり、1、2年で結論を出すことには向かないでしょう。マンネリとの間で微妙な調整が必要かと思います。

④ホールと自主事業

　自主事業は本当に必要なのか、という問題は最近突きつけられている問題だと感じています。そのことを考えるには、ホールの自主事業という視点から見たのでは結論は出ないでしょう。

　「ホールが独自に企画・制作し主催する公演をもつということが、ハードの存在と同様に大事なことだ」というのがカザルスホールのスタートラインでした。このことは、総合プロデューサー萩元晴彦がカザルスホール企画室アウフタクトメンバーと作ったホールの「憲法」ともいえる資料の中に書かれています。この思想は、当時かなりインパクトがあったと思いますし、

それ以降に作られたホールの規範になるものだったように思います。そして、それはカザルスホールの最後の数年にさまざまな論議をされたことのひとつでもあります。

2. カザルスホールのあり方

　東京御茶ノ水のあるカザルスホールは、1987年に主婦の友グループにより建設され、12月の開館以来、10数年にわたって室内楽ホールの先駆的な役割を担い続けてきたホールです。主婦の友グループの不振により、2000年3月をもって主催事業を行うセクションを閉鎖し、貸しホール中心の運営を経て2002年に一旦閉鎖、日本大学によってホールの存続が予定されています。2002年正月現在でも、カザルスホールの社会的価値がそれなりに維持されているのを見ると、13年間の社会的なインパクトが強かったことを感じます。私は、オープンの1年少し前から2000年3月まで企画のプロデューサーとしてかかわったわけですが、その間、さまざまな意味でカザルスホールが日本のホールに与えた影響は少なくないと思うので、そのことを少し振りかえりたいと思います。

　カザルスホールの特徴は、その存在と主催事業を「運動」として捕えたことがポイントだと思っています。少なくとも、これが成功した最大の理由ですが、一方反発もあったはずです。運動と捕らえたことで、ホールやそのもち主、職員と社会との間に、ある継続した関係意識が生まれました。カザルスホールが何かを育成できたとすれば、そこに理由を求めることができるかと思います。

　運動と捕らえていたことは、カザルスホールの基礎となった考え方（内部では憲法のようなものと言っていた）に現れています。
- ・ホールが企画制作し主催する自主公演を行う。
- ・室内楽をテーマとし、室内楽の振興をはかる。
- ・ホールの主は音楽であり、音楽と音楽家のために、知識と能力をもって献身的に働くスタッフがいる。
- ・官僚的な運営を排する。
- ・ホールは楽器である。ホールで練習し、演奏する団体をもつ。

などがその中心的な内容です。しかし、こういう運動の標語はそれだけでは機能しないものです。事業の基本的な考え方を示

チェロ奏者クラレット氏と神戸で
1994年、チェロ奏者クラレット氏（右）と共に。

す必要がある。多くのホールが、基本設計から突然家を建てようとする傾向にあり、その間の実施設計で具体的に使いやすいホールを作る（これがなかなかうまくいくとは限らないのですが）ために論議することでものになるように、カルガスホールでは、考え方の次にくる実施事業の方針がやはり紙面になっていました。企画をする人間は、基本的にはそのラインに沿って企画遂行の判断基準とすることができました（現場としてはやりやすかったといえますが、後から参加した人などには別の意味でやりにくかったかもしれません）。その内容は以下のとおりです（実施された企画）。

・レジデントカルテットをもつ（ハレーSQ、ゼフィルスSQ、カザルスホールQ）
・チェロ音楽振興のための企画を行う（チェロ連続リサイタル）
・室内オケのシリーズを行う（ハイドンチクルスなど）。
・若手演奏家に演奏の機会を提供する等育成につとめる（長谷工のシリーズ、ヴィオラスペース、マスタークラスなど）。
・誠意ある演奏家によるリサイタルを行う（カルテットシリーズ、アーネストプレイヤーズシリーズなど）。
・室内楽を広めるためにさまざまな手法の企画を行なっていく（アマチュア、ティータイム、クリスマス、仲道郁代の音楽学校など）。

考え方をこのように絞り込んでいくことによって、企画全体に方向性と統一性を与えるのに成功しています。具体的なコンサート名に、一本筋が入ったように見えたと思います。その結果、連想的に次の企画も考えやすいし、ホールの個性を明確に意識できるというメリットがあったのです。

「運動」というモチベーションによって、ホールが何を作り出していくのかということもまた意識されていったため、カザルスホールは、音楽ホールに必要と思われるさまざまな人たちを育てることができたとも言えます。演奏家、聴き手、会員などに常に何かを発信していこうとしていました。

例えば会員をコミュニティ的に捕らえようという発想は最初からあったのですが、当初はサービスとしての意識が強かった。双方向のコミュニティということが意識されたのは、最後のほうです。ボランティア活動の実験も始めていました。もちろん、

市町村のホールがもつ地域的なコミュニティとの違い、カザルスホールは、地域横断的な室内楽ファンのコミュニティというやや漠然としたものに向かい始めようとしていました。
　カザルスホールの存在した10数年間がもたらしたものについての評価がされるのは、もう少し後でしょう。自分を含めた当事者にとっても、もう少し時間が経ってからのほうが判断ができることが多いような気がしますが、「カザルスホール効果」としていくつか指摘しておきたいと思います。

①室内楽の認知

　室内楽がある時期まで、アーティストにとって「お金にならない」活動だったのは間違いないことです。今でも、ある意味では少し改善された程度かもしれません。それならなぜ、演奏家は室内楽をするのか。
　ひとつは、活動を続けていくための「刺激」。演奏家は常に新しい表現を求めています。そのためには他人による刺激は一番効果的なことなのです。それも、相手がよい演奏家ほどいい。表現の差異を楽しむことがクラシック音楽のポイントだとすると、そのことは演奏家にとって重要なことです。もうひとつは集まること自体が楽しいということ。アマチュアみたいですが、プロだって似たような意識はあるのです。
　しかし彼らが室内楽を行う最大の理由は、やはり「そこに作品があるから」ということになると思います。今井信子がカザルスホール・カルテットをやっていく理由のひとつに「ベートーヴェンの弦楽四重奏曲を全部やりたいから」と言っていたのを非常に印象強く覚えていますが、いろいろなストレスがあってもやはりやりたい音楽があるということです。室内楽は自分だけではできないので、仲間を要求するのです。
　カザルスホールができたことで、室内楽の社会的な認知が高くなったのは間違いありません。これは1990年代に世界的に進行した感覚ですが、ソリストがマネージャーから「室内楽をやると、演奏家として低く見られるからあまり室内楽をやらないように」と言われたりすることはずいぶんなくなりました。カザルスホール・カルテットが最初飛び立てなかった理由に、メンバー予定者の逡巡があったことを考えると、良くなっていると思います。
　確かに室内楽のコンサートの要望が増えたため、「お金にな

らない」というのは、少なくともソリストに関してはずいぶん改善された（演奏家から見て）のは、室内楽用のホールが次々にできてきたこととも関係があります。特にソリストによる室内楽は、ソロの動員力とは関係なく需要が増えているように感じます（お客がたくさん入るわけではないですが……）。

　ところで、1987年にカザルスホールが生まれて室内楽ブームに火をつけた、というように思っている方がいるかもしれませんが、私はそこまで過大に感じていません。それより、1980年代のサロンコンサートブームの影響が大きいと思っています。サロンコンサートは、演奏家と聴衆が身近に感じあえる場所として、各地に地味ながら活発な活動が行われていました。企業がそのスペースの有効利用として、個人が家を改造して知り合いの演奏家を呼ぶなどさまざまな手法があったようです。私はパルコのサロンコンサートを首都圏各地で依頼されて企画していましたが、それはカザルスホールに入ってから非常に役立ちました。サロンコンサートでは、面白いことにピアノのソロは聴衆の反応がよくないのです。サロンで過ごす時間をイメージするとき、室内楽のほうがぴったりくるからなのでしょうか。

　こういった環境があった上にカザルスホールという「スター」が誕生したことで、室内楽の認知が一気に上がったのだと思います。最近少しその雰囲気が弱まっている気がするのがちょっと心配です。

②**メッセージ性**

　カザルスホールの企画の特徴はメッセージ性です。企画のメッセージ性を広報で増幅するという手法を一時目指していました。これは、それまでの主催者ではあまりなかったやり方でした。

　あらゆるイベントはメッセージ性があるものですが、カザルスホールは小ホールという性格上、メジャーのように大きなコストと大きな収入というようなやり方はできなかった。例えば、サントリーホールで行うオケの企画とカザルスでやる室内楽の赤字幅が同じになるケース、という計算までできていました。企画ひとつに多くの人が納得する、有無を言わさぬ出しものをもってくることはほとんど不可能に近かったわけで、企画はシリーズ化し、その特質をアピールする必要性があったのです。

シリーズとしての告知は、やはりメッセージ性を表に出すことになります。

しかし、メッセージ性の強さは、相手に対して押し付けがましいのも事実ですから、最近の風潮に合致したやり方だったかどうかはわかりません。スタッフの中にも、そのことに疑問をもつケースがあったと考えられます。

また、メッセージ性を強め企画の趣旨を押し出していくためには、早い先読みと高い企画制作能力が要求されますが、それが最後まで維持できたかどうかに若干疑問があります。会議などでも「事情」によって「趣旨」を曲げる必要に迫られることが何度かありました。

③アーティストとの関係、アーティストの育成

これは、レジデントカルテットを置いたことが一番大きいと思います。ホールを楽器と見立てて、楽器を使う人をイメージしたのはここが最初でしょう。この発想は、萩元氏の影響が強かった。そこから、さまざまな演奏家育成の手法を考えていったのです。大きいのは、長谷工のスポンサーによるシリーズ企画（若い演奏家に5回の演奏機会を作り、一緒に考え制作していった）、と民間ホールでは早いほうの取り組みだと思うマスタークラスの定例化です。

ここで他のホールと少し違った視点があったとすれば、マネージャー的な発想ということだと思います。多くのホールが、ホールの企画（イベント）として演奏家と付き合っていったのに比べ、カザルスホールは、マネージャー的な付き合い方もしました。それは、私がマネージャー出身であることと関係があると思います。最終的には、レジデントカルテットのハレーSQのマネジメントも引き受けることになったのですが、他の企画でも、演奏家の良さを最大限にプロモートし、他所でのコンサートにつなげるマネージャーの発想と、ホールの観客のためにこの一回を良いコンサートにしようという発想の高次元での両立を目指していたのです。これが、企画をする職員にいい刺激だったとなら良かったのですが、どうだったでしょうか？

④各地のホールとの関係

カザルスホールは、当初から他のホールとの連携をめざしていました。その理由のひとつは当然コスト削減です。さすがに

仲道郁代の音楽学校 1999年、仲道郁代の音楽学校、カザルスホールにて。コンサート前半の芝居で、仲道郁代本人がピアニスト役を演ずるワンシーン。
写真©小岩井晋志

音楽事務所のようにそれで利益を出して事務所を維持するとまではいきませんが、直接企画、招聘する演奏家などでは、自分のところだけではコストもかかるし、演奏家も一回のためには来日しにくいというのは、東洋の端にある国の宿命でしょうか。

　しかし、この各地のホール等との関係が、カザルスホールをただの「東京の成功したホール」という社会的位置づけにしなかった原因だと思っています。私の中でも、各地のホールの状況が伝わってきて、研修などを通じて答えを提示していきたいという気持ちが、演奏家とお客様を近づける手法を考えること、聴衆育成企画などへと発展して行きましたし、クラシック音楽の企画制作手法を各地へ伝えるという役目も出てきたのです。

⑤普及的な姿勢

　普及的な企画、例えば仲道郁代の音楽学校などに関しては、「なんでカザルスホールでやらなくてはいけないか」ということが最初ハードルでした。しかし、まだまだクラシック人口はわずかですし、サポートして下さる企業の方たちにもやはり「クラシック入門のきっかけが必要である」ということでスタートしました。聴衆の育成が各地で話題になり始めて数年後です。

⑥財政的な仕組みと会社の体力

　もうひとつ、カザルスホールがカザルスホール倶楽部という

支援組織（任意ですが）をもつことにしたのも大きなことだったと思います。先行していた文化村やアートスフィアなどの例はありましたが、業種にこだわらず一口を多額にしないで参加してもらう仕組みに主婦の友社が本気になったのは、7周年がきっかけです。そういう意味では、初めて山（全社）が動いた、と感じた大きな転換だったと思います。

ただ、最終的に主婦の友社が経済の大きな波に動かされてしまったため、本来、経済リスクを分散する意味のあった倶楽部が、それほど大きな世論にならなかったのがちょっと残念です。

3. これからのホールのありかたについて

①ホールの成功はコミュニティの成功になるかどうかはわからないが、コミュニティでの成功は必ずホールにはねかえる

数年前、フランスのナント市の文化部長の話を聞き、このことを強く意識するようになりました。これは、ホールという存在の根幹にかかわる問題だと思いますが、「文化が基本的に人間の生活でできている」と考えると、そこが出発点ではないかと思われます。芸術性の高い作品や演奏をどのように作り提供できるか、それが社会にどう影響を与えていくかを考えることは、次のステップのような気がします。もちろん、生活レベルだから、高い芸術でなくてもいいことにはならない。芸術家のもっているデモーニッシュな力をきちんと使えないような仕掛けでは意味がないのです。

1992年、セントルークス事務局長（右）、向山任絵子（中央）と。

ホールが何かを育成しようというのは、自治体のホールでは主客転倒かもしれませんよ、とだけ提起しておきたい。これは、きっと反論があると思いますが。

②地域の生活空間の呪縛から逃れられない、ホールという場所

ホールを建設するときに、そこに来る人の生活を考えるのは当たり前だと思うのですが、まず地理的に言ってもホールに来る人たちは（特殊なケースをのぞいて）、地域の方たちが9割以上なはずだと思うのです。ですから、そこにいる人たちのメンタリティとか趣味とかに影響される部分があります。また、クラ

シックは聴いたことのない人がほとんどの町もあれば、そうでない町もありますが、その場所にあった企画の処方箋が書けないといけないと思うのです。そのことは、私が最近強く意識していることです。そのためには、住む人たちの生活をどうしていこうかというイメージを作ることが最初でしょう。そのときに、クラシックファンでなければクラシックは聴けないという枠をどう壊すか、どんな参加の仕方があるかを考えるべきではないかと思います

③参加型運営のモデル

今お手伝いしている晴海の第一生命ホールは、ハード管理は持ち主側がやっていますが、公演に関してはNPOを作ってそこで全部やっています。まだ、十分な成果かどうかわからないので、このことについては次の機会にしますが、NPOということで今までと違ったセンスが要求されると感じているのでそのことを述べようと思います。

・ホールを建てた第一生命は、ホールのハード的運用と社会貢献と位置づけて応援する公演事業やコミュニティ活動の部分をきっちりと分け、発想を明確にしている（第一生命が最大手の資金的な基盤ではありますが）。

・NPOは、会社での運営に比べて公的な資金の調達などがしやすい傾向にある。

・資本主義的ではなく、会員は提供した金額の多寡にかかわらず1票の権利しかもっていないため、うまく組織化できれば個人個人の意見が反映しやすい。逆に参加を拒否できないので、意図的な悪意には弱い構造である。

・そのため、運営に当たっては、ヒエラルキーではなく、論理や人的つながりによる意思決定が多くなる傾向にある。

・ボランタリーな精神と専門職員、特に芸術分野として起こるプロフ

ステージ上の児玉氏と広報担当阿南氏（カザルスホール）写真©小岩井晋志

ェッショナリズムとの位置取りの問題はかなり微妙である。
- 今まで「力のあるプロデューサー」は、情報を独占することで作ってきた部分があるが、その手法は使いにくい。オープンな情報の中でどのようにすれば良いことができるのかを考えつつ走らなくてはいけない。
- こういう組織であるがゆえに、今まで以上にきちんとした評価システムが求められる（プロデューサーは、常に成功したと主張するものであるので）。
- 聴衆の育成、音楽家のステップアップへの配慮、若手の育成やスタッフの育成などだけでなく、コミュニティの育成の場としてどう組織的に動くかが課題になると思われる。特に、スタッフはボランティアとの関係をどうしていくかが問われるであろうし、通常の仕事場での仕事を超えた能力が求められるようになる可能性もある。

4. 最後に

かつて芸術の担い手は市民であったと思うのですが、日本では、ここ数十年、特に鑑賞に関しては演奏技術的にもサービスについても少しでも良いものを、といってレベルの高いプロのコンサートを行ってきました。そのレベル感は今や市民の中に定着していますし、その実現には社会的なお金の力が大切でした。一方ここ5年ほどで、また芸術文化を市民の手で作り出そうという流れがあるように見えます。これは、一時パトロンとしてお金を出していた自治体の力がなくなったのも原因のひとつですが、市民の要求が単に良いものを鑑賞するだけでは収まらなくなってきたのではないかと思うのです。しかし各地の様子を見ると、まだ、市民の側も行政サービスを指導し参加しているという認識がないことが多いと思います。これからは、芸術にかかわる多種多様な人たちに、芸術運営についての基礎的な知識とノウハウを伝え、育てて行くのも、私たちを含めホールやホールスタッフの仕事になるような気がします。

文化や芸術をめぐるプロデュースやディレクション、マネジメントの仕方全体についての新しい常識作りが、21世紀初頭のテーマだと思っています。

2.3.2
主催者とプロデューサーに聞く
コンサートを企画する、主催する

プロデューサー：平佐素雄
聞き手：本杉省三

音楽人と建築設計者との溝を埋めるために

本杉◎新国立劇場の要項作りを通して得られた最大の収穫は、劇場を仕事場にしている人と劇場計画・設計する側の人との交流と理解の深まりだと言われています。オペラを中心に集約された協力関係が、その後の信頼関係を築く大きな礎になったばかりでなく、その後に続く愛知芸術文化センターを初めとしたコンペ要項や応募者側におけるチーム編成にも、また設計過程の中にも生かされるようになってきました。劇場コンサルタントという職能誕生のキッカケにもなりました。より良い劇場を作るという大きな目標のために、実際に劇場で働いている舞台監督、照明家などの人たちに対して、建築の方から一緒にやってくださいという流れが徐々にできてきました。そして、劇場人も大変協力的な姿勢でアドバイスをしてくれる雰囲気ができ上がってきました。その後も幸いさまざまな公共ホールコンペが行われたことによって、劇場計画や劇場技術における分野では、大きな進展が見られたように思われます。

　ところが音楽空間については、設計者側は建築計画や舞台技術上の課題がそれほど複雑でないこともあって、十分に時間を掛けて考えられてこなかったのではないだろうかという反省があります。一方、音楽家の人たちは、音響さえ良ければ他のことには関心がないといった態度が強かったように思います。そこには、劇場人と建築人との間に大きな溝があった頃、つまり私が劇場を勉強し始めた30年前のムードとまるで共通するものが感じられました。もちろん好意的で一緒に空間のデザイン

的課題について議論に乗ってくれる人もいましたが、中には「デザインなんて考えているから良いホールができないんだ」といった極端な意見も聞きました。音のデザインをしていると考えている人からそう言われるのは、本当に悲しい気持ちになりました。そこで、音楽家やプロデューサー、マネージャー、評論家などが、コンサートホールに関して普段どのようなことを気にしているのかをもう一度整理してみようということで、まず平佐さんに是非その辺の話を伺いたいのです。

　例えば新国立劇場では、今までの公共ホールでは為し得なかった点、すなわち舞台制作を支える部分に対して大きな面積が割かれています。舞台はもとより、楽屋やリハーサル室が充実していることが大きな特徴になっています。もうひとつは、劇場を日常的にいかに人々や街に対して開いていけるか、楽しみの場となりうるかという議論が盛んになされ、共通ロビーといった空間が生まれたことです。こうして表裏の両面が特徴になっており、それらが今まで以上に補強されていることが、マネージメントを行っている平佐さんのような立場から見てみると、どのような意味をもっているのか。新国立劇場のコンペ以降、いろいろなところで計画されてきた劇場やホールが、そうしたことをどこかしらで感じてできてきているように思われます。またアートマネージメントという言葉も、いわゆる二国効果のひとつだと思えるのです。そういうことをどのように見ていらっしゃるんでしょうか。制作や企画する側からいえば、それによって何か変化が現れたのでしょうか。

　東京の場合ですと、非常に観客層の幅も広い。今やホールもオーケストラの数も、世界に類を見ないくらいたくさんあります。施設もオーケストラ・コンサートを中心に考えた大きな2000席くらいから室内楽向けの500席くらいのものまで幅広く存在しています。つまり、音楽家も十分いるし施設もある。こういう状況でホールを選ぶというとき、コンサートを企画するとき、何を拠り所として選んでいるのでしょうか。その辺が大変私たちには興味があるところです。俗にいう音響の善し悪し、経験的な何らかの基準、あるいはスター的な存在を目当てにプロデューサーは考えているのでしょうか。もちろん企画内容次第なのかもしれませんが、観客は何を拠り所にコンサート会場へ足を運んでくるのでしょうか。私たちは単に推測するだけですが、平佐さんたちは実際何らかの根拠をもって判断され

ていると思うのです。それを伺うことができれば、コンサートホールを計画・設計する拠り所の一端を掴めるのではないかと考えています。

　また舞台芸術施設というのは、最初から完成した姿というのをなかなか作りにくいと思うんです。舞台に立つ音楽家たち、あるいはそれを支えていくプロデューサーやスタッフといった人たちがいて、初めて作品が観客にサービスされる。つまり社会的に繋がっていく。そうしたプロセスの連続性の中で、施設が生き社会的に完成されていくと考えています。でも多くの場合、建築ができるとそれがもう完成された姿だと思われてしまう傾向がある。ですから、目の前にあるものを自分たちで改善していくよりも不平・不満が先に出てきてしまうように思います。創造者であるそうした人たちと私たち建築家側の人間がどのように連携し、あるべき空間を作っていくことができるのか、そんなお話も伺いたい。

　マネージメント業務の中でも、舞台の裏の方にいて仕事をする人もいるし、逆に観客と接する表方にもいる。広報や営業的な仕事をしている人もいる。それらの現場全体に通じている人は、しかしそう沢山いないように思うんですね。そうした中にあって、平佐さんは、さまざまな立場で舞台作りの表裏を見ている。その意味で、プロデューサーやマネージメントの仕事をしている立場から、コンサートホールのこういう点がすごく気になるとか、もっとこうした方がいいのではないかということはありますか。また切符の料金ランクに関していうと、日本の場合、区分が比較的狭いように感じます。ヨーロッパのコンサートホールやオペラ劇場に行くと、かなりきめ細かく料金体系ができている。もうちょっと料金体系・区分を増やすというのはできないものなんでしょうか。というのは、ある人数をある特定の平面なり立体空間の内で計画しようと思うと、当然、1000人なり2000人なりを全く均等にはできないわけです。人間が前後に重なってくれば、後ろの人は遠くなり、あるいは、横に並べば見えにくくなってくるのは当たり前なのに、均等に見えるように、聞こえるようにということが設計者側に強く求められます。そもそも物理的に無理があるにもかかわらず、無理難題を当然のことであるかのように担当者は設計者に迫ってくる。しかし、私は観客がみんなと一緒にいるように感じられることが大事だと考えています。舞台に対する見え方は十分で

はないかもしれないけれど、音は十分に聞こえるし、そういうことがホール空間全体としてバランスされていることが必要じゃないかなと思ってるんです。

具体的イメージの必要性

平佐◎私は梶本音楽事務所で仕事をしていますが、あまりオペラとかバレエとかいう舞台ものはやっていません。個人の演奏会からオーケストラが中心的な領域です。そうした立場から、基本的にホールが増えることはもちろんありがたいことで、音楽専用ホールができることも歓迎すべきことだと思っています。ただ日本のホールに関して私が思うひとつの問題点を、スポーツ振興のための野球やサッカーなどのグラウンドを例にしながら考えてみればわかりやすく説明できます。

　野球場やサッカー場は、そこにプロの球団を誘致するとかワールドカップを開催したいという目的がある場合、そういうためには観客席が何万人以上必要といった規模的・設備的な条件が付きますよね。それが高校生とか市民のいわゆるアマチュアを対象にした競技場なりグランドを作ろうとなれば、観客席はほんの2〜3000席しかなくても十分ですし、立派なナイター照明設備などなくても構わない。つまり、スポーツグラウンドは、建てる時に何のために使うかという具体的なイメージが割とはっきりしている。そのため、施設の規模やそれにかける建設コスト・係員の仕事やランニングコストなどが自ずと決まってきます。ホールに関しては、そうした利用のイメージがなさすぎる。あるいは非常に平板化していると思うのです。新潟とか仙台でも野球場はあるけれど、プロ野球は年に数回しか使用しない。だからプロ野球が来ても困らない程度の設備はあるけれど、フランチャイズのいる横浜球場とか東京ドームみたいなものは初めから考えていないわけですね。

　ところがホールについては、失礼な言い方かもしれないけれど、プロフェッショナル・オーケストラをそれほど呼べないにもかかわらず、ましてやイン・ハウスのオーケストラをもつとかといった見通しがないにもかかわらず、それらのホールに匹敵するような施設内容、もしくはオーケストラ公演が多く行われている大都市のホールと似通った計画で考えられてきているように思うんです。その土地・地域の音楽育成とか市民自身が自分たちで文化活動を楽しむという目的が中心的活動であるに

しては、客席数が多すぎたり、施設の性能や設備面にすごくお金がかかっていると思います。ホールがあることは素晴らしいことで、もちろん私たちは大歓迎しています。ただ普段あまり必要とされないところには、それ程お金をかけなくていい。節約していい。プロが来たら多少不便かもしれないけれど、それは目的が違うわけだから勘弁してください、我慢してください、ということでも十分に成り立つのではないのかと私は考えています。自分の家に年に2～3回しか来ないお客のために、あらかじめ立派な客間を作るのと同じだと思います。昔の家は、自分たちが普段使う部屋を差し置いても客間を非常に大切な部屋として扱っていましたが、今はもっと実際的でしょう。日常的な生活空間をまず優先的に確保してから、その次にそうしたことを考える、というように変化してきました。この点をまず基礎として見直してみる必要があると考えています。

観客が来たくなるホールを考える

　そうした状況の中で、私たちがコンサートを企画する際に最も大きな要因として考えているのは、やはり観客が来たいと思うホールを選択して企画せざるを得ないということですね。観客に来てもらうことで成立している仕事ですから、結局席数に見合った切符を売って初めて音楽活動の意味が出てきます。ですから、観客の足が遠のいたホールは、私たちにとっては、なかなか選びにくいものになってしまう。例えば、日本の音楽会をリードしてきたと言ってもいい東京文化会館は、オペラ、バレエに限らずとても素晴らしいホールだと個人的には思っていますが、ホール側がオペラ、バレエを特化していることもあり、私たちが主催するコンサートにはやや足が遠のいた感じがあります。これはコンサート会場としてどうこうというよりも、コンサートの内容と観客の志向の問題です。サントリーホールができて以来、随分変わりました。観客というのは別に音響の善し悪し、親しみの度合いだけでコンサートホールに足を運んでいるんじゃないということなんでしょうね。そうした背景を経験的に知っている以上、やはりそこに行ってみたいと観客が思うホールを、企画者である私たちは選ばざるを得ない。どういう場所で音楽を企画するのか、どこを中心会場とするか、どのコンサートホールを選ぶかという最終的な基準は、観客が来てくれるかどうか、観客が喜んでくれるかどうかですね。

例えば、最近できた事例で説明してみましょう。東京オペラシティのコンサートホールと東京国際フォーラムのホールCというのがあります。ふたつのホールともほぼ同じ大きさ・客席数なので、ある人は東京国際フォーラムの方が有楽町駅前で遙かに交通の便がいいことから、積極的に使っている方もいらっしゃいますが、私たちはあまり利用していません。私の個人的な印象かもしれませんが、確かに外見はすごく立派ですけど、中に入った時の感じがどうもあまり良くない。ホールCのホワイエは、オフィスのロビーと変わらない感じだし、ホール内部もコンサートの雰囲気にはもの足りません。逆に、東京オペラシティは、新宿から一駅私鉄に乗り換えなければならず、交通の便はちょっと悪いかもしれないけどコンサート専用ホールで雰囲気もなかなか良い。サントリーホールも今でこそ近くに地下鉄駅ができましたが、オープン当時は六本木や赤坂などどの地下鉄駅から歩かされる感じで、そのためJR最寄り駅などへのバスが運行されていて、隼町の国立劇場を思わせるところがありました。しかし、観客は足を運んでくれた。こうした例に見られるように、東京の人は比較的足場を気にしていない。あるいは、そうした利便性よりも音楽を楽しむ空間の雰囲気、町としての雰囲気などをどこかで感じているのかも知れません。そんな観客の動向や、私たち自身もオペラシティの方がいろんな意味で遙かにいいなと思って、そちらを積極的に使っています。

　現在私たちがよく利用しているコンサートホールは、大きいのではサントリーホール、少し小さいのがオペラシティ、それから紀尾井ホール、その3つですね。池袋にある東京芸術劇場のコンサートホールもあまり使っていません。4～5千円のいわゆるファミリーコンサート的なものはいいんですけれど、国際的に著名なソリストやアンサンブル、海外オーケストラのように在京のオーケストラに比較するとどうしても割高になってしまうようなコンサートとなると、池袋の東京芸術劇場もちょっと集客の点で難しい感があります。つまり、ホール選びにはプロデュースする側

平佐素雄氏（左）。薗出高弘氏と楽屋にて。

のさまざまな意図がありますので、他の人や事務所では違った考えも当然あってしかるべきと思っています。ですから、私たちが比較的利用していないからといって、別に悪いホールという意味にはもちろんなりません。

日本のホールはレベルが高い、でも特徴がない

　日本にはかなり地方にも公共ホールがあるし、その意味では結構恵まれていますよね。それにレベルも意外に高いのではないでしょうか。諸外国のホールに比べると、日本のホールの方がよほどお金がかかっているような気がします。西ヨーロッパをはじめ西洋音楽の伝統的なところに行くと、さぞいいホールがあるだろうなと思いがちですが、音響的にはそれほどいいホールが各都市・市町村にあるわけではない。しかし、建築物としてうっとりするほど素敵な雰囲気をもっているものが多いんですね。そんなことから考えると、平均点では我が国の水準はあるレベルの高さをもっているのかもしれないけど、いまひとつ特徴がない。教育ママ・パパに言われるがままに一所懸命勉強したガリ勉タイプの印象ですよね。

　よくホールを計画したり設計するときに、何でも100点とらなきゃいけないという感じでゴチャゴチャ言う人がいるでしょ。あれがわが国におけるホールの問題の一端をよく象徴しているのかも知れません。平均的なレベルは高いのでしょうが印象が薄い。それよりも、私たちが使っていて思うことは、特に音楽ホールの場合には、建物ができてからも少し手を加えるとか改造するという余力と予算をあらかじめ考えておいてもらいたいということですね。そうすれば私たち使い手の意見も言いやすい。建築を設計する人たちだって、図面だけじゃなく模型をたくさん作りながら自分たちが設計している空間を何度も確認しながら進めている。図面見せてくれて「何かご意見を」なんて言われたって、そこから問題点を指摘することは簡単じゃない。それは想像してもらえますよね。雰囲気を理解するには、せめて覗き込んで中の座席全体が分かるくらいの模型を見たい。できる前は想像しにくいし、できてからだと「もう予算がありませんから……」では何を言っていいのか私たちも困ってしまう。しかし、音響に限らずできてみないと分からないことが実際にはどうしてもあるものです。ですから、必要があれば小さな修正ができるくらいの準備があるといい。あるいは開館

後一年経ってから、見直すような制度があると、設計者と私たちとのコミュニケーションも生きてくるんじゃないでしょうか。それは設計者のミスを捜すというものではなく、ホールがより良くなっていくプロセスだと思うんです。

　よくホールの話題で「日本のホールは悪い」といった話を私たちも耳にします。何に比べてそう言っているのか、最高のもの以外は認めないのかどうか定かではありません。確かに良くない施設もあるんでしょうが、一部を取り出して全部が問題であるかのような話はしない方がいいと思っています。私たちと交流のある外国人音楽家は「日本はどこへ行ってもいいホールがある」と、みんなむしろ驚いているくらいです。外国だと教会しかないようなところにも、こんな立派なホールがあるのかっていう感じでね。ですから、多くはありませんが、時に演奏する側から、「あのホールでやりたいな」という話しもありますよ、当然。「どこそこの町にあるあのホールはいいらしい」って音楽家同士の口込みなどで伝わっていくことがあるんでしょうね。東京に初めて来る人でも、どこのホールでやりたいと言ってくる人がいます。ホール自体を知らないのにそういうことを言う。それはやっぱり相当噂が広がっている証拠だと思いますね。

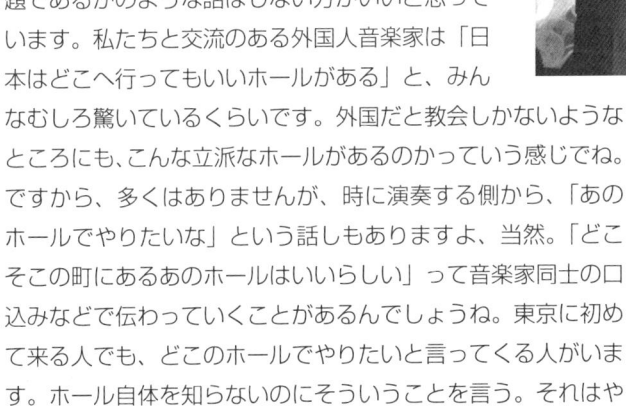

　一方、地方で公演する企画内容の決定権は、ホール側にある場合が多いので、ほとんどの場合、私たちが決められるわけではありません。ですから東京で行う公演と違って、多くの場合コンサート会場を選択するという状況にはないのが現状です。

何のためのホールか、誰のためのホールか

　ホールの評価に音響があるウエイトを占めていることは当然ですし、欧米であれば、そこを拠点にコンサート活動をしているオーケストラの芸術的評価と不可分の関係で語られるといってよいと思います。日本では、そのように施設と活動が一体的に行われている事例自体が少ないので、その部分を除いて語らなければならないところに難しさがありますよね。しかし、こうした事情の認識の上に立って考えてみても、音響とか設備だけの問題じゃなくて、運営する人の気持ちの問題を避けて考えることはできません。私は、ホールで一番大事なのは「誰のた

カール・ライスター氏と。

めに作ったか、何のために作ったか」ということを常に意識することだと思っています。ホールで働いている人たちや私たち自身がその原点に立って仕事をしているかということが大切だと思います。

誰のためかというのは、音楽家のためであり、聴衆のためでしょ。音楽家は聴衆を無視できないわけですから、そのためにいろいろな要求があるわけです。一番わかりやすい例では時間の問題とかがあります。日本のホールの場合だと、朝昼晩という3つの区分に分けて時間貸ししている。閉館時間も職員の勤務体系から決められていることが多い。基本はそれでいいかもしれないけれど、融通性のあるサービスも可能な道筋を残しておかないと、決まりきった運用しかできなくなる。例えば、一人の人が練習なりで朝2時間利用すれば十分だとします。しかし、借りる人は3時間分借りなければなりません。また、同じ時間帯である人がちょっとだけ利用したいと思っていて、その人が「私に10分ピアノを弾かせて」と言っても弾かしてくれない。音楽をやる人のために施設があるのであれば、もっと融通をきかしてもいい。条例で決まっているとか、自分たちの仕事が増えて辛いからとか言っているようではダメだと思いますね。夜12時まで練習したいという人がいれば、やっぱり練習させてあげる方法を考えておくべきでしょう。もちろん利用料金は規定に応じてマネージメントが払う。責任を持って片付ける。実際、オペラの搬入や仕込み、公演準備をしていると、早朝や深夜の作業が必要になってくる場合がしばしばあります。

サイトウ・キネン・フェスティバル　松本事務所にて。

利用できる日数が限られ、その中で必要な公演数を確保すると、残る日程・時間の中でやりくりするしかないわけです。もちろん最高の芸術レベルを提供するのが私たちの使命であり喜びですから、そのために有効に時間を使いたいわけです。こうした活動を支えてくれるのは、そこで働いている人の問題であると同時に、制度上の問題でもありますね。最近は改善されてきてはいますが、そこが非常に重要だと考えています。それが、何のために作ったのかという一番の基本的な問題なのではないか。みんながそういう方向に向かったら、すごく気持ちよく働ける、活動できると思いますよね。

ちょっと極端かもしれないけれど、病院にしたっ

て、お巡りさんにしたって、他人のために時間に関係なく仕事をしている人はたくさんいます。私がよく言うのは、演奏家と自分とは違う物差しをもっているわけだから、自分の物差しだけで測って「これはけしからん、頭に来た」と言ってるようじゃダメだと、事務所の若い人に言うわけね。普通の人にできないことをやる芸術家に「お前は違う」とか言っても始まらない。むしろ、かわいいものだなあと思わないとね。それをマネージャーだけじゃなくて、楽屋口のガードマンまで徹底すべきですよね。

　自分が一人の観客として気になるのは、表方だけじゃなく裏方までサービスがマニュアル通りになりすぎていると感じることです。ひとつの例として、私は楽屋にファンの人が入ってくることは拒まないんですよね、基本的には。演奏家というのは、ファンが「良かった、良かった」と来てくれたら嬉しいわけです。演奏が終わって、集中から解放され興奮しているときに、全然知らない人からでも「素晴らしかった」て言ってもらえると誰しも嬉しいもんです。それを誰も来ないようにシャットアウトしちゃったら寂しいですよ。さっき言ったように、何のために、誰のためにやっているのかというところに立ち戻ると、管理のために完全にシャットアウトするという風にはならないと思うのです。安全管理は非常に大切な事項だけれど、利用者側の責任範囲で任される部分がないと冷たい施設になってしまいます。そんなコミュニケーションがもっと自然に出てきて欲しい、というのが私の意見ですね。

おおらかに楽しんで

　それに舞台と観客との関係でいうと、最近、舞台の上にも観客を座らせたということが割と論争になっています。アルゲリッチやポリーニのコンサートで行われたのでご覧になっているかも知れません。ウィーンのホールなんか、とんでもないところまで席が置いてあったりするでしょう。だけど、みんながそれ認めてるんだと思うんですね。別に舞台に客席を置くことがいつでもいいとは思わないけれど、そういうことがあっていい。観客がいっぱいになって、なおかつ聴きたいっていう人がいた時にそういうところを補助的に置くというのはいいんじゃないでしょうか。法的許可を得る必要はもちろんありますが、洋の東西を問わず、歌舞伎だって行われていたことでしょ。演奏家

は、まあポリーニさんなんかもそうなんですけど、観客が身近に感じられるよう取り囲んでくれたほうが演奏に集中できるっていうわけ。観客にも喜ぶ人は多いですよね。間近に演奏家を見られるわけですから、そうしたファンにとっては願ってもない席になります。それに何といっても、演奏家がいい演奏をしてくれるわけですからね。ところが、中には「あれはけしからん、あんなところに席があるのは目障りだから金返せ」みたいに怒る観客も中には何人かいました。

　しかしもっと音楽界っておおらかであった方がいいのになと、舞台の席なんかも設けたっていいんじゃないのかなと、個人的には思います。向こうのオペラ座なんかのボックス席に入っちゃうと、しかも2列目なんかの席を買ったら悲惨ですよね。ちゃんと背もたれに腰掛けていたら舞台なんて全然見えない。見えるのは前の人の頭とその間から見える向こう側の客席だけです。それでも別に切符代を返せなんて文句が出たとかって話は聞かない。観客もそれを承知の上でその席を買ってるんだろうし、その席に応じた楽しみ方をしているんだろうと思います。そういう意味で文化的な土壌、おおらかな土壌があるんだと思いますね。自分なりにそれぞれの楽しみ方をもっているということでしょうかね。

　ところで切符の料金体系に関しては、いつも注意深く考えています。近年は、私たちは高い料金の方をあまり上げないために縮めているのが実状ですね。料金に関しては、安いとはいわないけど、海外アーティストを招聘して民間ベースで公演活動としてやっている状況を考えてもらえれば、決してそんなに高いものではないことが理解してもらえると思います。ヨーロッパの都市名を冠にしただけのようなつまらない輸入ものの公演は、むしろ淘汰されればいいんですよね。それには、国内の音楽家にもっと頑張っていただかなきゃいけない。例えば、日本のオーケストラに観客が少ないかというと、すべからく少ないわけじゃない。東京に偏っている傾向は確かにあるけれど、これだけの数のオーケストラが我が国で活動していることがそのひとつの証です。どこでもそれなりに聴衆を集めてると思うんですよ。しかしそういう状況をつぶさに見てない人から、日本の音楽界っていうのは全然観客が来ないなんて発言されると悲しいですよね。むしろ、日本の音楽家たちを盛り上げるような運動が音楽界全体で必要なんじゃないでしょうか。もっと励ま

す方向に向かって行かないと。

　観客のことで気になるのは、日本の観客の中に非常に個人的な姿勢が感じられることですよね。もっとひどい言い方をすれば、自分中心、割と小暗い人が多いでしょ、音楽ファンって。観客同士のコミュニケーションがもっとできるようになったらいいなと思いますよね。みなさんただ個人の集まりのようで、好きな人ほどなんかピリピリしちゃっているような雰囲気はなくしたいですね。音楽なんて別に他愛のないものだから、もっと気楽に楽しめばっていう風にね。これは音楽界だけの問題じゃなくて、根が深い家庭の問題、教育の問題と関係するとは思いますけど。まあ少なくとも音楽を楽しみに来た場では、もっとおおらかに楽しんで欲しいと思っています。

ハーグ・レジデンティ管弦楽団マネージャーと。

小さな施設を公設民営で

　話はかわりますが、文化の普及ということから考えると、町や市は、音楽ホールよりも映画館をもっと作るべきだと思いますね。映画が廃るひとつの原因は、映画を観る場所があまりにもお粗末だということだと思うんですよ。しかも地方の民間の映画館経営者には、建て直すほどの資金がない。一般の市民からすると、音楽から与える影響よりも映画から与える影響の方が遙かに大きいと思うんですよ、見る頻度ということでね。ひとつの芸術文化としては、最も身近なものが映画だと思うんです。それを公設民営で行ったらどうだろうかというのが私の意見です。さらに同じように、ホールでもそれが可能だと思うんです。例えば、市がコンサートホールを作り、それをマネージメント事務所なりNPOなりが受けて経営をするということが考えられていい。ただし、ある程度予算をつけてもらう必要はあるかも知れません。映画は、毎日何回やってもそこそこ見に来る人はいるかも知れないけど、音楽のコンサートとなると数が違うわけですから。

　私の持論は、小さい町、まあ人口何万ていう規模の町が今ホール作るでしょ。それには少なくとも何十億はかかりますよね。例えば、2～3万人の町だと町民はそこに対して、何万円、何十万円ていう先行投資をすることになるわけですよね。そのこ

とには全然触れられないで、そこでやる催しにまた高いお金を取られる。私は、極論を言えばその町民の人には無料で聞かせても良いと思っているんです。図書館と同じ発想で。ただ、無制限じゃなくしてね。市民・町民には、音楽を聞く権利がある。1回か2回かチケットみたいなのを配る。芸術に触れることが大事なんです。そうして1万人の町に500人のホールができたとすれば、最低20回の催しをしなければならない。そうすればホールも生きてくると思うんです。例えば、民間にこれだけの予算を人件費も含めてあげますから運営して下さいというのが成り立つような気がするんですよね。むしろ、そういうホールだったら、役所がやると10人かかるところをもっと少ない人数でできるかもしれない。サービス向上もできる気がする。例えば、100万円の演奏会を20回やっても、2000万円でできちゃう。ホールの建築費からすれば小さいものです。有料コンサートの場合、それが売れないからどうしようってかける宣伝費などが、ばかになりません。

　図書館建てて、みんながたくさん読んでくれるから流行小説と漫画しかない図書館というのは、一般的な図書館としては目標が違うでしょ。文学作品、夏目漱石とか芥川龍之介とかがあったり、美術書や歴史書、児童書なども一応置いてあるわけです。それがなければ図書館としての意味がないわけですよね。で、その堅い小説が私たちのやってる音楽みたいなものなんです。人気の大きさ、客の入りの比較で催し物の内容を決めてもいけないんですよね。本当に歴史を知りたければ劇画ではなく、やっぱり書物を読まなきゃいけない。そういう点で、こう世の中が安易になると危険ですよね。

　もうひとつわかりやすい例は、食べ物。例えば、親がコンビニで買ってきた弁当ばっかり食べさせてると、子供は味覚を失っていくわけですよね。子供の時から本当に美味しい煮物とか吸い物とか食べてきた人とは、計り知れない開きができてしまう。美味しいものは、鰹節をかいて時間とお金をかけているわけでしょ。そうして作られたものに対してお客に5000円とか1万円出してもらうという時には、その雰囲気やサービスにまで心を配る。そうした価値がわかる人からは、食べて良かったと御礼を言われるわけだけど、コンビニの弁当や即席ラーメンばっかり食べてその味覚を失ってしまったら、そんなものに1万円誰が出すかっていう話になりますよね。その鰹節をかいて

るのがクラシック音楽を通して仕事をしている私たちのフィールドだと思っています。もちろんコンビニの弁当も便利だから食べる。でも、そればっかり食べてそれが美味しいものだと思ってしまっては悲しいです。そういうことを劇場とか私たちみんなが意識して世の中に出し続けていくことが必要なのではないでしょうか。

（取材協力：田中伊都名）

2.3.3
主催者とプロデューサーに聞く
コンサートホールのにおい

プロデューサー:西巻正史
聞き手:本杉省三

音楽の場を拠点においての活動から得られたもの

本杉◎西巻さんは、これまで劇場やホールについて、いろいろな場所や立場で仕事をされてこられました。その内容は、音楽や演劇、そして現場だけでなくコンサルタントや人材育成のプログラムなど多岐に渡っています。中でも日本におけるメセナやアウトリーチの活動については、草分けの頃から一貫して関わってこられました。そして現在のトッパンホールの前には水戸芸術館におられて、民間ホールと公共ホールの双方で企画制作をなさっています。日本では同じような場所や種類の仕事をされている方が比較的多いのですが、このように立場を変えて劇場やホールと相対してきた経緯などを伺えればと思います。

　建築の立場から申しますと、劇場やホールが建てられるまでにはいろいろな紆余曲折がありますが、竣工すれば終わりという場合がほとんどです。日本の場合は、ホールの側も建物の完成までと落成後で人が入れ替わってしまう例が多いので、計画の段階で議論されたことと、ホールが完成してからの企画や運営に一貫性がないことも珍しくありません。そうした現状のなかで、各地で少しずつ新しい試みがなされてきているわけですが、何よりも重要なのは、現場に視点をおくということではないかと思います。観客であれば、できるだけホールに通って客席だけでなくホールの施設を使い尽くす、アーティストは、可能な限りホールにいる時間すべてを充実したものにする、ホール関係者はこうした観客と出演者をいかにして引きつけるかに腐心する、ホールの運営もそうした具体的な事柄から人々にホールの個性がイメージされていく広い意味での企画性が求められる時代になっています。

「良いホールって何」と問われた時に、答えは立場によってまったく異なります。しかし建築的な完成度や音響の善し悪しとは別の問題として、ホールが醸し出す場の雰囲気とか舞台がもっている場の力のようなものは、ホールに集まった誰もが感覚的に似た印象をもつようにも思われます。そうしたホールのもつ不思議な一面は、どのようなことから生まれてくるのでしょうか。ホールの立地や舞台の形式、音響、ホスピタリティの問題などこれまでもいろいろと論じられてきましたが、まだ解明できない沢山の理由が組み合わされて人の感覚に作用しているのだろうと思われます。

ホールの運営という視点から考えると、やはりホールにそうした魅力が備わっていた方が良いのは当然です。しかし建物が完成してから人々によってイメージされていくホールの特徴は、ホールを建設することになった時点からホールが活動を続ける状況までに関わる多くの人たちによって形成される非常に複雑な問題でもあります。より良い音楽空間を考えていくためには、いろいろな立場から現場での視点のエッセンスをお互いがもう一度見直してみることも必要なのではないかと思います。そのような事柄についてお考えをお聞かせ下さい。

西巻正史氏

スパイラルホールが出発点

西巻◎もともとのこの世界に入ったきっかけは、音楽や芝居が好きだったからです。社会人としての出発点はスパイラルホールで、ここで何年か仕事をするうちに、アーティストと企業の側とで同じ「言葉」を使って話をしていても言っている意味が違う、だからそこに通訳のような存在（今でいうアートマネージャー）が必要ではないかと強く思いました。そう思ったのはちょうど1987-8年頃で、サントリーホールができた時期です。その頃はダンスやミュージカル、演劇の仕事が主でしたが、どのジャンルをとってもアートの世界も日本では縦割りだなあと驚いたものです。この印象は今も変わりません。それだったら横に横断するような仕事をしようと思いました。それと、社会とアートの通訳とかつなぎ手みたいな仕事に、大きなビジネスチャンスというか潜在的なニーズを感じました。その後シンクタンクの社会工学研究所で仕事をしました。世田谷パブリックシアターなどの基本計画から事業・運営シミュレーション等を皮切りに、公共団体が作る文化施設と数多く関わりました。その

うちに、これではただ作ってもダメだと思って、ホールスタッフの研修事業の提案を自治省にしたり、それが縁で地域創造の発足の手伝いをしたりしました。現場から半歩退いた、ある意味でとても面白い立場で仕事をしていたのですが、だんだん現場に戻りたくなって、1997年に水戸芸術館に移りました。

水戸芸術館へ

シンクタンクの時代に公共ホールの仕事に関わってつくづく感じたことは、ホールというのは竣工して市長がテープカットをする、それが多くの場合、その自治体にとってのプロジェクトの終焉なのだということです。もう少し正確に言うなら、その延長線上にオープニング記念公演があって、そこまでが自治体にとってのホールに関するプロジェクトなんですね。ところが我々や市民にとっては、そこから始まる。ホールの歴史というのは、その時点からスタートするわけです。このずれに悲劇の出発点がある気がします。

水戸芸術館は、こうした考え方とは一線を画して、理念をもって設立されたホールです。そこが他の多くの施設と決定的に違います。ホールが館長のもとで、きちんとした理念とそれを具現化するソフトをもち、そのソフトに最も適したハードを建設した。しかも運営のための予算をしっかりつけた、つまり先ほどの例で言えば、オープン後のホールの歴史を作るために造られた施設です。そこに身を置かせていただけたのは、とても意味のあったことだと思います。

水戸からトッパンホールへ

トッパンホールからお話をいただいた時は、新しいホールとは言っても、すでにでき上がっているばかりかオープンもしていました。ホールに初めて足を踏み入れた時、とてもいいホールで、何か新しいことができるし、したいという欲求が生まれました。ホールを建設する段階に全く関わっていないので言えるのですが、とても音のいいホールなんですね。ただその響きはとても新しいというか、従来の日本の音のいいコンサートホールと傾向がかなり違うんです。日本の音のいいホールというのは、たいがい残響が長いんですが、ここは余分な残響がない、とてもクリアな音でかついい音のホールなんです。そしてホワイエからの空気の一体感というか、ホールのいい空気をそのま

トッパンホールの内観 2000年竣工。設計は岡田新一設計事務所。客席数は408席。ホール平面形状はバルコニー席をもたないシューボックス型で、舞台の高さは60cmと低くなっている。

まホワイエに充満させることができそうな雰囲気がありました。「こういうホールを求めていたんだよな」というのが、初めて入ったときの感想でした。408席という大きさについても、小さすぎるとか中途半端とか多くの方がおっしゃるけど、私はそうは思わない。この時代、東京でこの規模だからこそできる企画、やりたい仕事がたくさんあると思いますね。これから少しずつ思い描くプランを実現できればと思っています。

企画するサイドから見たホール、ホールのにおい

いいホールというのは、ホールに入った瞬間に何かが起きそうな「におい」というか「予感」がするんですね。これは良いホールであればあるほどあるんです。そういう「におい」を感じるときはとてもうれしいですね。新しい場所に行って、これが感じられると、いろいろなアイデアが湧いてきます。逆にあるプロジェクトの話をいただいて、現場を見に行って、そういう予感がどうしても感じられずにお断りしたこともありますね。この「予感」はそれくらい重要なものだと思います。アーティストもきっと同じことを感じているんだと思います。ただ彼らの場合、現場を見るのが当日だったりすることが多いから、いやでももう逃げられないでしょうけど……。それで思い出したのですが、僕らの仕事は多少なりとも建築家に似ているとこ

ろがあると思いますね。つまり事前の準備は全部自分でするけれど、一番肝心の最後の所（我々でいえばコンサートの本番、建築家でいえば施工）は、誰かに委ねなければならないということでしょうか。音が悪いホールを作ろうとする人は誰もいなくても、結果がいろいろであるように、僕らもコンサートを作るにあたって、あらゆる手段を使ってベストを尽くそうとするのだけれど、成功するかはどうかは幕を開けて、降りるまでわからない。ある時はアーティストが失敗するかもしれないし、お客さまが壊してしまうという悲しい演奏会もあるんですね。最後を他者にゆだねるという点で、建築家も同じ気持ちを味わっていると思いますね。だからこそホールという空間が要因になっている時は、悲しいじゃないですか。ここにアーティストを呼ぶのはかわいそうだなとかいろいろ考えちゃいます。特にそう感じるのは、客席とステージがコミュニケートしにくいホール。客席が鉄のカーテンの向こうにあるようなホールはやはり苦手ですね。ライヴというのは、「アーティストと聴衆のキャッチボール」だというのが私の考え方です。だからそれができないようなホールはだめですね。それは必ずしも音響がいいとか悪いとかだけではなく、ホールの作り出す空気＝「におい」に関することだと思います。響きだけではないんですね。

ホールは生きもの、時と共に変わって行く

　最近の日本のホールは、良いホールがとても多くなっています。でも地方のホールとかで数年経って行ってみると、初めて行った時とまるで別のホールになってしまっているということも少なくありません。逆の場合も少ないけどあるんですが。そこで思うのは、ホールは生きている。ホールができてから良い音楽と良い拍手をどれだけ浴びてきたかという蓄積で、ホール自身が成長する。反対に使われ方が悪いとホールがどんどん生命感がなくなってしまう。これはちょうどタレントで、新人で登場した時は、なんかたいしたことない、どこにでもいるような子が、多くの視線を浴びているうちに変身し、存在感を醸し出すということとまさに同じだと思うんですね。科学的にはそんなことありえないと言われてしまいそうですが、アーティストやスタッフの緊張感の蓄積とか、観客の期待値と手に汗を握るような時間の蓄積の歴史で変わっていくということですね。

ホワイエとバックステージの重要性

　ホールの企画スタッフという立場から、建築する立場の方へのお願いもいくつかあります。

　例えば、今までいわゆる付属品として考えられているホワイエと楽屋、これをいかにホールと同じ空気が続いて流れている空間として作ってもらえるかがとても重要だと思います。ホールの中から袖へ、ホワイエへ一歩踏み出ると空気が切れちゃって、非アート的な空間に身を置かされる……。これはとても辛いことです。ロビーやホワイエの空間というのは、どちらかといえば、内と外とを単純に分けるときの「すきま」のつなぎのような空間として考えられがちですが、ステージの延長線上に袖や楽屋があって、観客もホワイエに入った瞬間からホールの空気を感じとれることがとても大切です。最近の日本の傾向は、ホワイエがホテルのロビーに近づいています。それは悪いことではないのですが、程度問題ですよね。また反対に、一歩袖というか裏に入ると全然ダメというホールが結構ある。楽屋にしばらく座っていると、「この楽屋からステージに出ていくのでは、とてもじゃないけれどいい演奏はできないよなぁ」というホールに出会うことがあります。アーティストは地方に行ったりすると、駅からタクシーに乗って、楽屋口から入って、客席もホワイエもなにも見ないで演奏して帰るというパターンがすごく一般的です。そういう意味では、アーティストにとっての表玄関は楽屋口になるのですが、それが非アーティスティックな剥き出しのコンクリートだったり、楽屋が長屋みたいな雰囲気では、いい演奏しろといわれてもできないですよ。アーティストは結構長い時間楽屋に滞在しているのに、病院の待合室のようなところがとても多い。でも本当は楽屋という存在は、アーティストにとってはアトリエであり、住まいでもあるんです。そういう発想で作っていただきたいですね。ベルリン・フィルハーモニーのバックステージは、好き嫌いは別にしても「創造のアトリエ」になっている。バーまであって。その一方で、ウィーンのムジークフェラインスザール（楽友協会大ホール）は、まさに待合室ですが（笑）、あれはまあホール自体が特別な場所ですから。その中に身を置いているという感情が生まれるからちょっと別物かもしれませんね。でも今言ったような発想があれば、ホワイエがホテルになり、楽屋が病院の待合室になる

ことはないだろうな。私の記憶では、福井コンサートホールのバックステージはとても広くて、しかも無機的ではない。アーティストが自由に呼吸することができて良かったですよ。変に華美でもなくて、居心地の良い空間になっていました。トッパンもそういうホールです。

ホールの形状について

　立場上、よくコンサートホールはどんな形をしているのが一番いいんですかと聞かれます。昔は音さえ良ければよかった、それが時代の変遷と共に、視覚的要素が重要になってきます。カラヤンがいみじくも「聴衆は私を見に来る」といったように、音楽を目で見て耳で聴くという変化が現れた。コミュニケーションの仕方が時代とともに進化したんでしょうね。音楽でも視覚的要素が占める割合は、今後決して低くなることはないでしょう。とはいってもやはり音楽はそれだけではない。ステージを見るという意味では、最悪の条件だけれども、ウィーンのムジークフェラインスザールは、未だに世界最高のホールのひとつですし、これからもそうあり続けるでしょう。何がいいのかといえば、そこで生まれた名演の歴史とか、ウィーン・フィルの本拠地とかもろもろの理由はあるけれど、何より凄いのは、いい演奏が行われた時に生まれる空気が特別だということでしょう。あのホールは、空間全体が一体になっている感じがすごくするという特徴をもっています。そういう空気を生むのは、ホールの力なのか演奏家の力なのか聴衆の力なのか、それはわかりませんが、そういう一体感が起こるということがとても大切ですね。札幌コンサートホールや福岡のアクロスなど、今日本でいいホールといわれている所は、ホール形状はさまざまですが、やはり一体感が生まれる雰囲気をもっています。従ってアリーナかシューボックスかといったホールのタイプだけでは片付けられない、それを超えた問題が重要だと思います。

聴衆が音楽を楽しむために「耳の基準づくり」

　ホールの企画について話を戻しましょう。ホールのプログラムづくりには、オールスター出演で賑やかに作っていくという総花的な作り方が日本では一般的ですね。これはホールがレジデントの特定のソフト集団をもっていないということに、大きく関係していると思います。でも私は個人的には、その方式は

採りたくない。これでは聴衆が育たないし、ホールの顔が見えてこない。

　聴衆が育つためには、やはり面白さをみつけていただかなくてはならない。回り道のように見えるけど、それを提示していくことがとても重要ですね。味覚を例にとるとわかりやすいのですが、例えば日本酒を好きな方が、出張や旅行で地方へ行って、旅先で美味しいといわれている地酒に出会う。飲んでみて「おいしい」とか「それほどでもない」と感じるとき、無意識のうちに基準になる好みの酒があるわけです。これは音楽でも同じで、その基準が生まれてくると俄然面白みも増してくる。ところが総花的な企画というのは、日替わり定食みたいなもので、耳の基準を作るには適していない。耳の基準をつくるためには、特定のソフトとある期間継続的に付き合うことが近道です。私が以前働いていた水戸芸術館は、観客の拍手がいいと言われる。それはやはり水戸室内管弦楽団をはじめとしたレジデントをもっているということと決して無関係ではないでしょうね。歴史を重ねると共に、愛着も湧いてくる。それは聴衆の方が、ホールのおかげで何かを得たという手応えを感じているということに他なりません。これがいまの他の地域の多くの公共ホールにはない。愛着をもたれているという感じが希薄ですよね。それはこの問題と決して無関係ではないと思います。

　今私が仕事をさせていただいているトッパンホールは、東京のど真ん中のホールですし、民間企業のホールですから、企画の方向についての選択肢は多いわけですが、やはりアーティストとちゃんと顔の見える付き合いをし、観客とも同じような付き合いができるホールにしたいですね。

　トッパンホールでは、2002年秋からのシーズンで年間50本近い自主公演を企画しています。400席のホールを、3人のプロデューサーを含む15人のスタッフで自主企画を中心に運営していくのは困難なことも多いと思われます。しかしホール過密都市と言われる東京にあって、室内楽の殿堂であったカザルスホールが企画組織を解散して貸しホールになってしまった今日、オペラやオーケストラだけでは満足できない音楽の楽しみの一翼を担える貴重なホールとしてその価値が高まっていくことを多くの音楽ファンから期待されているんです。

　　　　　　　　　　　　　　（取材協力：青池佳子）

第3部
アーキテクトサイドから見た音楽空間

音楽ホールとは何か。わかっているようでわからない。まず、どんな音楽を行なうのか。音楽の範囲は広い。西洋音楽もあればアジアやアフリカの音楽もある。ロックもあればジャズもある。例えばロックを専門に演奏するライブハウスは音楽ホールなのだろうか。常識的な理解では音楽ホールとは呼ばないだろう。

ジャズやロックも最近ではコンサートホールで演奏される機会も増えている。しかし、コンサートホールが築いてきた文化の総体にはわずかな位置しか占めていないと考えるのが妥当だろう。ロックやジャズはそれ自体独自の文化体系と演奏の体系を作っている。そして今までは、その枠組みがクラシックコンサートホールの枠組みと重なることは少なかった。しかし、コンサートホールはあくまで経験、あるいは文化としての認識であるから、今後新しい音楽領域に対応していくことは十分に考えられる。この時コンサートホールはどんな形に変化していくか、それは予想ができない部分もあることは十分に承知しておく必要があろう。

本稿では、そうした経験的な成り立ちを理解した上で、一応コンサートホールを西洋起源のクラシック音楽を中心とする社会化された演奏空間として解釈し、わが国におけるその歴史的な展開と現状、計画と設計におけるさまざまな課題、そして、常識的な枠組みからの逸脱も含めて今後の可能性を整理しておきたい。

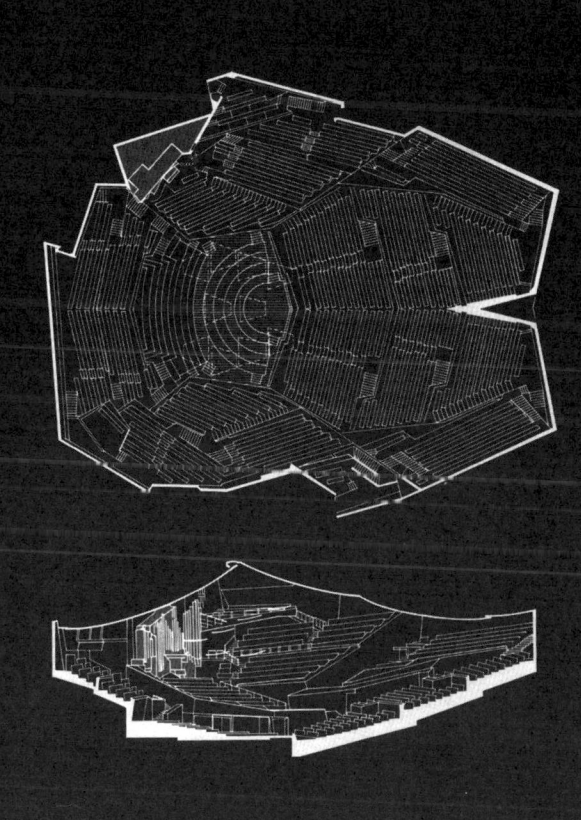

3.1.1
音楽ホールの楽しみ方
ホワイエでピクニック

勝又英明

　コンサートに行くことの楽しみは音楽を聴くことだけではない。ロンドンのコンサートホールを例に音楽以外のホワイエでの楽しみ方を見てみたい。

　ロイヤル・フェスティバルホール★1のロビー、ホワイエ空間は広大であり、非常に充実している。カフェ、レストラン、書店、ミュージックショップなど多くのファシリティをもつ。ホワイエは3層からなり、そこからのテムズ川の眺めが素晴らしい。このホールで毎年3月後半の復活祭の頃、マタイ受難曲が演奏される。しかし通常のコンサートと違うのは、2時間の休憩時間があることだ。サウスバンクスセンターの3月パンフレットには、このマタイ受難曲の解説に次のような但し書きがある。「2時間の飲食のための休憩があります。ピクニックエリアが用意されています。11時開演、途中2時間の休憩を取り、午後2時30分に再開、終演はおよそ4時30分です。」

　マタイ受難曲の前半が終わり、インターバルになると、観客が思い思いの場所にテーブルを置き、テーブルクロスをひろげ、クロスの上には料理とワインなどが並べられ、楽しそうに食事を始める。テーブルのない人たちは、ホワイエの床にクロスを広げている。まるで野外でピクニックをしているようだ。しかしホワイエのどこでもピクニックが可能なわけではなく、テムズ川沿いのホワイエや階段でのみ可能である。レストランやカフェ、ギャラリーのあるエリアではピクニックはできない。ピクニックをしない人たちはカフェ、レストランで昼食をとり、2時間の

ロイヤル・フェスティバルホール・ホワイエでのピクニック　毎年3月後半の復活祭の頃、当ホールで演奏されるマタイ受難曲のインターバルでのホワイエピクニック。

長いインターバルを過ごしている。インターバルが終わるとマタイ受難曲の後半が始まる。

ピクニックと言えば本来は野外である。気候のよい夏（7月から9月頃）に英国のあちこちで野外コンサートや野外演劇が開かれる。このシーズンは「オペラ・バレエ・クラシックコンサート」が、シーズンオフ（夏休み中）となる。そのため一流のオーケストラの野外コンサートを聴くことができる。ケンウッド・レイクサイドのコンサートは数ある野外コンサートの中でも最も著名であり、夏の間、ほとんど毎日開かれる。ケンウッド・レイクサイドは、ロンドン北部にある広大なハムステッドヒースという公園の北側にあり、ロバート・アダム設計のケンウッドハウスの前の池の対岸にコンサートホールシェルがある。観客は池越しにデッキチェアに座ったり、芝生に座ったりしながら聴くことになる。終演近くにはシェルの後ろで花火が上がる。開演が7時くらいなので5時くらいから人々が集まり始め、食べ物、飲み物持参でピクニックということになる。売店も数多く出ており、食べ物をそこで調達することもできるし、席や芝生のところにも売りに来る。ピクニックをして良い音楽を聴いて、花火まで楽しめるというすばらしいイベントである。とにかくイギリス人はピクニックが大好きである。これは夏の気候が安定し、湿度が低く気温も適度に暖かい。虫も少なく、野外で過ごすのに適しているからだ。日本の夏は高温、多湿で虫も多いため、まねをするのは大変である。英国の夏は、日本で言えば天気の良い日の春秋の感じである。

コンサートホールではないがピクニックで有名なのは、グラインドボーン・オペラ・フェスティバルである。英国南部ブライトン近郊の片田舎で、個人所有のオペラハウスで開催されるオペラ・フェスティバルである。気候が良い6月から10月まで連日開かれる。チケットが取りにくいのと公演のレベルが高いので有名である。観客は原則として男性は蝶ネクタイ着用の正装、女性はロングドレスでやって来る。ここでは野外のピク

ケンウッド・レイクサイドの野外コンサートでのピクニック 夏の間、ほとんど毎日コンサートが開かれる。開演前の一時を芝生でのピクニックで過ごす。

ニックが恒例となっている。ホールの前には広大な芝生の庭園が広がっており、そこで正装の観客が思い思いにピクニックをしている。このフェスティバルを毎年楽しみにしている英国人も多く、アメリカからわざわざ毎年やって来る人もいるそうである。雨天の時も、ちゃんとホワイエでピクニックを行うことができるのである。このホワイエはピクニックを前提としているのでかなり広い。

　ピクニックではないが、バービカンホール★2のホワイエも充実している。バービカンセンターの特徴は広大なホワイエを有することである。ここでは主に飲み物が主であるが、サンドイッチやケーキもある。またレイクサイド・カフェというバービカンの中庭に面したセルフサービスのカフェがあり、その上階にはレストランもある。バービカンセンターはロンドンの中心地にあるにも関わらず、バービカンホールの周辺にはセンター内の飲食施設以外何もない。最寄駅から6〜7分歩く必要がある。そうすると必然的に開演前に食事をするには、バービカンセンター内でということになる。だからバービカンホールでコンサートを聴くとなると、バービカンでコンサートも食事も楽しむという場合が多い。

　今まで紹介したホールは比較的歴史をもつものである。最近改築されたホールでもホワイエが充実している。1998年、ロンドンにサドラーズ・ウェルズ劇場（1500席）というオペラ・バレエ専用のホールが改築オープンした。このホールは狭い敷地であるため、ホワイエの確保に工夫をしており、吹き抜けを介して3層に渡りホワイエとバーカウンターがある。この規模のホールにしては（日本のホールと比べても）ホワイエはかなり広い。しかしそれでも開演前やインターバルにはほとんどの人がホワイエにいるため、かなり混み合っている。レストランも併設されており、飲食関係のファシリティは充実している。

　ロンドンには、有名な中規模コンサートホール、ウィグモアホール（538席）とSJSS（セント・ジョーンズ・スミス・スクエア、780席）がある。両ホールとも共通点が多い。両者とも中規模であるけれど、演目が充実しており、ほとんど毎日コンサートが開かれている。1日に2公演行われる時もある。また両ホールとも、地下にホールの客席フロアーの広さと同規模のレストラン、カフェがある。コンサートが開かれていないときでも営業している。どちらもホワイエは狭いが、地下のレストラン・

カフェがホワイエの代わりとなっている。

　ホワイエでの楽しみは飲食ばかりではない。ホワイエでのコンサートも盛んである。バービカンホールのホワイエでは公演のある日はほぼ毎日、無料の「フリーステージコンサート」が行われる。ステージはホワイエの一角にあり、お客さんはホワイエの椅子に座るか、床に座るか寝るか、立って聞くかで、皆思い思いに聞いている。バーで飲み物を買い、食べながら聞いている人もいる。ジャンルはジャズが主流。公演のスケジュールは、バービカンの月刊パンフレットにも掲載されている。ロイヤル・フェスティバルホールも同様で、ホワイエでコンサートが行われる。1階のカフェの前がステージであり、ピアノが常置してある。カフェでくつろぎながら無料コンサートを聴くことができる。どちらのホールのホワイエコンサートも約1時間続き、本番のコンサートの開演30分前には終了する。のりの良い曲だと踊り出す観客もいるし、踊るのが目的で来ている人もいる。ホワイエでダンスとなる。

　紹介したホールでは、活性化を図るためにいろいろな工夫をしている。つまりホワイエでピクニックをさせたり、コンサートをしたりしている。コンサートが行われている時以外にも、ホールを活性化させる手段として、カフェだけでなくギャラリーやショップ（本やCD等のグッズ）を設けたり、レストランを設けたりしている。これらが可能なのは広いホワイエをもつからである。もうひとつ言えば、（ロビーとホワイエの間ではなく）客席入口で、もぎりをすることである。こうすることにより、ロビー、ホワイエの区別なく常時ロビー、ホワイエに自由に人が入れるようになるし、紹介したようないろいろな工夫が可能となる。

　他の工夫としては、インターバルドリンクの予約がある。開演前にバーに行きお金をはらってオーダーする。インターバル時にバーに並ばずに自分の飲み物を確保できるので、時間の節約になる（ただし飲み物は栓があけてあり、気が抜けていたり生ぬるい場合がある）。終演後への工夫もあり、終演後もホール内のバーをオープンしているところもある。またホワイエの一角を利用

バービカンホールの「フリーステージコンサート」 ステージはホワイエの一角。メインホールの公演のある日はほぼ毎日行われており公演スケジュールは月刊パンフレットにも掲載されている。

第一章　音楽ホールの楽しみ方

して、インターバル時に招待者を招いてプライベートのパーティが行われていることもある。

　食事をすることができる街中にあるホールと、食事をすることが難しいホールとではちょっと状況が異なる。ロンドンの主なコンサートホールは、どのホールも繁華街からやや離れており、周辺部にレストランが少ないためホワイエ等が充実している。周りにレストラン・カフェなど食事ができるホールは、必ずしもコンサートホール内に飲食施設や食事をする場所を十分に用意する必要はないかもしれないし、ましてピクニックの必要はないかもしれない。どちらにしてもロンドンの人たちは、五感（触覚はないかもしれない）でコンサートを楽しんでいるのである。

注
★1　客席数2895席のコンサートホールであり、開館は1951年。
★2　1982年に開館した複合文化施設バービカンセンターの中にあるコンサートホール。客席数1989席でロンドン・シンフォニーオーケストラの本拠地として知られている。クラシックコンサート専用ホールだがジャズもよく演奏される。

参考文献
小川利和　勝又英明：劇場・ホールのロビー・ホワイエにおける公演時以外の利用に関する調査研究、日本建築学会計画系論文集、pp127〜131. 2001.1

3.1.2
音楽ホールの楽しみ方
ロス流、クラシックコンサート

小野田泰明

1. ロスっ子が一番好きなコンサート会場は？

　パームツリーにビーチ、ハリウッド映画にディズニーランド、アメリカ第二の都市ロス・アンジェルスのイメージアイコンは、いずれも気楽な印象を与えるものが多い。アメリカ国内でもいろいろと揶揄されることが多いこうした性向であるが、日本国内でのクラシック音楽のイメージと比較してもかなりの隔たりがあるようだ。しかしながら、このエリアは舞台芸術ビジネスにおける合衆国第二の巨大マーケットであり、当然クラシック音楽も盛んに行われている(Simon,1994)。自分の楽しみに関してはこだわりの強い彼らは、むしろ独自のスタイルでクラシック音楽を楽しんでいるのだ。

　音楽ホールの整備が進んだにも関わらず、クラシック音楽ファンの拡大が進まないと言われている昨今の日本にとって、こうした彼らの音楽との関わり方に考えさせられる点も多いのではないだろうか。本章を「ロス流クラシックコンサート（の楽しみ方）」と名づけたのもそのような理由からである。

　では実際にロス市民はどのようにクラシック音楽を楽しんでいるのだろうか[★1]。ロスっ子の何人かに、どこで聴くクラシックが最高かを訪ねてみると、意外な答えが返ってくる。ロス・アンジェルス管弦楽団（以降ロス響と略）のフランチャイズである本格的ホール、ドロシー・チャンドラー・パビリオン（3000席）以上に人気を博している会場こそ、野外音楽堂のハリウッド・ボウルである。

　収容観客数18000名というコンサートホールとしては常識を超えた規模を有し、ステージ直近はともかく、後ろは電気拡声音が響く。日本的な常識からは、どう考えてもクラシックコ

ンサートに適するとは言えないこの巨大な野外劇場が、人々に広く愛される理由は何だろうか。そこにはロス流のヒントが隠されている。

2. ハリウッド・ボウルの誕生

まずハリウッド・ボウルの歴史について少し触れておきたい。ロスのダウンタウンの北西部の谷の斜面を利用して作られたハリウッド・ボウルは、20世紀初頭、地元の舞台芸術サポーターが結成した劇場芸術同盟 (the Theater Arts Alliance) により初めて構想された。当時彼らは、舞台芸術の野外上演には大きな「公的価値」があると考えていたが、それは「開かれた空間に多くの人が一堂に会する」行為こそ、アメリカン・デモクラシーの精神に通底すると信じていたからである。この同盟は1919年にその活動目標をコミュニティパークとアートセンターの建設と定め、さまざまな候補地を検討した。その結果、ハリウッド商業地域とダウンタウンの両方に近いという交通の便、客席が設置可能ななだらかな傾斜やステージの向こう側に開けた視界が確保できるという地形的特性、これらすべてを兼ね備えた現在の場所が選定されたのだ★2。

ハリウッド・ボウルの実質的なオープンは、ロス響が、1922年夏期公演の拠点として使用したのが最初とされているが、実はこのシリーズがここではじめられたのは、ロス響創始者でハリウッド・ボウル理事でもあった ウィリアム・アンドリュー・クラークの思惑によるところが大きかったようだ。彼は、通常はオフ・シーズンである夏季にも公演を行うことで、楽団員が通年で安定した収入を確保することができると考え、給与基盤の強化によって設立間もなく財政基盤が不安定なこの楽団を南カリフォルニアの中心的プロオーケストラにのし上げようとした。ザビン・メータ (1962-78)、アンドレ・プレヴィン (1985-89)、イサ・ペッカ・サロネン (1992-) とそうそうたる音楽監督が名を連ねる世界的オーケストラのロス響であるが、設立当初は、頼りないものであったのだ★3。

ともかく、"Symphonies (Music) Under the Stars"と名づけられたロス響のハリウッド・ボウルでのシリーズは現在まで連綿と続けられており、今では夏のロスには欠かせない風物詩のひとつとなっている。現在定期公演は、夏の12週間はハリウッド・ボウル、冬の30週間はドロシー・チャンドラー・パビリ

オンで行われている。

3. ハリウッド・ボウルでの楽しみ

　ハリウッド・ボウルへは、谷の底部の巨大駐車場に車を止め、緩やかな緑道を出店や休憩所を巡って折れ曲がりながら上がりきった後に到達する(この時に開ける視野は素晴らしい)。市街から近いにも関わらず、隣接してピクニックできるエリアがあるなど、豊かな自然と一体になったエリアにあることがその魅力をさらに高めている。コンサートに出かける人々の中には昼頃からゆっくりピクニックを楽しむ人たちもいるが、その途中でリハーサルに遭遇することも珍しいことではない。そんな環境だからコンサートそれ自体もピクニックのようだ。家族や素敵な友人たちと誘い合わせ、手に手にバスケットをもって開演よりかなり早めに着く。ベンチに腰掛け、バスケットの中のお気に入りのワインやシャンパンを楽しみながら、コンサートが始まるのを待つ。近くのレストランのテイクアウトですべて済ませるお手軽派から、テーブルマットからシャンパングラスまでひとそろえをもってくる常連風の家族までさまざまだ。このベンチシートは1950年代まですべて自由席で、特に1952年まではピクニックテーブルとしての利用が奨励すらされていたというから、現在より気軽に人々が楽しんでいたことが想像できる。

　後方の椅子は長く腰掛けるとちょっとくたびれる木のベンチだが、ステージ近くの席はボックスシートで、ロス響やハリウッド・ボウルのパトロン達の指定席となっている。当然のように席のグレードにあわせ、案内人の服装と態度も変化する。こういった具合に階層は明快に視覚化されている。当たり前だが、それでもみなそれなりの楽しみ方を知っている。このようにそれぞれのグループごとのペースで、コンサートを楽しめるようになっていることが、核家族を大切にするロスっ子に受ける理由かもしれない。

　ハリウッド・ボウルでは、ポピュラー音楽やジャズのコンサートも数多く行われているが、こうしたSerious（真面目）とPop（ポップ）のマッチングもポイントのひとつである。夏のシーズン中も週末はポピュラー、ウイークデイはクラシックとその融合を意図的に図っている節もある。多様性を積極的に保持しようとするこうした姿勢は、ハリウッド・ボウルの目玉企画のひとつ「教育プログラム」でも発揮されている。特筆すべきは、

1969年から始められた子ども向け多文化芸術ワークショップ、オープンハウスであろうか。広い敷地内での音楽・アートに関するさまざまな活動に子どもたちが参加できるこの企画は、楽団員はもちろん、アーティストやキュレーターなどさまざまな領域の人材の参画により成立している。また、こうしたアウトリーチプログラムでは、併設されているハリウッド・ボウル・ミュージアムが果たす役割も大きい。

いずれにせよ、オープンな環境そのものが、多くの人の参画を触発していることは間違いない。「豊かな自然×パフォーマンスとしてのコンサート×ランドスケープと一体化した群衆」この三者の掛け合わせが、このハリウッド・ボウルでの経験をかけがえのないものにしているのだ。

4. 建築デザインから見たハリウッド・ボウル

ハリウッド・ボウルには、節目節目に著名建築家が関わっている。現在の卵形の客席配置は、ローズボウルの計画で有名なマイロン・ハントによって1926年デザインされたものであるし、ハリウッド・ボウルのシンボルとなっている音響シェルの原デザインはロイド・ライト（大建築家 フランク・ロイド・ライトの息子）が手がけたものである。ロイド・ライトが最初1927年に完成させたのは、ネイティブアメリカンの意匠に影響を受けたピラミッド型のものであった。しかしながら理事会は先に述べた精神からか円形のシェルを望んでいたため（音響上不利となるにも関わらず）、再度完成させたものが円弧が幾重にも重なる案であった（1928）。構造上の問題からこのシェルはその後別なデザイナーによって建て替えられたが、その意匠コンセプトは今も維持されている。また、後にアーチに吊るされることとなった音響拡散用の不思議な球体はフラ

ハリウッド・ボウル

ンク・ゲーリーのデザインである。彼は他に敷地内のレストランも設計しているが、新しい演目にも対応できるトラス状のステージアーチの提案なども行なっている。

1964年からロス響のフランチャイズホールとして大きな役割を果たしてきたドロシー・チャンドラー・パビリオンは、2003年からはディズニー・コンサートホール（2290席）にその座を譲る。ハリウッド・ボウルの重要性は変わらないであろうが、グッゲンハイム・ビルバオ美術館の設計で、啓蒙施設を超えたアミューズメント空間としての美術館の可能性を見せてくれたゲーリーの設計によるこの新しい施設が、ロス流の音楽の楽しみ方をさらに発展させていくことは間違いないであろう。

5. 新しい楽しみ方へ

ハリウッド・ボウルの魅力は、なんといってもその気安さであろう。筆者のような子どもを抱えた家族にとっては、週末はドライブやピクニックがお約束になっているものだが、そうしたニーズを満たした上で、文化的体験が得られるのはなかなか上手い設定である。日本のコンサートマーケットでは無視されているように思えてならないこれらの層が、音楽を十分に楽しめることの意味は大きいはずだ。80年前の創立者が夢見たように、その場にデモクラシーが体現されているかどうかは断定できないにしても、家族（親密圏）の場所はしっかりと確保されている。さらにオープンハウスのような多彩なサービスの充実も、この野外劇場との距離を近いものにしている。気のはらないロウ・キーなセッティングでありながら、アーティストのレベルがかなり高いこともリピーターの確保に役立っている。質的な大衆迎合が起こっているわけではなく、国際的な競争力は担保されている。

日本でクラシックコンサートが話題になる場合、多くはヨーロッパモデル（アメリカの事情についても東海岸）が俎上に上げられることが多かったが、ロスの人たちがクラシック音楽を楽しみの手段として気軽に活用している姿に考えさせられる点は多いのではないか。さまざまなサービスで観客を拡大したサントリーホールをはじめとする幾つかの事例や渡辺裕氏らの優れた研究（渡辺1989）などから、「クラシック音楽享受＝真面目な聴衆」が成立したのは最近になってからのことで、相対的なもの

にすぎないことを今日の日本に住む我々もよく知っているはずである。そして、新しい楽しみ方を可能にする際のテンプレートとなる資源もそれなりに整っているように思うのだが……。

参考文献

Buckland, M., Henken, J. (1996). The Hollywood Bowl; Tales of Summer, Los Angeles: Balcony Press
Davis, M. (1990). City of Quartz; Excavating the Future in Los Angeles, New York: Vintage Books
Mordden, E. (1981). The American Theater, New York: Oxford University Press
Press-release(2000), The Los Angeles Philharmonic 2000-2001 Season
Simon, C. (1994). The Applause Performing Arts Guide to Los Angeles and Southern, New York: Applause Books
Website of the Los Angeles Philharmonic http://www.laphil.org/
Website of the Hollywood Bowl http://www.hollywoodbowl.org/

渡辺　裕（1989）聴衆の誕生、春秋社
★1　合衆国の他の大都市がそうであるように、いやその中でも特にロス・アンジェルスは、多様な人種と文化が集合している場所である（Davis,1990）。それは、大ロス・アンジェルス域内の地方自治体がホールを計画する際に、多様な様相を見せるコミュニティの融和がその第一の理由になっていることからも見て取れる。ここでいう必要性は日本とは比べものにならないほど切実な問題であることは忘れてはならない。従って、ここで述べる状況は、クラシック音楽というある特定のジャンルに限定された視点に立っていること。各方面への取材は行ってはいるが、それでも筆者の限られた活動圏の制約を受けていることを付け加えておきたい。
★2　1925年、ハリウッド・ボウルの理事会は、ロス・アンジェルス郡と交渉し、99年契約で郡にハリウッド・ボウルを有償レンタルすることを決定している。また、1920年後半から1930年代のロス・アンジェルスは、全米で最も成長の早い都市となり、人口でもベスト5に入るまでに成長した。ハリウッド・ボウルが発展したのは、このような時期である。
★3　アマチュア音楽家で資産家であった彼は、セントポール交響楽団から指揮者を雇い、2400名の観客の前で初演を成功させている（1919年、トリニティ・オーディトリアム、ロス・アンジェルス）。

3.2.1
音楽ホールの歴史
音楽ホールの道程

清水裕之

1. 音楽ホールとは何か

　音楽ホールとは何か。わかっているようでわからない。まず、どんな音楽を行なうのか。音楽の範囲は広い。西洋音楽もあればアジアやアフリカの音楽もある。ロックもあればジャズもある。例えばロックを専門に演奏するライブハウスは音楽ホールなのだろうか。常識的な理解では音楽ホールとは呼ばないだろう。

　私たちは、近代的な意味でのコンサートホールを、経験的に、ヨーロッパの市民社会の台頭と同時に市場経済の中で成り立つようになった、いわゆる「クラシック音楽を専ら演奏する社会化された場（空間）」として理解している。それは、ブルジョア的市民階級の音楽支援システムとして、17世紀後半から18世紀にかけてイギリスに登場したプライベート・ミュージック・クラブ[1]やウィーンのムジークフェラインスザール（楽友協会大ホール）に代表される19世紀における大型コンサートホール化を経て、今日においては民族や国家を越えてインターナショナルでスタンダードな価値をもつようになったクラシック音楽文化の拡がりに対応する場として認識されていると考えて良いであろう。即ちコンサートホールとは、建築空間と同時に一種の社会システムであると理解しておく必要があろう。

　ジャズやロックも最近ではコンサートホールで演奏される機会も増えている。しかし、コンサートホールが築いてきた文化の総体にはわずかな位置しか占めていないと考えるのが妥当だろう。ロックやジャズはそれ自体独自の文化体系と演奏の体系を作っている。そして今までは、その枠組みがクラシックコンサートホールの枠組みと重なることは少なかった。しかし、コ

中新田町バッハホール 1981年竣工。設計は吉田イサム事務所。宮城県中新田町のバッハホール。座席数は780席。

ンサートホールはあくまで経験、あるいは文化としての認識であるから、今後新しい音楽領域に対応していくことは十分に考えられる。この時コンサートホールはどんな形に変化していくか、それは予想ができない部分もあることは十分に承知しておく必要があろう。

　本稿では、そうした経験的な成り立ちを理解した上で、一応コンサートホールを西洋起源のクラシック音楽を中心とする社会化された演奏空間として解釈し、わが国におけるその歴史的な展開と現状、計画と設計におけるさまざまな課題、そして、常識的な枠組みからの逸脱も含めて今後の可能性を整理しておきたい。

　コンサートホール自身、社会における文化的なコンセンサスの産物であるが、コンサートホールを計画・設計する立場とコンサートホールで演奏・鑑賞・運営する立場によってもコンサートホールの理解は異なる。

　具体的な事例を出そう。音楽もやれば演劇もやるといった多目的な設計によって作られた施設であっても、仮に企画や運営がクラシック音楽に特化し、すばらしい演奏活動を恒常的に続けるホールがあったとする。これは物理空間としてはコンサートホールではないが、事業空間としてはコンサートホールであ

る。実はこうした曖昧な事例が比較的多い。例えば地方自治体のコンサートホール・ブームの引き金となった中新田町のバッハホールは、確かに残響可変装置などを設置し、クラシックコンサートの実施を強く意識している。しかし、舞台の構成や回転式の音響反射板、緞帳の設置など多目的ホールの特徴を色濃く有している。意識は音楽専用ホールだが、形状はむしろ多目的ホールに近い姿なのだ。

このような妥協は、実際の設計において日常茶飯事に行われる。厳密に音楽専用に設計されたホールを考えていくとその数は非常に少なくる。さらに、近年ではコンサート形式のオペラに少し装置や衣装などを入れるといった要請も多い。こうなると、映像や照明、あるいは道具も飾れる舞台機構すら求められ、コンサートホールと劇場の境はますます怪しくなる。

2. わが国の音楽ホールの歴史

わが国で最初の音楽ホールは、東京音楽学校につくられた奏楽堂（1892年）である。木造で作られたこの施設は、現在の水準では必ずしも十全な響きを実現してはいないが、当時唯一の演奏会場として、わが国の西洋音楽演奏史において貴重な足跡を残している。続いて登場したのが日比谷公会堂（1929年）である。これも講堂建築として計画されたもので、決して音楽専用施設ではなかった。しかし、当時の東京にはこれをおいて西洋音楽の演奏に適する大型の施設が無く、音響も当時の最高水準を満足させていたために、一流アーティストの活動の場として広く使われた。

戦後になると、真っ先に神奈川県立音楽堂（1954年）が作られた。これも音響的にはまだ妥協の多い空間であったが、精神はまさに音楽堂を目指していた。「ここに泉あり」で有名な群馬交響楽団が拠点とする群馬音楽センター（1961年）も音楽指向の強いホールである。しかし、このホールも現代の建築音響水準からみると、クラシックコンサートに必

神奈川県立音楽堂の外観 1954年竣工。設計は前川國男建築設計事務所。

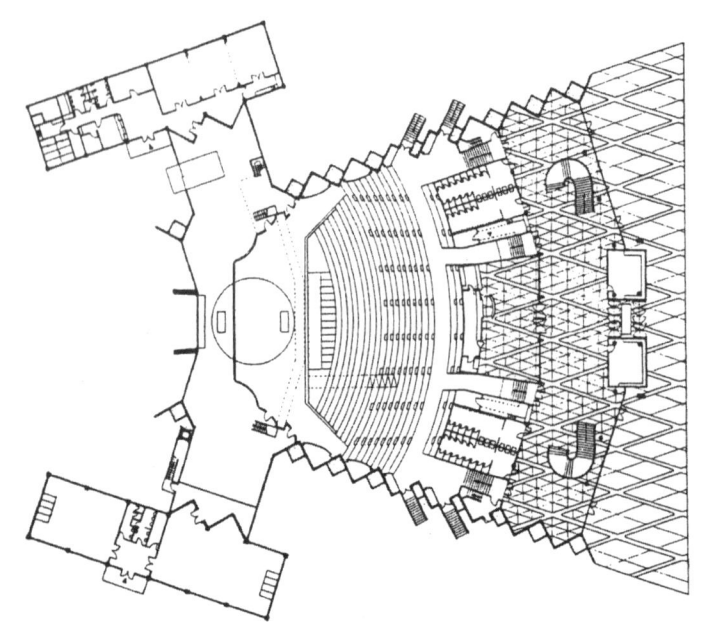

群馬音楽センター平面図 1961年竣工。設計はアントニン・レーモンド。座席数2000数。市民オーケストラ「群馬交響楽団」の本拠地。鉄筋コンクリートの折板構造が特徴的。

NHKホール内観 1973年竣工。設計は日建設計。

ずしも最適な環境を提供しているとは言いがたく地元では保存と新築とで熱い議論がおこっている。東京文化会館（1961年）は、ちょっと特殊な位置にある。形態はオペラやバレエの上演ができる本格的な舞台や舞台設備をもつ劇場であるが、音楽の演奏にも突出した性能を示した。オーケストラピットの張り出しが固定で、演奏会形式にはそこまで舞台が張り出すような作り、あるいは大型で性能の良い音響反射板の設置などで、優れた音響空間を作り出すことに成功したのである。運営においても音楽を中心のひとつに設定し、利用者の厳選をはかったため、多目的ホールというよりは音楽やオペラやバレエの専用空間として大きな機能を果たしてきた。

1970年代になると、建築音響の解析と設計手法の向上に合わせて、多目的ホールにおいても西洋音楽の演奏に合わせて音響特性を向上させようとする動きが強くなった。また、NHKホール（1973年）、神奈川県立県民ホール（1975年）などの大型施設が建設されるようになった。これらは精緻な音響設計やスライド方式の音響反射板の採用などを通して、音響性能を一段と向上させた。しかし、なかなか音楽専用ホールの建設を促すような社会状況には至らなかった。

1980年代になるとコンサート専用の空間が続々登場する。兵庫県宝塚市のベガホール（399席、1981年）、中新田町文化会館（通称バッハホール、780席、1981年）など

が音楽ホールブームの先駆けとなった。大型のコンサートホールとしては、民間では、ザ・シンフォニーホール（1982年）、サントリーホール（1986年）、公共では熊本県立劇場大ホール（1982年）などができあがっている。多目的指向の入ったホールでは妥協的になりがちな建築音響特性を、専用コンサートホールは徹底して調整できるためホールの音響水準は飛躍的に向上した。また、特に民間のコンサートホールにおいてホールの企画制作のスタッフが採用され、オーケストラやプロモーターに任せていた音楽制作の領域がホールにも誕生し、ここに本格的な劇場経営（音楽ホール経営）というジャンルが登場したことは特筆すべき点であろう。

ザ・シンフォニーホール内観
1982年竣工。設計は大成建設。

　地方自治体が音楽専用ホールをつくる場合、他の舞台芸術の領域に何らかの配慮を必要とする。なかなか音楽だけを突出させる地域合意は得られにくい。そこで、演劇に特化したホール、音楽に特化したホールなどを複合させて特色をつくる方法が生まれた。先にあげた熊本県立劇場は大ホールを音楽に、中ホールを演劇に特化させてそれぞれの機能の充実を図っている。愛知芸術文化センター（1992年）、彩の国さいたま芸術劇場（1994年）などもその事例である。通常は大ホールを音楽に、中ホールを演劇になどと規模の異なる施設の組み合わせが行われるが、碧南市芸術文化ホール（1993年）のようにほぼ等しい客席数でホールの性格を分けようとするペアホールの考え方も登場した。

　音楽専用ホールの設置は、90年代後半に一応の区切りを見せる。しかし、この間に全国に非常にたくさんの音楽専用ホールが誕生した。特に地方自治体による専用ホールは大都市ばかりではなく、小さな町にまで登場している。このような状況は一種の文化現象として捉えることができるが、これは反対に、音楽ホールの過剰をも生み出した。中新田町がホールを建築し

た時代は強い話題性が人を引きつけたが、雨後の竹の子のように続々と小さな都市にコンサート専用ホールが登場する状況は少しばかり異常な事態ではなかったか。こうしたホールの大半は建設に先立って、住民の合意形成や的確な市場調査などを行わないままに建設されることが多く、作ってから後にあまりにも利用率が低いなどの社会問題を生む結果となった。また、公共施設は建設することが目的化し、建設後の事業体制や予算の獲得、あるいは人材の確保などが十分に検討されないという悪循環を作り出した。

小さい町がコンサート専用ホールを作るべきではないとは言えない。しかし、作るに先立って何のために作るのか、どうやって運営するのか、どういう事業を行うのか、専門職員の雇用はできるかといった基本的な事柄が十分検討されなくてはならないし、またそうした指針について十分な地域市民の合意が形成されている必要がある。地域市民の合意や参加の問題については、本誌ではこれ以上触れることはできないが、詳しく知りたい方は、「21世紀の地域劇場」★2、「地域に生きる劇場」★3を参考にされたい。

3. ホールのデザインは深化したか

80年代から90年代にかけて非常に多くのコンサートホールが建設された。それではこの20年間にホールのデザインは深化したのだろうか。

デザインの幾つかの兆候をながめたい。70年代の多目的ホールは、模型実験などを含めて音響解析の方法が追求され、また、多くの実施を経て、さまざまな建築材料における音響特性が把握され、音の味つけにも経験が深められた。さらに80年代には、おびただしい数の専用コンサートホールの実現、あるいは、コンピュータシミュレーションなどのサポート技術発達によって、建築音響の技術が飛躍的に進化した。今日、設計、施工段階で経験豊かな音響コンサルタントによるアドバイスを受けない施設は少なく、アドバイスをきちんと実行した施設では、大きな音響的な過ちをおかすことはほとんどあり得ない。

意匠の傾向はどうであろうか。70年代のホール意匠は極めて合理的、技術志向の表現であった。ホールの側壁には、折板形式のギザギザがすばらしい音響設計をしていますよと言わんばかりの主張をした。客席はよく見えるように行儀良く前へ習

えをした。あまりに強い技術志向のホール設計に対して、筆者は「劇場の構図」★4において、人間性を取り戻したような劇場の作り方を指摘した。劇場は、単なる機能表現ではなく、もっと生きた人間による厚い壁を作ることに心がけるべきだという主張であった。これは筆者だけの主張ではなく、イギリスのリチャード・ピルブロウなども指摘している見解で、見にくいとして排除されてきた古い劇場形態の再評価を促している。音楽ホールに限らず、90年代のホールは技術的な呪縛から少し解放されて、人が全面にでるデザインを模索するものが増えているのは喜ばしい現象だと思う。ベルリン・フィルハーモニーやそれに刺激を受けてつくられたサントリーホールなどの形態は非常に素直に人が喜ぶ演奏空間を実現している。

　人々が喜んで集まる劇場の雰囲気を歴史的なスタイルに見ようとする動きは、幾つかの傑作を生み出している。しかし、一方でウィーンのムジークフェラインスザールの内装をまねるなど表面的なクラシックリバイバルのようなデザインも多く見られた。これは一種の文化スノビズムであり、また、ある種のステイタスを得ようとする発注者や音楽愛好家の指向への迎合であり、あまり感心しない。

　こうした表面的な歴史的迎合に批判的なモダニストの建築家は、ガラスを多用するデザインを強く推進した。全て透明なガラスで覆われるコンサートホールも作られている。このような指向は劇場を闇から開放する、建築の存在を消し去るといった一種の今日的理念が働いているようにも見える。透明なものへの異常なほど強い固執は、ポストモダニズムを経験した若い建築家にも共通する指向でもあるようだ。劇場にはニーチェの言葉を借りれば、アポロ的なものとディオニソス的なものとが重なり合う。ガラス張りのホールは明るくさわやかで成功した事例もあるが、あまりに明るくアポロ的になりすぎているきらいもある。人間の情欲をどろどろした形で包含できるようなディオニソス的な空間を思い出せないか。闇をもっと積極的に理解しようとする必要はないだろうか。

　曖昧なデザインを意図的に行うという傾向も見られる。特にホールの側壁を消し去り、桟敷席が中に浮いているように見せたり、ホールの内部に桟敷への階段を露わしにしたり、あるいは、プロセニアム周りの固定性をとりはらい、融通無碍な空間変容性を構想したりするデザイン指向である。ビックハート出

雲（1999年）、長久手町文化の家（1998年）の森のホールなどはその成功した事例である。がっちりと鎧甲でかためたようなデザインに対する批評が込められているのだろう。

　いろいろなデザイン的な試みがなされ、それなりに成功を収めているようにもみえるが、筆者は建築的なデザインは社会的な存在としてのコンサートホールに、まだまだ決定的なデザイン転向をもたらしてはいないと感じている。むしろ、新しいデザインを生む以前にクラシックコンサートホールを支える社会的環境が微妙に崩れようとしている。子供たちの間ではクラシック音楽は魅力を急激に喪失している。大学生などにコンサートホールは何かと問うと、ポップスを上演する場をイメージする答えが返ってくる。いや、若者ばかりではない、あらゆる世代にとって音楽がファッションとなり、精神を成熟させる以前に通り過ぎてしまう。21世紀は音楽を哲学することが非常に難しい時代になるのではないか。その時、音楽ホールはどんな予想を呈するのか。こんな疑問が強くよぎる。コンサートホールは本当に必要とされ続けるのだろうか。

注

★1　イギリスにおけるプライベート・ミュージック・クラブの登場は17世紀後半とされている。例えばアマチュア音楽家のThomas Brittonが1678年に、自分の店の2階でミュージック・クラブを始めた。その後、ロンドンには18世紀になると、Carlisle House（1760年）、The Pantheon（1772年）、The Hanover Square Rooms（1775年）などが建てられ、市民社会へのコンサートが普及していった。
★2　清水裕之、「21世紀の地域劇場」、鹿島出版会、1999年
★3　衛紀生、本杉省三、「地域に生きる劇場」、芸団協出版部、2000年
★4　清水裕之、「劇場の構図」、鹿島出版会、1985年

3.2.2
音楽ホールの歴史
音楽空間の様相

井口直巳

1. 人が集う場に音楽があった

　メソポタミアやエジプトなどの古代文明から出土された楽器や絵からは、人類がいつの時代も音楽を楽しんでいた様子が伺える。人が何か目的をもって集まる場所で音楽が奏でられた時に音楽空間は始まった。私たちが音楽空間という言葉で思い浮かべるのはコンサートホールで、今日では中世から現代までの音楽を音楽専用ホールで聴くのが当然のようになった。ところがクラシック音楽の本家と見られているウィーン・フィルハーモニーやムジークフェラインスザール（楽友協会大ホール）は、モーツァルトやベートーヴェンの時代にはまだなく、音楽の聴き方も現在とは大きく異なっていた。音楽は人が集う場所で奏でられてきたもので、音楽空間そのものが時代とともに様相を変えてきたことにもう一度注目してみたい。

2. 宗教音楽と世俗音楽の空間

　J.S.バッハは、ライプツィッヒの聖トーマス教会の楽師長として身廊背面の2階で演奏をおこなっていた。これでは演奏する姿は良く見えないが、バッハに限らず教会音楽は神に向かって祈る人々が集う場で同じように神に向かって奏でられるものなので、これが自然な姿である。ヴォーカル・アンサンブル・カペラは、バロック以前の教会音楽を当時の姿を踏襲してひとつの大きな譜面台を仰ぎ見るように全員が祭壇に向かって歌っている。その姿はとても印象的で、このコンサートではお尻を向けて演奏していると文句をいう聴衆は一人もいない。

碑文谷サレジオ教会でのヴォーカル・アンサンブル・カペラの演奏風景。

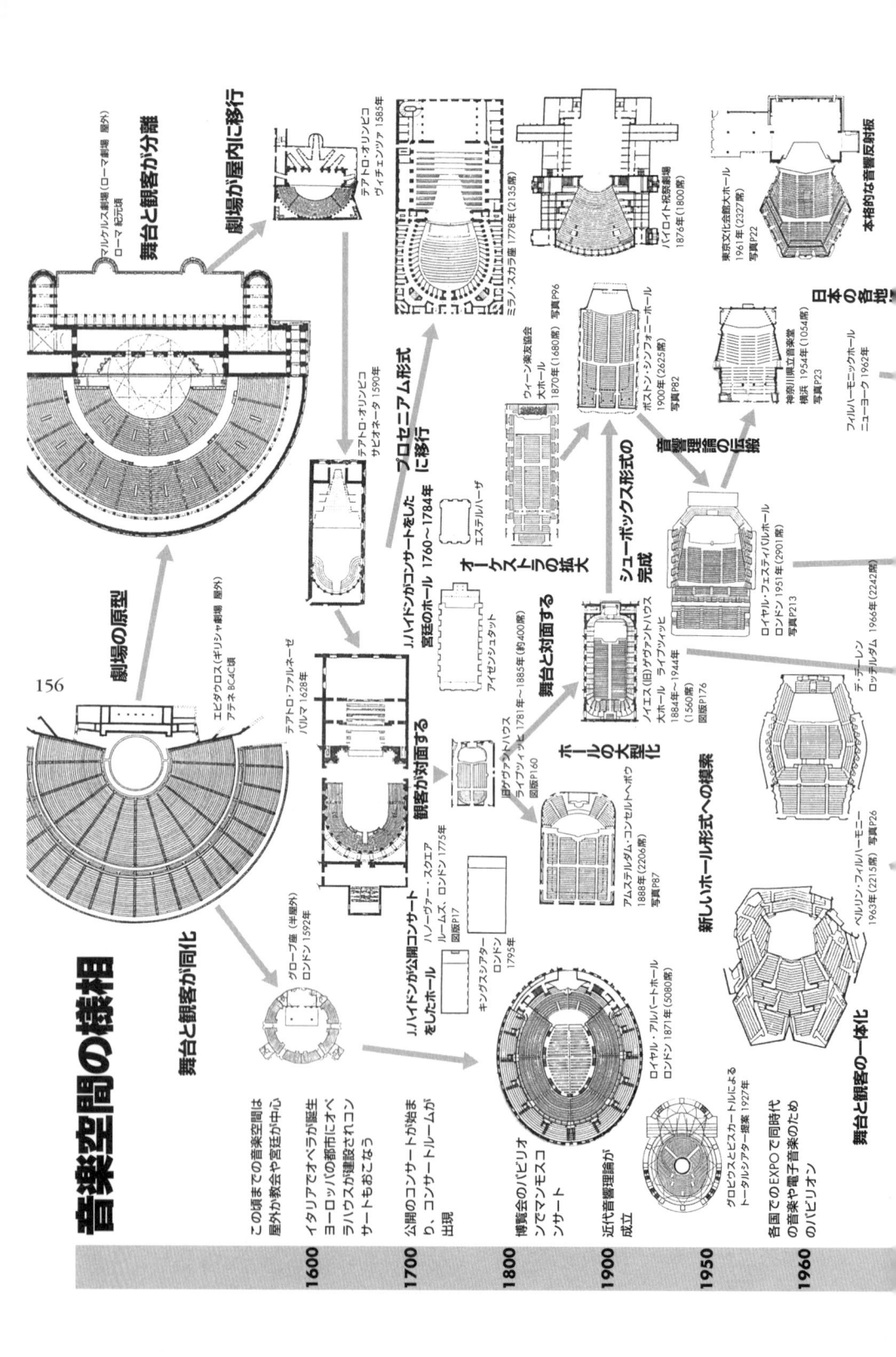

音楽空間の様相

劇場の原型

エピダウロス（ギリシャ劇場 屋外）
アテネ BC4C頃

マルケルス劇場（ローマ劇場 屋外）
ローマ 紀元前

舞台と観客が同化

グローブ座（半屋外）
ロンドン 1592年

テアトロ・アルヌーゼ
パルマ 1628年

舞台と観客が分離

劇場が屋内に移行

テアトロ・オリンピコ
サビオネータ 1590年

テアトロ・オリンピコ
ヴィチェンツァ 1585年

プロセニアム形式に移行

オーケストラの拡大

ハイドンがコンサートをしたハールハウスのホール 1760〜1784年

宮廷のホール 1784年〜1885年
アイゼンシュタット

ミラノ・スカラ座 1778年 (2135席)

バイロイト祝祭劇場
1876年 (1800席)

ハイドンが公開コンサートをしたホール

ハノーヴァー・スクエア
ルームス、ロンドン 1775年
図版P17

エステルハーザ

旧ブルクシアター
ロンドン 1795年

キングスシアター
ロンドン

ホールの大型化

舞台と対面する

旧ゲヴァントハウス
ライプツィヒ 1781年〜1885年 (約400席)
図版P160

アムステルダム・コンセルトへボウ
1888年 (2206席)
写真P87

ロイヤル・アルバート・ホール
ロンドン 1871年 (5080席)

ノイエス（旧）ゲヴァントハウス
ライプツィヒ 1884年〜1944年
大ホール (1560席)
図版P176

ウィーン楽友協会
大ホール
1870年 (1680席) 写真P96

ボストン・シンフォニーホール
1900年 (2625席)
写真P82

東京文化会館大ホール
1961年 (2327席)
写真P22

博覧会のパビリオ
ンでマンモスコ
ンサート

近代管理論が
成立

新しいホール形式への模索

ロイヤル・フェスティバルホール
ロンドン 1951年 (2901席)
写真P213

シューボックス形式の完成

音響理論の伝播

本格的な音響反射板

神奈川県立音楽堂
横浜 1954年 (1054席)
写真P23

フィルハーモニックホール
ニューヨーク 1962年

日本の各地

舞台と観客の一体化

グロピウスとピスカートルによる
トータルシアター提案 1927年

各国のEXPOで同時代
の音楽や電子音楽のため
のパビリオン

テアトレン
ロッテルダム 1966年 (2242席)
写真P26

ベルリンフィルハーモニー
1963年 (2215席) 写真P26

- 1600
- 1700
- 1800
- 1900
- 1950
- 1960

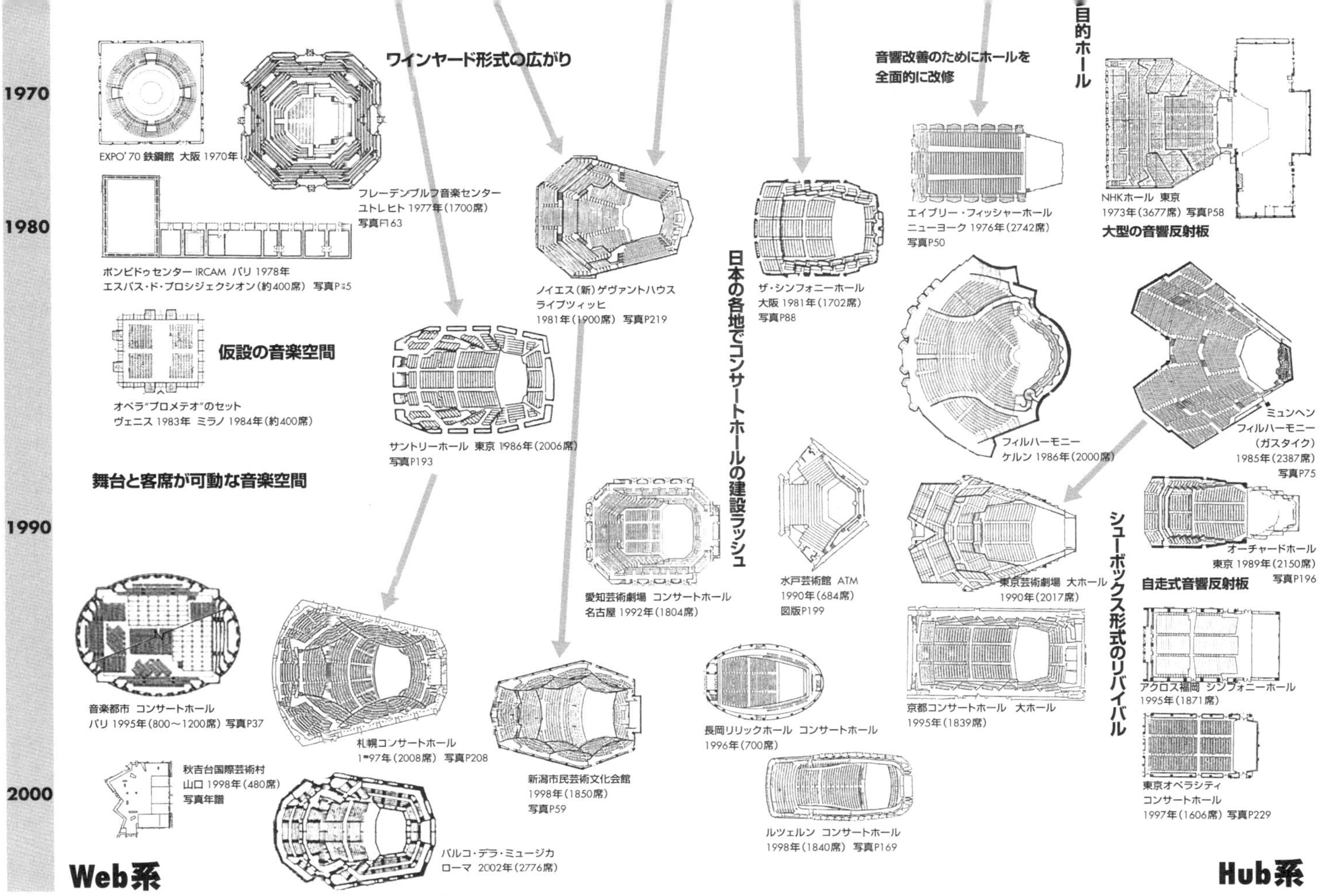

Hub系

大空間の音響反射板

NHKホール 東京
1973年 (3677席) 写真P.58

フィルハーモニー
ミュンヘン
(ガスタイク)
1985年 (2387席) 写真P.75

自走式音響反射板

オーチャードホール
東京 1989年 (2150席) 写真P.196

アクロス福岡 シンフォニーホール
1995年 (1871席)

東京オペラシティ
コンサートホール
1997年 (1606席) 写真P.229

音響改修のためにホールを全面的に改修

エイブリー・フィッシャーホール
ニューヨーク 1976年 (2742席)
写真P.50

フィルハーモニー
ケルン 1986年 (2000席)

シューボックス形式のリバイバル

東京芸術劇場 大ホール
1990年 (2017席)

京都コンサートホール 大ホール
1995年 (1839席)

ザ・シンフォニーホール
大阪 1981年 (1702席)
写真P.88

水戸芸術館 ATM
1990年 (684席)
図版P.199

長岡リリックホール コンサートホール
1996年 (700席)

ルツェルン コンサートホール
1998年 (1840席) 写真P.169

日本の各地でコンサートホールの建設ラッシュ

愛知芸術劇場 コンサートホール
名古屋 1992年 (1804席)

ワインヤード形式の広がり

フレーデンプルツ音楽センター
ユトレヒト 1977年 (1700席)
写真P.63

ノイエス (新) ゲヴァントハウス
ライプツィヒ
1981年 (1900席) 写真P.219

新潟市民芸術文化会館
1998年 (1850席)
写真P.59

ポンピドゥーセンター IRCAM パリ 1978年
エスパス・ド・プロジェクシオン (約400席) 写真P.15

サントリーホール 東京 1986年 (2006席)
写真P.193

札幌コンサートホール
1997年 (2008席) 写真P.208

パルコ・デラ・ムジーカ
ローマ 2002年 (2776席)

仮設の音楽空間

オペラフロラのセット
ヴェニス 1984年 (約400席)

舞台と客席が可動な音楽空間

音楽都市 コンサートホール
パリ 1995年 (800～1200席) 写真P.37

秋吉台国際芸術村
山口 1998年 (480席)
写真資料

EXPO 70 鉄鋼館 大阪 1970年

Web系

1970

1980

1990

2000

5 10 30 50M

ルネサンス時代には、世俗音楽と呼ばれる民衆の喜怒哀楽に満ちた素晴らしい音楽の多くが屋外で奏でられていた。リコーダーやショームなどのバロック以前から活躍していた楽器は、今日でも屋外で聴くのが向いている。私が企画・制作した北とぴあ国際音楽祭★1では、1999年にドゥルス・メモワールという中世・ルネサンス音楽を専門とするグループを招聘して公園で無料コンサートもおこなった。好天に恵まれた昼下がりに、木々に反射する演奏の響きに呼応するように鳥たちが鳴き出し、音楽監督のドゥニ・レザン・ダトルは、「この空間こそ500年前にこうした音楽が奏でられた時と同じです」と聴衆に説明していた。

3. 劇場は集いの場

劇場空間のルーツは、ギリシャやローマ時代の野外劇場にまで遡る。そして前頁のように、イタリアのヴィチェンツァにあるテアトロ・オリンピコとイギリスのいわゆるシェクスピア劇場という、舞台と客席を分離するか同化させるかによる劇場建築の2大潮流が生まれた。1600年頃にはヴェネチアでオペラが誕生し、またたく間にヨーロッパ大陸の各地にオペラハウスが建設されるブームとなった。日本では、百年を越える洋楽受容の歴史の最後に専用施設として登場したオペラハウスは、実はコンサートホールより遙か以前に出現し、階級を越えて人々が一堂に会する場としての機能をもつ多目的ホールでもあった。ヨーロッパの小さな町では、今日でも旧い馬蹄形の劇場が、日本の公会堂のように集会やコンサートや音楽の練習にも使われている。

「民衆のバイタリティが知的対象として知識階級の間に復活した古典形式の劇場を新しいバロック劇場のフォルムへと変容させていった」★2と指摘する清水裕之は、16、7世紀の劇場の典型的な空間構造を権力の構図として示している。この図から、は当時の人々がオペラ、バレエを楽しみつつ、同時に演技面の向こうの客席や特に王の廻りの貴族の席にいる人々を舞台と同じくらい注目して楽しんでいた様子が理解できる。民衆は、パフォーマンスと同じかそれ以上に多くの人が集う場そのものを楽しみに集まってきた。

4. 音楽空間の発芽と「集い」の拡大

大陸より一足早く市民社会が確立したイギリスでは、上流階

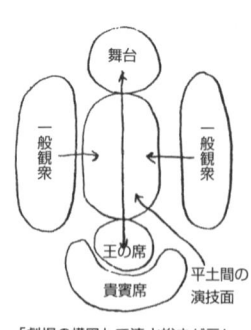

「劇場の構図」で清水裕之が示したバロック劇場の空間の構造。

級が公開でコンサートを開くようになり、17世紀後半から音楽専用とされる空間が生まれていた。音楽空間は、この時期から劇場とは別の道を歩むようになったと考えられる。このように劇場が民衆によって変容を遂げたのに比べ、音楽空間は、産業革命がもたらした市民階級が、都市文化のなかで定期的に集まる場として発展させたものである。

ベルリオーズが指揮したパリ産業博覧会会場でのコンサート風景。

　劇場やホールとは別に、レオナルド・ダ・ヴィンチが演出したロドヴィコ・イル・モロの祝宴などのような祝祭のための音楽空間は、いつもその時代に可能な最大限の建築空間でおこなわれた。いわゆるマンモスコンサートは、1784年にロンドンのウェストミンスターでおこなわれたヘンデル記念コンサートをきっかけとして、1840年にはパリ工業博覧会パビリオンの大空間に感動したベルリオーズが、当時のパリ中の音楽家を集めたとされる1000人のオーケストラを指揮して5000人の聴衆を集めた。市民社会の形成と産業革命による建築技術の発展は、音楽空間の概念をかつての祝祭から大衆のイヴェントへと拡大させた。20世紀に電気音響が導入されてからは、もはや規模についての制約はなくなり、昨今の三大テノールに代表されるような興行に引き継がれている。

5. 市民社会が生み出したコンサートホールという器

　このように眺めてくると、人間が音楽を聴くという行為の原点は、人々が集まった場に演奏が加わったと考える方が自然である。教会、広場、劇場、貴族の館、博覧会場とそれぞれ異なった用途の空間で、音楽はいつも真の主役ではありえなかった。

　人々が音楽を聴くことを主たる目的として作られた最も初期の例のひとつとして、ライプツィッヒのゲヴァントハウスがある。オペラハウスが完成した後に音楽ホールを望む市民の要望を受けて、織物商会館の2階の図書室をホールに改修したものであ

世界初の公立コンサートホールとされる初代ゲヴァントハウスの室内。

初代ゲヴァントハウス　音楽空間の構造。

る。ダウテの設計で1781年に完成した初代ゲヴァントハウスは、客席が舞台の方向ではなく、中央通路を挟んだ左右がお互いに向き合うように並べられている。今日から見れば極めて奇異に映る光景だが、集まった人たちが顔を見合わせながら音楽を聴くのがごく普通の感覚であったことがここから伺われる。

　百曲を越える交響曲を残したハイドンが初演したホールと楽団の変遷によれば、18世紀の後半のわずか40年間でオーケストラの人数が16人から59人に、会場の広さは150m²から433m²に、聴衆は200人から千人以上に増えたことになる。これは、ハイドンの活躍がエステルハージ宮での閉ざされた世界からロンドンの興行主による今日的なコンサートへと変化した時代の反映でもあった。

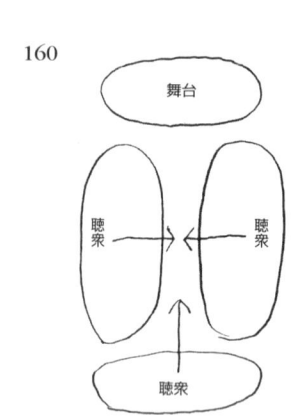

6. 日本が模範とした音楽空間

　ゲヴァントハウスは1884年に建て直され、小ホールは初代と同じ空間に再現されたが、客席は舞台に向かって並べられている。当時世界最高と讃えられた大ホールは、左右に壁を背に向き合う客席をもつ典型的なシューボックスのスタイルをしている。19世紀後半には、今日まで続くコンサートホールの原型とされるシューボックスのホールが、欧米の主要都市にあいついで建設された。明治の日本が目標にした西洋文化の華として、これらの多くは今日でも音楽専用ホールのお手本のように考えられているが、当時の生活習慣から見れば、そこにはまだ舞踏会や祝宴など大勢の人々が集う幾つかの目的があり、そのために音楽を演奏するオーケストラが存在した。ムジークフェ

ラインスザールで毎年続けられている舞踏会などは、そうした雰囲気を今でも伝えている。

19世紀末には、今日的な意味での音楽専用ホールが成立した。近代プロセニアム劇場の祖とされるバイロイト祝祭歌劇場は、すべての客席を均一に舞台と対峙させて見えないオーケストラの音で満たすという異空間を実現させた。ボストンのシンフォニーホールは舞台と客席が完全に分離され、音響設計を裏付けとしたコンサートホールのスタンダードとなった。こうして専門化が進むにつれて観客同士のコンタクトが希薄になり、これまで音楽空間がもち続けてきた、観客がたがいに舞台を囲む場所性という重要な要素が徐々に失われていった事実は極めて重要と考えられる。

7. 場所性の喪失が生んだ逆支配

近代の劇場やホールの客席から、かつての王の座という可視的な中心が排除されて各席が舞台と均一な関係をもつようになると、舞台の中心を占めた者によって、客席の全員が逆に支配されるようになったと磯崎新は指摘★3している。20世紀前半の反射音線理論によるホール★4や映画館の出現は必然的に客席すべてを音源に集中させる空間となり、この逆支配をさらに強めた。

近代プロセニアムステージが成立した後も劇場空間からオープンステージが消えなかったのと同様に、音楽空間では、ベルリン・フィルハーモニーでシャロウンが、「音楽が中心に」というコンセプトを打ち出して舞台と客席を大きく同化させたのはひとつの革新だった。音楽界はスター主義の時代をむかえ、カラヤンに代表されるような舞台上の指揮者や独奏者に観客の興味の中心が移り、音楽空間は視覚が重要視されるようになる。カラヤンが制作したコンサート映画では、彼による全観客への逆支配の状況が色濃く反映されている。

8. 20世紀にコンサートはどう変わったか

20世紀に音楽空間は大きく変容するが、同時にエジソンに始まるヴァーチャル音楽空間の発展の百年でもあった。グレン・グールドのような録音のみに絞った演奏家が現れて、その死後も現役ピアニストのコンサートにも匹敵する頻度で世界中の人々に聴かれ続けている時代を誰が想像しただろうか。

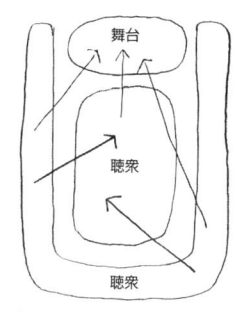

典型的なシューボックス形式のホールの空間構造。

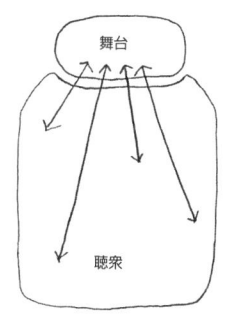

逆支配の空間構造。

人々の音楽の接し方は、20世紀後半には大きく変わり、コンサートホールは明らかに根本的な変革を迫られるようになった。まずコンサートそのものが変質した。オーケストラの定期公演のように、毎回同じ人たちが同じホールに聴きに集まり社交する原風景から、集まる観客同士は知らなくても聴きたい音楽家のコンサートに出かける、つまり「集う」から「観る」へのシフトが急速に進んだ。その背景には、放送や録音によって個人が演奏家と1対1の関係を結ぶ機会が増えたことも影響している。その延長として、良く見えることが音響の良さと同じくらい重要になってきた。

　演奏側でも、これまでは街に根を張ったような存在だったオーケストラが、他の街や他国のオーケストラとも比較されるようになり、世界的な評価を得るためには演奏旅行が必須になってきた。20世紀の移動と情報の革命は、コンサートホールを単なるオーケストラの本拠地から世界中の音楽家を迎える日替わり舞台へと変えてしまったのである。

9. 現代音楽と音楽空間

　テクノロジーの進化は、作曲家にも大きな影響を与えた。後期ロマン派の拡大された音楽から、限られた素材による音世界が見直され、電気的な音創造が音楽空間の意味を大きく変えるようになった。作曲家自身が演奏空間を規定する作品が次々に生まれ、その多くは観客を音源で取り囲み、空間に音を配する手法がとられている。20世紀の万国博覧会では、こうしたパビリオンがいくつも建てられ、[5] 新しい音楽と音楽空間の実験が試みられた。1970年の大阪万博の鉄鋼館は、日本で最初の現代音楽のためのホールであった。

　コンピュータを利用した音楽研究施設でも、盛んに創作活動が行なわれるようになった。その代表的なものが、1969年にパリのポンピドゥー・センターに併設された音響音楽総合研究所（IRCAM）で、6つの制作スタジオと最新の電子機器が備えられた環境で創作、研究、教育活動が続けられている。ここでは、毎年多数の作曲家が世界から集まって作品を制作し、専属楽団のアンサンブル・アンテルコンタンポランが創作活動のサポートやコンサートを主催するなどコラボレートの度合いを強める現代音楽のホールの典型となっている。

10. Hub構造からWeb構造の音楽空間へ

　このように音楽空間は、20世紀にその意味を大きく変えてきた。「集う」要素が薄れるにつれて、全客席が舞台とのみ関係するHubの構造としての音楽空間が形成される傾向が強くなり、舞台からの逆支配を生んだ。Hub構造では、大半の聴衆は自分が舞台を独り占めする欲望が優先されている。ところが大型画面でだれもが自宅でそれが可能な時代をむかえて、コンサートの会場に身をおく必然性が大きく変わろうとしている。観客にとって、時間と空間を共有している他の聴衆の存在を意識することで形成されるWeb状の構造が、単に「観る」ことを越えてきわめて重要な意味をもつようになってきた。人が集う意味が変質した現代の音楽空間では、一期一会で構成される観客がその場の様相を決定的なものにするからである。

　ユトレヒトのフレーデンブルフ音楽センターでは、ヘルツベルハーが正八角形の空間で観客が演奏を等しく取り囲んで聴くという観客の存在そのものが中心となるコンサートホールを提案し、舞台と客席との関係を客席相互の関係にまで広げたWeb状の音楽空間によって、現代における「集う」要素の復活を試みている。

　音楽家へのインタビューからは、聴衆の反応を非常に敏感に感じている演奏者の心理が明確になる。多くの演奏家は、音がホールの最後の席まで届いている確信が得られれば、どの方向から見られようと舞台から聴衆を一体として把握できる音楽空間であることが演奏の環境として必須と述べている。そのためには、逆支配による中心性よりも観客が音楽空間につくり出すWeb状の気運が非常に重要であり、ホールの形式を問わず聴衆が舞台を囲む場所性が回復されることによる、舞台と客席の新たな構図が求められている。

11. 創造の場としての21世紀の音楽空間

　日本のコンサートホールは、視覚をある程度犠牲にしても空間が音で満たされる感覚を重視するか、あるいは舞台が良く見えて直達音を重視するかの選択が問われてきた。しか

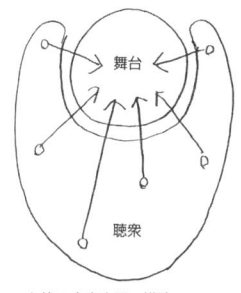

Hub状の音楽空間の構造

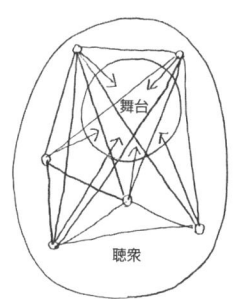

Web状の音楽空間の構造

フレーデンブルフ音楽センター
1977年竣工。客席数は1700席。設計者のヘルマン・ヘルツベルハーは、聴衆もお互いに良く見えて、ひとつのまとまった共有できる音楽空間を意図している。

し21世紀の音楽空間を考えるには、シューボックスかアリーナかといったステレオタイプの議論は終わりにした方が良い。形式に捕らわれるあまり、音楽空間のありかたそのものを新たに創造する機運が薄れてしまったのは残念でならない。

　劇場やホールは、長い歴史の中で常に舞台と客席の関係を問い直す試みが繰り返されてきた。数百年前の音楽であっても演奏方法やスタイルは、時代とともに変化して永遠に固定されるものではない。それ故に音楽空間もまた変化し続ける。21世紀の音楽空間に求められているのは、その原点である人が集う場所性の新たな追及である。観客自身が音楽空間を成立させる重要な要素の一員であるという一体感を五感で受けとめられるあらゆる感覚のネットワークがWeb状に張り巡らされた空間が、かつてのどの時代にもまして必要とされている。

　音楽専用ホールが整備されるにしたがって、逆にホール以外の空間を使った演奏会も増加してきた。小さなスペースを活かした親密な音楽空間が注目されたり、公共スペースやロビーなどのホールより条件が悪い環境を選ぶなど、専用ホールにはない音楽空間の開拓が進んでいる。そこには近年の音響のみを優先したコンサートホールが見失ってきた「観客が共有できる場所性」という音楽空間の原点が見えるからでもあろう。

　単なる再生芸術ではなく新たな創造の場としての音楽空間を、過去のホールの再現ではなく舞台と客席の新しい関係から生み出すべき時にきている。人の一生の記憶の中でも特別な感動をもたらす場としての音楽空間は、音楽の歴史と同じように常に様相を変えながら創造され続けてきたものであり、感動の瞬間におきていることにこそ、新しい音楽空間への鍵が潜んでいる。

注

★1　東京の北区で1994年〜1999年に行われた。詳細は
　　http://www.niaa.jp
★2　「劇場の構図」151頁　清水裕之　1985年　鹿島出版会
★3　「演奏空間が変わっていく」バッハ全集第5巻　磯崎新　1999年　小学館
★4　シカゴ・オーケストラ・ホール1905年、パリ・サル・プレイエル1927年など
★5　1957年ブリュッセル万博フィリップス館（ル・コルビュジエ）、1967年モントリオール万博など

3.3.1
音楽ホールのデザイン
ホールタイプの継承と再考

澤岡清秀

　過去15年間にわが国では非常に多くのコンサート専用ホールが建設された。1980年代初めには、多目的ホールの無目的性が盛んに批判されて専用ホールの建設の必要性が叫ばれていたことを思い起こすと、信じられないほどの状況である。現在その数は首都圏ではすでに需要を超えていると思われるし、地方の小都市にまでパイプオルガンを備えた立派なホールがある様は驚異と言えるだろう。まさに喜ばしき限りであるはずなのだが、その煌びやかで華やかな内装の写真の数々を見るたびに、思わず溜め息が出てくるのを禁じ得ない。

　まずホールの平面形・断面形は、圧倒的にひとつのタイプ＝シューボックス型に偏って設計されている。サントリーホールを代表とするアリーナ型も少しずつ登場してきてはいるが少数派である。コンサートホールは、そもそもニコラス・ペヴスナーの名著『ビルディングタイプの歴史』の中には含まれていない、歴史の浅い建築の種類（ビルディングタイプ）ではあるが、にもかかわらず、設計者に空間の形式についてこれほど強い先入見を与えているビルディングタイプも他にないように思われる。最初のスケッチを描く前からシューボックス型にするかアリーナ型にするかという「型」についての議論が交わされるのが普通であり、そして日本の設計者はとりわけシューボックス型に執着してきた。ウィーンやボストンの優れた先例を見習いたいというのは抗しがたい誘惑であるし、設計意図としても理解できる。何より施主に対して説明がしやすい。

　問題はこの型の選択にあるのではない。その先にある。つまり、そのインテリアデザインの傾向が極めて狭い範囲に限定されていることである。

　ためしに「いずみホール」「紀尾井ホール」「浜離宮朝日ホー

いずみホールの内観 1990年竣工。設計は日建設計。座席数は821席。

紀尾井ホールの内観 1995年竣工。設計は新日鉄・山下設計共同設計室。中ホールの座席数は800席。写真©鈴木豊

ル」の内部側壁の写真を並べて見て、どれがどのホールであるか言い当てられる人は、設計者以外にほとんどいないのではないか。側壁には、グリーク・オーダーによるピラスターの変種とおぼしき柱型が規則正しいリズムを刻み、柱型間のベイには、古典主義建築のエディキュラの代替のような側方反射音拡散目的の凹凸がほどこされ、しかるのちに、このような一連のパターンを強調すべくブラケットを用いた間接照明が仕込まれる。いわずとしれたポストモダンの常套手段である。建築界ではとうに過去のものとなったポストモダニズムは、この世界では今でも再生産され続けているのだ。そして何故かどのホールも、判で押したように表面は木製パネルで仕

上げられている。設計者は説明する。「木のもつ暖かみがクラシック音楽にふさわしい」と。

わが国の設計者が範と仰ぐ欧米のシューボックス型ホールがほとんど19世紀後半の産物であり、その時代の様式として新古典主義が広く用いられたのは当然であった。しかし空間の形式を参考にすることとインテリアデザインの様式を模倣することは、全く異なる次元の問題である。日本の設計者たちは、極めて安易な想像力に乏しい選択をしているのではないか。

欧米の模倣に徹するというなら、それも設計者としてひとつの選択であろう。しかし模範とされるホール（ムジークフェラインスザール、ボストン・シンフォニーホール、コンセルトヘボウ）の中で、内装仕上げに木を使用している例はない。新古典主義の定石にならって内装はスタッコ仕上げが一般的であり、ピラスター、コーニス、ペディメント等はルネサンス以来の法則に従ってデザインされ壁面を飾り、一部金箔で飾られている部分もあるが、基本はすべてスタッコで塗り固められている。わが国の「真性なシューボックス」を標榜するホールでは、これらの古典主義的なエレメントはどれも本物の古典主義とは似ても似つかぬ「のようなもの」に姿を変えられているし、しかもすべてがうやうやしく木製練り付けパネルで被われている。木でできたオーダーといえば、かつてチャールズ・ムーアがニューオーリンズの『ピアッツァ・ヴェネツィア』で試みた、グリークオーダーをアルミや木で置き換えるという意識的なマニエリスムを思い起こすが、あの作品のグロテスクなアピアランスは、ポストモダニズムの深い病を感じさせるものであったけれども、少なくとも設計者の古典に対する教養と意識的なウィットが感じられた。しかしわが国の「木の暖かさを大切にした」シューボックスホールからは、そのどちらも感じられない。むしろ設計者

浜離宮朝日ホールの内観 1992年竣工。設計は竹中工務店。座席数は398席。写真©T.Ogawa

第三章　音楽ホールのデザイン

たちは意識していないが、結果的には「キッチュ」を生産していると言うべきだろう。

　もうひとつ木製パネルに関しては根強い擁護論がある。いわく「ホールもひとつの楽器である」あるいは「楽器のようであらねばならない」というものだ。しかし多種多様な楽器と演奏者と観客を包み込む空間全体がまたひとつの大きな楽器であらねばならないというのは、詩的な比喩としては理解できるとしても合理的な設計理論と言えるだろうか。またこうした比喩の対象としては常に弦楽器が想定されているようだが、そもそもヴァイオリンやチェロの胴の中に入り込んで音楽を楽しむという連想は、耳鳴りのしそうな奇怪なメタファーに思えるし、それにそもそも楽器は弦楽器だけに限らない。

　それではなぜこのような画一的なキッチュが、クラシック音楽演奏の背景として定着してしまったのだろうか。コンサートホールは演劇劇場と異なり開演中も暗転することはない。つまり設計者も観客も演奏者もコンサートの間中、そのインテリアを目にしていなければならない固定的な「舞台装置」なのである。そこでこの種のインテリアを不思議と感じず、むしろ当たり前の景色として受け入れてしまっているのは、それが人々に支持されているからだと主張することもできるだろう。この主張は、クラシック音楽を聴く場所とは所詮一種のテーマパークだという考えに繋がる。ウィーンらしき場所、ベルリンらしき雰囲気。とすれば、コンサートホールの内装は、フランス料理店の内装と変わるところはない。ブルゴーニュワインと鴨とフォワグラを美味しく食べさせて客の財布の紐を緩くさせるために、フランス料理店はいかなるキッチュもいとわないし、それで喜ぶ客もたくさんいるからである（しかし一方でキッチュにとらわれない斬新な内装デザインで客を呼ぶフランス料理店もあることも忘れてはいけない）。

　それではコンサートホールのデザインは、図書館や美術館のような他のパブリックな施設とは、一線を画する商業デザインの路線に属するものなのだろうか。

　ここで思い起こすのは、近年のヨーロッパでのシューボックス型の復活傾向である。戦後長らく本家ヨーロッパの各国では、シューボックス型コンサートホールは建設されなかった。ベルリンは言うに及ばず、ライプツィッヒでもケルンでもミュンヘンでも、まるでかつての19世紀の先例に意識的に背くように

シューボックスは遠ざけられていたのである。それが最近様子が変わってきた。ルツェルン（ジャン・ヌーベル設計）、ルクセンブルグ（クリスチャン・ド・ポルツァンパルク設計）をはじめ、97年に国際コンペが行われたユヴァスキュラでもシューボックスが設計条件になっている。おそらくは音響的な優越性からこの空間の形式が再評価されてきたのではなかろうか。

しかしヌーベルやポルツァンパルクのデザインは、古い型を基にしていながらも、全く新しい内装の表現を求めている。ポストモダニズムもキッチュもそこにはない。ルツェルン・コンサートホールは、細かい襞が刻まれた真っ白な美しいセラミックタイルで壁面を被うという、見たこともない手法で人々を驚かせた。しかもその空間はエレガントであり、ヨーロッパの伝統ある音楽祭会場にふさわしい品格が新鮮な表現の中に生かされている。新しい材料と形態の組み合わせによって、新しい表現を追求するデザイナーの仕事がそこにはある。ヌーベルの想像力は、オペラハウスのようなコンサートホールに輪をかけて因習的な種類の建築を設計する時にもその大胆さを失わない。リヨン歌劇場では、空間の形式は古典的形式を踏襲しながら、漆黒の闇の中に赤い蝋燭のような光が点々と灯るような黒い内装をデザインしている。これはリヨンに伝わる聖母マリア感謝祭で、人々が闇夜に蝋燭を灯す行事からヒントを得たと本人が語っているが、鈍く光る黒い壁面のオペラハウスは、意表をつく新鮮さでオペラを見る期待感を盛り上げ、祝祭性を高めることに成功している。建築家の発想のありようを考えさせられる実例である。

ルツェルン音楽祭のオープニングコンサートを衛星中継で見た。18世紀に創られた音楽が、19世紀の空間形式を基に20世紀末の建築家の想像力による空間の中に響き渡る。コンサートホールは、やはりパブリックスペースの系譜に属するものであることは疑いを入れない。

古い型は継承されるが、模倣されるばかりではない。常に新しく読み直されるべきなのだ。古典の継承と再解釈。ベートー

ルツェルンの内観　コンサートホールは1998年竣工。設計はジャン・ヌーベル。座席数は1840席。毎夏行われるルツェルン国際音楽祭のメイン会場。長手方向の長さが約46mのシューボックス型。

ヴェンもモーツァルトもそれなくして現代の演奏家たちの存在意義はないし、現代の聴衆にアピールすることもない。コンサートホールの設計においても、建築家のすべきことはそこにあるのではないか。建築家は、怠慢の淵から脱する時が来ていると思われる。

3.3.2
音楽ホールのデザイン
ホールデザインが目指すもの

斎藤 義

1. 日本人に、ホールを作り直す勇気があるか

　ニューヨーク・フィルハーモニック・ホールがたどった長い苦難の道程は、公共財としてのコンサートホールのあり方を考えさせる。

　この都市のコンサートシーンは、1891年に完成して以来偉大な歴史を刻んできたカーネギーホールを中心に営まれてきたが、新しくオペラと演劇とコンサートの専用ホールを集めたリンカーンセンターができた1962年からは、ニューヨーク・フィルハーモニック管弦楽団の本拠地はこちらに移った。ところが新ホールの音響の評判が悪くて問題になったので、それに応えてリンカーンセンターは、63年、65年、69年、72年に改修の工事を試みたが、あまり改善されなかった。73年からは、音楽好きでオーディオ装置で成功して財を成したエイブリー・フィッシャーがセンターの理事に加わり、ホールの運営と改修に資金を提供したので、ホール名もエイブリー・フィッシャー・ホールと改められた。

　それからのセンター理事長エミアス・エイムズらフィッシャーを含む4人の理事を中心に進められた壮絶なホール大改修のドキュメントは、ニューヨーカー誌に載った「優れた音のために―エイブリー・フィッシャー・ホールの改築」（ブルース・ブライヴェン・ジュニア著、日本では松下晶訳、全音楽譜出版「ハミング」に連載）で読むことができる。

　理事たちは、ホールの音響設計を担

エイブリー・フィッシャー・ホールのイメージ　フィリップ・ジョンソンとシリル・M・ハリスによる改修案の内部スケッチ。

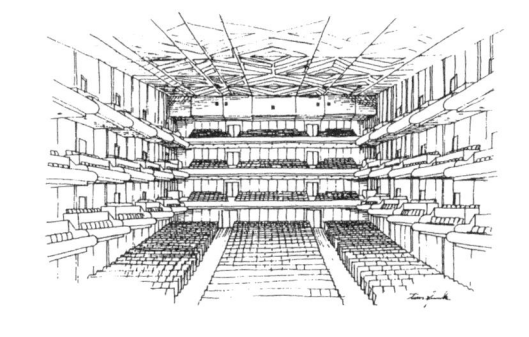

当した世界的な音響学者レオ・L・ベラネクとの相談に行き詰まり、膠着した事態の打開を図るため、当時ワシントンやミネアポリスのコンサートホールで実績を上げていたコロンビア大学の音響学者シリル・M・ハリスに相談をもちかけた。ハリスはニューヨーク在住で当ホールの常連客でもあったので、ホールの音響上の問題点やこれまでの改修の経過は知り尽くしていたが、エイムス等の申し入れを断ってしまう。自分がこのホールの相談に乗ることは、友人であるホールの設計者マックス・アブラモヴィッツや音響界の仲間であるレオ・L・ベラネクを批判することになってしまうからだった。

2. 優れた響きは誰のために

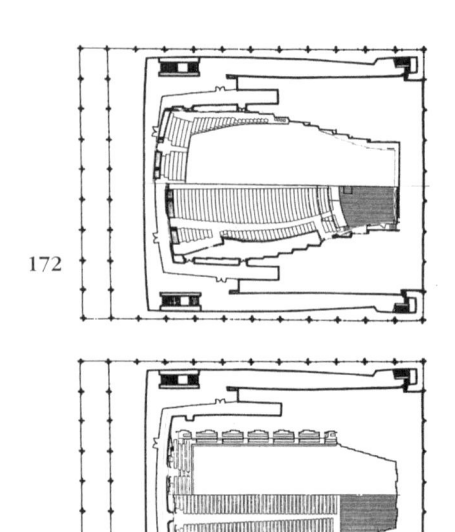

ハリスの固辞を聞いたエイムスは怒って言った。「君は誰に向ってノーと言っているのか。私にだけでなく、ニューヨーク市の全ての音楽愛好者に向って言っているんだ。ニューヨークの偉大なオーケストラ、フィルハーモニックが困っているのに、君は知らないという。この街と音楽のつながりは深いのに、君は、自分の街がどうなっても、何もしたくないというのか。(一部省略)」

ハリスはこの言葉に動かされ、ようやく図面を検討することを承諾する。しかし、ハリスが出した理事会に対する結論は凄まじいものだった。中途半端にいじってもだめだから、周囲の鉄骨だけを残して、ホールごと全面的に作り直すこと、音響問題が建築設計に優先すること、もし設計者を選ぶならフィリップ・ジョンソンと組ませて欲しいという条件だった。

その後の改造設計と、たった5ヶ月でやり遂げた1976年の改造工事の経過は迫力満点だ。それにしても、どうしてこんなことが可能になったのだろうか。日本だったら、当事者のしがらみやメンツが重んじられ、音響が良くないという理由でホールを作り直すことはありえないのではないか。これだけのことが何のために行われ、どうして可能になったのかを考えるべきだと思う。改造に勇気をもって臨んだエイムスやハリスを始めとする当事者達の責任感あるパワフルな行動力も立派だ。しかし、優れた音楽を聞きたいという市民達が多勢存

2つのホールの平面形の違い
上：ニューヨーク・フィルハーモニック（M・アブラモヴィッツとレオ・L・ベラネク）下：エイブリー・フィッシャー・ホール（フィリップ・ジョンソンとシリル・M・ハリス）驚いたことに、02年秋には、未だ音響が芳しくないので、再度の全面建て替えが計画されていて、設計者と音響コンサルタントを選定中と報道された。

在し、その人たちが「優れた音」が欲しいという声をきちんと表明し続けたという、音楽文化への情熱が改造への原動力となったのだと考えたい。

3. 響きの秘密は、空間の「作り」にある

今から20年程前、アメリカの東海岸の3つのホールの音を聴き比べる旅をした。ボストンのシンフォニーホール（1900年）では、涙の出るほどの「本物の響き」の洗礼をうけ、ニューヨークのカーネギーホール（1891年）では、予想外の温かくて豊かな音に驚いた。しかし、期待のエイブリー・フィッシャー・ホール（改造1976年）は、先のドキュメントのオープニング時の絶賛の印象とは違って、音は貧弱で遠く、響きが空間にうまく乗っていないように感じられた。150年の歴史を誇る名門オーケストラとその活動を支えるニューヨーク市民の熱い願いの結果がこの音だとしたら、ホールの音響はやはり難しいなあと神妙になってしまった。室幅が広すぎるせいか、天井や壁の拡散の凹凸が浅いせいかなどと考えてしまった。退場時にホールの側壁と後壁の表面を指の甲で密かに叩いて廻ったら、意外にもボコボコという頼りない感触が返ってきた。これはボストンやカーネギーで確認したカツカツという硬くソリッドな感触とは全く違うものだ。ハリスが考え、何度も現場に通って確かめたという壁の工法・材料に何か問題があったのかもしれない。

現代の新しいホールは、鉄筋コンクリートの躯体の内側にホールの内壁や天井の下地を鉄骨で組み、ボード類を乾式で張り上げる工法が多いので、概してボコボコな柔な作りになりやすい。下地の強度や間隔、板の厚みや張り方は一応は計算されているのだろうが、結果としてまだ強度が足りていないというケースが多いのではないか。音響学がこれほどまでに発達したのに、現代のホールが19世紀までの名ホールをなかなか超えられない理由のひとつに、この空間の「作り」の問題があるのではないかと思う。

4. 天井裏を見ると、取り組みがわかる

先の旅の2年後に、ヨーロッパのホールを聴いて回る機会に恵まれた。お目当てのムジークフェラインスザール（ウィーン楽友協会大ホール／1869年）は、2回のコンサートの他に昼間の空席状態でのリハーサルを聴いた。

屋根裏スペース
制振層の厚み

天井高約18m

ムジークフェラインスザールの断面構成 テオフィル・ファン・ハンセンによる断面図の一部。屋根トラスから吊られた厚い木製天井板上に砂と砂利を敷いた制振層が描かれている。

その時は、楽友協会のメンバーが直々に舞台裏の楽員溜りや楽器修理室などを見せてくれたのだが、「このホールの音響の秘密は天井にあるんだ」と言って、我々を天井裏まで連れて行ってくれた。急傾斜の鉄梯子を登って天井裏に上がると、屋根の三角形断面のトラス構造の下に、広い砂利敷きの床面がずっと続いていた。その砂利層の下は砂層になっていて、合わせて40センチ位あるという。その下に天井の厚い板が吊られているのだ。つまりこれは大掛かりな天井全体の制振構造なのだということが分かった。このホールができた1860年代には音響学はまだ無かったわけだから、設計者たちは直観力による発想で音響的に弱くなりがちな巨大な天井面の「板共振」を止める方法を工夫したということだ。

後世の多くの人々がウィーンの優れた音に感動し、その理由を一所懸命に解析して新しいホールの設計に応用しようと試みた。日本にもウィーンをお手本にしたというホールが少なからず在るが、実際に聴いてみるとウィーンとは程遠い音しか聴こえてこない。シューボックス型の細長い平面形や側方反射音の効果、彫刻像の拡散効果などは十分に知られており、ある程度真似できたとしても、ウィーンで成立していながら我々がまだ気付いていない沢山の秘密が、実は隠されたまま眠っているのではないか。

5. 音響抜きのホールデザインはナンセンス

音響側がリーダーシップをとって努力してもなかなかうまくいかない例もあるが、世の中には建築デザインだけが先行してしまって、音響的に失敗となったホールがたくさんある。そんな馬鹿なと思っても、実際には権限を任される建築家の不見識や、設計を発注する側の都合や勘違いによるケースが多くある。ミュンヘン・フィルハーモニー（ガスタイク／1985年）では、コンペ当選案の広く開いた扇型の平面形が問題で、その後音響側でいくら努力しても良い結果にはならなかったという。一旦コ

ンペで決まった平面形の変更は許されなかったというのが理由だが、なんのためのホール作りなのか腑に落ちない。進行中のロス・アンジェルスとヘルシンキのプロジェクトでは、建築家の選定の前に音響家を選び、設計案の選定段階で音響面の可能性をチェックできるような仕組みになっている。その音響家とは、いずれもわが国の永田穂である。

　考えてみれば、建築家がホールの全体像をイメージしてスケッチに描き、ステージや客席を配し、床や天井の傾斜を工夫し、壁の形を決めていくというデザイン行為の一つひとつが、実は全て音響の条件を一つひとつ決定付けているのだということを、当の建築家はどれほど認識しているだろうか。

6. 音響上のタブーは、良い音への妙薬か

　だからといって、一から十まで音響家のお奨めメニューを聞いていればよいのかというと、そうでもないこともある。例えば、音響界ではフラッターエコー（鳴き龍）が起こるような並行壁面を作ることや、音が集ってダンゴ状になる凹面の円弧形を作ることはタブー視されているし、そういう現象が生ずることは恥とされる。建築家がどうしても並行面や円形平面のホールを作ろうとすると、音響側はその面をギザギザの拡散面にしたり吸音面にすることを奨めることが多い。しかしその真面目なアドバイスを真に受けて、ギザギザだらけのデザインが世に溢れても困るというものだ。

　もしフラッターエコーを避けるために並行面は絶対に避けるべきだとしたら、ウィーンのようなシューボックスホールは成立しないことになる。ウィーンをよく見ると、側壁同志が並行になっているばかりでなく、床の大部分も真平らだから、天井と床の関係も並行面になっている。つまり上下左右に猛烈なエコーがくり返し起こされ、ホール全体がエコーで埋め尽くされることによって高密度な拡散状態がつくり出される。それがあの濃密で包み込むような独特の音響効果を生み出しているのではないか。嫌われ者のエコーという毒も、条件次第では優れた音を生み出す妙薬となりうる、いや魅力ある響きの源泉なんだと考えられないか。

　一方でブリュッセルには、パレ・デ・ボザールと呼ばれるすこぶる音の良い楕円に近い平面形のホール（1929年）がある。音の焦点がホール内にできる円形や楕円形は一般的には避ける

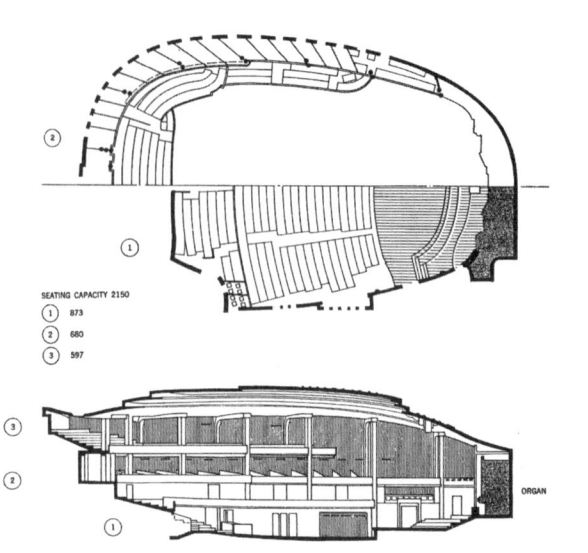

```
SEATING CAPACITY 2150
① 873
② 680
③ 597
```

パレ・デ・ボザール パレ・デ・ボザールの楕円に近い平面形と断面形。

ノイエス（旧）・ゲヴァントハウスの内観図 空間の随所に円弧形をとり入れたデザイン。カール・ライネッケ指揮のコンサート風景。

べき平面形だとされるが、ブリュッセルでは具体的にどのような方法でトラブルを避け、その「豊かな低音に支えられた暖かな響き」（レオ・L・ベラネク著「音楽と音響と建築」鹿島出版会より）が実現しているのだろうか。

ライプチツィッヒの旧ゲヴァントハウス（1781年）やノイエス（旧）・ゲヴァントハウス（1884年）にも壁や天井の隅にR面が多用されているのを思い出すと、R面には何か響きの魅力をつくり出す魔法の力が潜んでいるのかもしれないと、ふと考えてしまう。ホールデザインの目指すべき課題とは、そうした響きの魔力を生み出すような「空間の形」を探り出すことなのだ。

音響学がどれほど進んでも、全ての音響現象が解明され尽くすということはないのかもしれない。神のみが知ると言われる響きの原理の奥深い秘密を探るため、我々はもっと耳を澄まし、直観力を磨かなくてはならないのかもしれない。

3.3.3
音楽ホールのデザイン
ホールデザインのこれまで、これから

伊東豊雄
聞き手:井口直巳

伊東豊雄氏
写真©ナカサ&パートナーズ

　建築を学んでいるヨーロッパの学生と話しをすると、日本の学生に劣らずTOYO ITOに強く惹かれ深く理解している様子が伺える。建築デザインにいつも新しい流れを作り出してきた伊東豊雄は、これまでに劇場・ホールでは、長岡リリックホール、大社文化プレイス、そして2004年完成予定の松本市民会館をすべてコンペティションに勝ち抜いて設計してきた。これまで日本では、劇場やホールの設計は建築家個人の知識のみでは難しいとされ、過去に類似施設を設計した経験を重視して設計者を選定する傾向が特に強かった。その結果、全国に似たような文化会館が乱立することとなり、建設のプロセスや運営の問題も含めてハコものと批判される不幸が繰り返されてきた。こうした歴史の中で、従来の劇場やホールと明らかに違う考え方を市民にもわかるカタチで提示してきた代表的な建築家が伊東豊雄である。話題になったせんだいメディアテークも、新しい意味でのホール空間を含むものとして、劇場・ホールにも大きな示唆を与えている。こうした建築そのものを深く見つめ直す思考が、日本よりも建築への市民の関心や意識が高い国々で理解されるのは当然のように思われる。
　ホールのデザインを考える時に、音響専門家の領域とも言える要素ばかりが議論されて、肝心の建築そのものがあまり語られないでいる。ごく最近まで日本の各地では、世界最高の音響を旗印として掲げたホールがいくつも建てられてきた。しかし公共施設のありかた自体を再検討する意識が強まる中で、良い劇場やホールを作るのに何が重要かを考えれば、あらゆる部分での根本的な問い直しが必要なのは明白であろう。建築のプログラムからデザインまで、伊東豊雄が劇場やホールで試みている既成の価値観への挑戦からは、未来に向けての多くの題材を見つけることができる。

1. コンサートホールのこれまで

井口◎伊東さんにコンサートホールのデザインについてまずお聞きしたいのは、特に日本でその傾向が強いと思うのですが、ホールの空間やデザインでは、しばしば百年以上も前のスタイルを踏襲したり引用したりする例が多い中で、伊東さんご自身は劇

場やホールのデザインをどのように見ておられるのでしょうか。

また、どんなホールをどこに建てるかについて、日本ではあまり議論されることもなく、場所や規模などが決められてから市民に知らされる例も少なくありません。そうした公共建築のプロセスについては後でも伺いますが、まず劇場やホールの立地についてのお考えをお聞かせ下さい。

伊東◎僕自身、聴衆・観客としてコンサートに出かける場合には、わくわくとしながら出かけていってそれなりに満たされているし、それ以上に新しい空間を求めているわけではないんですね（笑）。ホワイエではエレガントな雰囲気を求めたいし、オーディトリアムの中ではなおさらエレガントであることを期待している。クラシックを聴く時なんかは、特にそうですね。これは普段僕が公共施設に対して異議申し立てしていることと必ずしも整合性がとれていない。自分でも多少矛盾を感じますね（笑）。

ただ、可能性はあると思いますよ。ホールについては、基本的な形式からなかなか外れられないだろうとは思いますが、建築の全体像としては、もっと現代にふさわしい創造的なものを作るという方向に向かって提案することができるだろうし、空間の構成に関しても、従来とは違った方法があるのではないかと考えています。

設計者にとって立地は、あくまで与条件ですから決められた中で設計せざるを得ないのですが、個人的には劇場やホールは、狭くても街の中がいいと考えています。ひとつは、観客にとっての行きと帰りの問題です。日本の場合、帰路の交通事情を考えてコンサートの開演時間が比較的早いですから、ほとんどの人たちは仕事を終えてあたふたと駆けつけます。特に都市部では、車でコンサートやオペラに行ける人はほとんどいませんから、駅から近いことは絶対的な条件だと思います。それと、終演後にゆっくりとご飯が食べられれば幸せですよね。そういう意味では、市街地に計画するのが理想でしょうね。設計する側にとってそういう場所は、狭かったり周囲が建て混んでいたりしてなかなか計画しづらいものなのですが、自分を観客に当てはめて考えますと、便利な所にあることは大切だと思います。

劇場やホールの敷地といえば、そこにたどり着くまでの雰囲気とか、気分の高揚が重要だとよく言われますが、僕自身が実際に出かけていく時にそんな余裕はありません。とにかく間に合うように駆けつけます。帰りの電車のことも考えないといけません。

実際に僕が関わったホールの敷地について言いますと、長岡リリックホールの場合は比較的新しく「文化ゾーン」として開発された場所に計画されました。もう少し街の中心の方が良かったかなと思いますが、相応しい場所が確保できたかはわかりません。長岡は戦災にあって、文化的な記憶やコンテクストのない歴史の希薄さが感じられる街です。そういう地域にとって、文化施設の中でもとりわけホールという存在は、重要な意味をもつのではないかと考えます。

2. 長岡リリックホール

井口◎長岡リリックホールは、伊東さんの劇場・ホールでは最初の作品になります。あまり特徴のない河川敷に700席のコンサートホールと450席の劇場というホール複

合で、リハーサル室が10室あって地域文化活動に焦点を当てた施設として充実しているのが特徴です。コンペティションでの伊東さんの当選案は、なだらかな築山とうねった屋根が印象的で、これまでの劇場・ホールにないデザインが話題になりました。柔らかくうねるように架けられた大屋根の下に、ホワイエやビュッフェなどの観客ゾーンがホールと劇場を共有するように区別のない一体空間となっており、従来のホールではチケットをもっている人しか入れなかった空間が開放されています。そうした点に運営上の抵抗はなかったのでしょうか。

伊東◎長岡リリックホールには、練習室が沢山あります。劇場・コンサートホール、そして小ホールを兼ねた大きなリハーサル室、さらに大小の練習室が一体的に設けられています。それらをパラレルに並べることで、何か面白い音楽的環境が作れるはずだと考えました。僕らも初めてだったものですから、多様な機能をパラレルに配列することによって、大ホールのみが突出するというヒエラルキーを回避できたのではないかと考えています。長岡ではそれぞれに閉じられた空間が並んで集合体を作っています。

しかし、開口部をもっと自由に設けて開放的な練習室にするとか、情報センターとの関係をもっと密にするなど、今になってみるといろいろ方法はあったと思いますね。例えば、ライトウェルとして設けられた中庭状の外部吹き抜け空間を介して観客と楽屋ゾーンの間に繋がりができる空間づくりは、巧くいったと思っています。上階のホワイエではバーカウンターが設けられていますし、下階は楽屋ロビーとなっているため、幕間には、お客さんが楽屋ゾーンの雰囲気を垣間見ることができます。

ホワイエを一体空間にしたことについては、そんなに抵抗なく受け入れられているようです。長岡の場合は、神林さんというホールや劇場を熟知した方が自治体内部におられて、完成後も館に出向して管理運営に携わって下さっていますから安心していられます。もちろん長岡の場合は、そんなに大きな空間ではありませんし、700席と450席ですから、ホワイエの部分も含めて、もっと自由に発想してもよかったかなあと今になれば思います。

3. 大社文化プレイス

井口◎大社文化プレイスは、町の事情でコンペティション時の設計条件とその後の内容が大きく変わったと聞きました。紆余曲折を経て伊東さんが、当選時とはまったく異なった提案・設計をされて完成しました。ここでは、ホールと図書館がひとつの

長岡リリックホールのホワイエ 1996年竣工。2階にあるホワイエは、コンサートホールと劇場の間には明確な区切りはない。ライトウェルは観客と下階の楽屋ゾーンに繋がりをもたせている。

大社文化プレイスのだんだんテラス 1999年竣工。だんだんホールと並んで配置されただんだんテラス。屋根は架かっているが壁はなく、様々な催しができる自由度の高い空間。

建物になっている複合文化施設としても注目されました。ホールのような文化施設が複合化する事例が最近増えてきているように感じます。

伊東◎大社の場合は、図書館とホールという特殊な組み合わせになっています。当初別棟にしたいという意見が強かったのですが、われわれは複合することを提案しました。設計にあたって、ホール側の関係者は賛成されましたが、図書館側からはホールのような騒がしい環境と一緒になりたくないと言われました。実際、僕たちはホワイエを共有することの意義やメリットが大きいと考えました。図書館には午前中から人が訪れますから、ホールにとって午前中が誰もいない環境ではなく、例えばホワイエで読書するとか、屋外の「だんだんテラス」でワークショップをやったりしてふたつの機能がもっと融合していくことを期待しています。

ギャラリースペースをホワイエに設けているホールをよく見かけますが、中途半端だなあと思いますね。場所があるから何かを展示するという消極的な取り組みではなく、もっと別なかたちで積極的に複合する

可能性はあると思います。

一般論で言えば、僕は文化施設はもっと複合化したほうが面白くなると思っています。図書館、博物館、美術館、これらはどれもヨーロッパからもち込まれたプログラムであって、そのアーキタイプが日本でフィックスされたまま今でも踏襲され続けていますよね。僕は、そうしたアーキタイプを解体し組み替えた方が面白いだろうと思っているのです。図書館にしても美術館にしても、固定概念からもっとフリーであっていいと思うからです。しかしホールの場合は、はっきりとした形式がありすぎて難しいですね。

劇場の場合、かなり斬新で決まった形式をもたないものを好む方たちも沢山いらっしゃるのですが、伝統的なオペラやクラシックは、そもそも演じられるスタイルそのものがクラシックなままですから、われわれが必要以上に変えてしまうと、かえっておかしなことになってしまうかもしれませんしね。

4. せんだいメディアテーク

井口◎せんだいメディアテークは、私たちに21世紀を実感させる記念碑的な建築として、既に多くの議論がされています。ここではホールの複合化という観点から少しお聞かせ下さい。

伊東◎従来から僕は通常廊下に使われるようなスペースをまとめ一体化して、目的空間との壁もできるだけ除去したいと考えてきました。所謂「開かれた空間」ということは非常に、意識して取り組んできました。

せんだいメディアテークの場合には、「図書館」と「メディアテーク」というふたつの違う組織から成り立っているのですが、訪れたほとんどの人はそんなことに気付かない。空間の作り方によってそれは溶け合うことが可能だと思いますし、図書館という施設の幅も広がり、単なる図書館ではなくギャラリーをも包含した文化施設として認識されていると思います。

せんだいメディアテークの外観 2000年竣工。形態・プログラムなど新時代を実感させられた、せんだいメディアテーク。アートギャラリー・図書館・視聴覚障害者サービスセンター・映像メディアセンターが複合されている。 写真©ナカサ&パートナーズ

　ホールにとっても、そういう意味合いを広げていくことがこれからは重要なんだと思います。音楽の公演と言えば、演奏者に対して、聴衆はあくまで受け手でしかなかったと言えると思うのですが、ホール以外の空間で聴衆が関与していく、参加していくようなかたちといいますか、これからの文化施設は、自分で「モノ」を作っていくという強い参加の意志がないといけないのではないでしょうか。自治体の側が管理という立場で、何かを「させない」というのは非常につまらないと思います。そういう点から考えれば、ホールについてもまだまだいろいろな可能性があると思います。

5. 松本市民会館

井口◎松本市民会館のコンペティションでは、伊東さんの当選案だけが他の案とまったく異なっていました。逆転の発想に審査員の方たちも大変に驚くと同時に、これしかないと全員を唸らせたと聞いています。あえて軸線をはずすという基本的な考え方の差が大きいのと同時に、もっと遡ったどこか新しい建築の芽生えとでも言うんでしょうか、それが建築全体を動かしているようにも感じられます。審査委員のコメントでも述べられていますが、こうした空間の構成というのは、これまでの劇場・ホールではほとんど見られなかったと思います。大ホールへは、お客さんがわざわざ迂回しなければならないという指摘もありますが、こうした空間が生きる場合とそうではない場合があると思うのですが。

伊東◎松本市民会館では、軸線通りにレイアウトをしていくと、フライタワーやステージが一番南側奥に行って、その回りが非常に窮屈になると思ったのです。そうなると搬出・搬入と車の取り回しに難しい問題が出てくることは、スタディではっきりしていました。その近隣住民の方に迷惑が掛かってしまうのではないかなと。それでステージと客席の位置を逆転できないかと考えたのです。ちょうどその時、ミュンヘン歌劇場の片側の脇舞台を縮めて、その代わりに田の字型ステージをとるというプランを見て、これが果たして巧く機能するのかどうかを専門家に伺ったところ、それはいいんじゃないかというポジティブな回答を

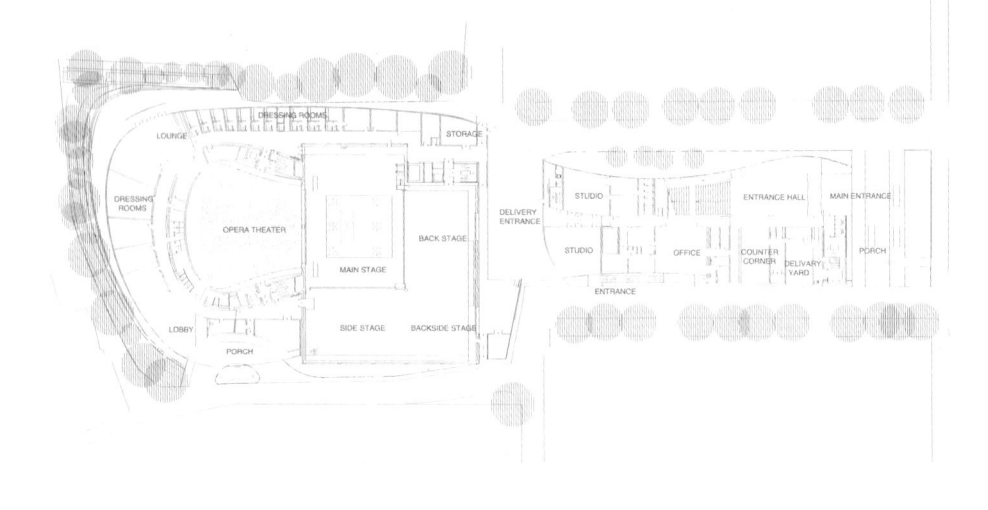

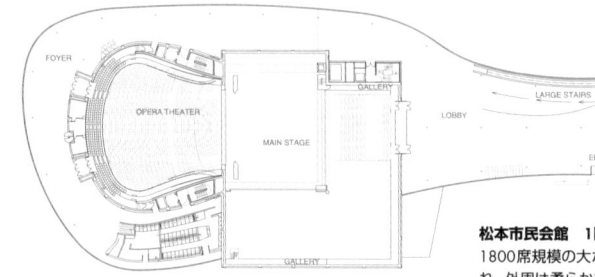

松本市民会館　1階（上）、3階平面図　2004年竣工予定。1800席規模の大ホールの舞台は敷地の中央付近に配置され、外周は柔らかな曲線で包まれている。

もらいました。そうすると僕の考える流動性のある空間が作れるんですね。機能的にもうまくいきそうだ。それが出発点でした。

　その場合は、観客は奥まで廻り込まないといけないのですが、むしろそこに入っていく長い空間のシークエンスを魅力的にできるかもしれない。一階から二階への長い階段を緩い階段にして、やわらかく回り込むようにして、アプローチするに従って少しずつ視線も変わって行く流れるような空間にしたい。

　そこには実はもうひとつ狙いがあります。権威的な空間を作りたくないのです。軸線上に並べた時、エントランスを入ってロビーがあり、ホワイエを通過してホールに入るという決まりきったスタ

松本市民会館　アプローチの階段　外部から緩やかな大階段を上ってホワイエに至るシークエンシャルな空間は、魅力的なアプローチとなろう。

松本市民会館の外観 周辺環境との関係も配慮した外周は、昼は外から内・夜は内から外に光が漏れる素材が提案されている。

イルをあまりやりたくないな、と。

　松本市民会館の敷地は、オーソドックスにデザインしても左右の斜線や日照条件がギリギリなんです。しかも、地下水位が高くすぐに水が出るので地下も作れない。本当に1センチを争う設計なのです。そうした中で、曲線だと少し位カーブを変えてもあまり問題にはならないのではないか、そういう意味では、狭い敷地でのやり方が発見できたとも言えます。

　コンペティションの時は、外壁をガラスでと考えていたのですが、現地に立ってホワイエ側の空間から外を見渡した状態を想像すると、それほど眺めも良くないし、また、松本は気象条件がとても厳しい地域ですから、ガラスという素材にこだわる必要もないかなと考えました。その結果、現在検討しているのがガラス繊維のセメント版いわゆるGRCの中に不定形のガラスを埋め込んだパネルです。それを二重に使っています。かなり透明度の低いガラスですが、そうすることで、柔らかな光が昼は外から内に、夜は内部の明かりが外に漏れ出るようにしました。

6. 公共文化施設のプログラム

井口◎伊東さんが設計された長岡や大社、あるいは松本の場合では、行政が用意したプログラムや機能に対して、要項に求められていない機能や空間を追加提案をされていますね。大社の「だんだんテラス」や、松本市民会館の舞台上舞台の空間ですとか。そういう意味で提案型であると言えるのでしょうが、限られた面積と予算の中では、結果的にその提案がご自分を苦しめることにもなる。こうしたことに関しては、用意されたプログラムからあえて外れたいという考えがあってのことなのでしょう

か。

伊東◎公共施設に10数年前初めて取り組んだ時、それがいかに自由にならないかを痛切に感じたんですね。住宅のようにはいかない。これは相当手ごわいなと。設計者がプログラムを変えたいと思っても全くらちがあかない。がちがちに固まった空間しかできない。で、それにあえて対抗して空間をフレキシブルにしようとした場合、プログラムを変えるというよりそれに何かを付加していく方が抵抗が少なかったのです。例えば屋外空間、あるいは屋外と屋内の中間に何かを付加するのなら認められる。やや中途半端な形なのですが、大社の場合は、形式のはっきりしたホールに対して、ゆるやかな利用ができるようなホワイエ内のもうひとつのホールとか。しかし、本音としては与えられたプログラムをもっとフレキシブルにしないとまずいなと思っています。

僕がせんだいメディアテークを通じて学んだことは、作るプロセスの問題でした。ホールのような施設を作ろうとする場合、どの自治体もはじめに各地の施設を見て、「うちではそのうちのどれかをモデルにしてこういうホールにしましょう」とプログラムを決めてしまっています。設計者であるわれわれは、その条件の下でコンペティションをするわけなんですが、そうではない方法はないか、プロセスを今よりもっとフレキシブルにできないかなと思います。松本の場合は、本杉省三さんがはじめから施主側（市）のアドバイザーとして入られて基本計画に携わっておられて、実際の設計段階でも、施主側にいながら設計者と施主を繋ぐアドバイザーとして設計チームのコンサルタントとは違った立場で関わる。

これはあくまで僕の持論でしかありませんが、これからの計画学者は、本杉さんのような立場の方であるべきではないかなと思うのですね。言い換えれば、ファシリテーターとでもいうのでしょうか。あるいはプロデューサーというのかな。設計に関与しながら計画論を確立している建築研究者は少ないと思います。ホール関係には何人かおられますが、他には学校建築くらいでしょうか。

公共施設と言えば、まず自治体があり、市民グループがあるといういわゆる対立の構図が少なくない。「役所のやることは信用できない」みたいな。そこに議会が絡むからさらに話が複雑になるんですが、それぞれの立場の人が「自分たちも作っている」、「一緒に創造する」という当事者意識が少ないような気がします。要望を言いっぱなしにするのでなく、目標に向かって一緒に歩んでいくという感覚を共有して欲しい。

7. 開かれた空間を活かすのは？

井口◎新国立劇場の設計者の柳沢孝彦さんは、用意された舞台や劇場の中ばかりでなく、手前の池を使ったり避難階段を使ったりというような演出もしてもらいたいという思いで設計をされたそうですが、建築家がそのように思い入れをして計画しても、実際にでき上がった空間が望むようなかたちで使われるとは限らないようですね。

伊東◎確かに建築家が考える「開かれた空間」には、時として独善的な空間がありますが、使われ方まで含んで建築家が責任をもてるようなポジションといいますか、システムもあって欲しいと思います。それは建築家ひとりではできないことであって、

チームがどのようにハードとソフトを融合させていけるか、それは、むしろプロセスの問題かもしれませんね。今の日本では一度決めてしまったものは予算の関係で動かせないですから、変更で対応するしかないというのが現実です。

　パリやロンドンで建築をやっていますと、作るプロセスでかなり議論もあります。しかし、きちんと文化的な視野から論評をしています。それが大きい。逆に言えば、一般の人たちもかなり施設や建築に深い関心をもっているのです。どんなローカルな新聞やテレビも僕なんかにインタビューし、記事にしてくれる。そうしたメディアの情報を楽しんだ上でみんなが意見を言ってくれる。自分が作ることに関与したのだという意識をどうやってもてるかということが大切ですね。時間はかかるかもしれませんが、今の若い人たちが、建築という存在をどれだけ文化的なものとして捉えるようになってくれるか、すごく重要になってくると思います。

8. ホールのデザインプロセス

井口◎伊東さんの設計されたホールには、「無理をしなくてもこんなこともできるよ」という印象があります。例えば、共通して伸び伸びしたホワイエ空間や大社の楽屋テラスの部分とか、松本の場合では、楽屋や搬入口など裏方スペースに十分な余裕があって、緑とか水もある。アーティストや技術者からの要望があって何かを計画するというのではなくて、あるがままに出てきているようにも見えるんですね。それがとても居心地の良いホール設計に現れているように感じられます。

　ところで、ホールといえば左右対称な空間が作られるのがほとんどです。それは音響や舞台に立った人が中心を認識しやすいようにとの配慮からだと言われています。しかし、ステージ上の人たちは対称には並んでいません。何かこれを突き破ることはできないものでしょうか。ベルリン・フィルハーモニーは、対称性を尊重しながら微妙にずらすことで、ホールの内部空間全体がまるで動いているように感じられますよね。

伊東◎松本の場合は、そんなに複雑なことをやっているつもりはないのですが、何かあるとすれば、僕が普段から言っている「流動性」ということでしょうか。空間と時間の両方から流動的であって欲しいと思うのです。例えば松本のコンペティションでは、空間に関して言えば、正面入り口から大ホール客席に入るまでの空間を直線的な強い流れではなくて、もっと自由を感じられるような、柔らかな人の動きに置き換えて空間的流動性を生み出したいと考えてこのようなレイアウトになったと思います。

　仙台の場合も同様で、壁でそれぞれの区間を遮断するのではなくて、自分で場所を選びながら自然にアクティビティが生じるような時間的な流動性という点についてもフレキシブルなデザインプロセスを経て作りたいのです。

　ホール内部については、いつもシンメトリーを崩したいと考えているのですが、勇気がない（笑）。ホールは聴くだけではなくて観る空間です。本杉さんからもよく言われますが、観客同士の関係・視線の交錯が大事なんだと。僕自身それをもっと意識しなければと思っています。

9. ホールの内部空間

井口◎別項（163頁）で述べていますが、私はホールの内部空間の考え方がHubから本来そうであったようにWebへと変わりつつあるのではと考えています。舞台上の演奏者の一点と聴衆がHubのような関係になるのではなくて、舞台を囲む聴衆同士が皆でWebのようになっているからこそ魅力的な音楽空間になると考えられます。サントリーホールでも、客席から見て舞台だけでなく観客も自然に目に入ることで音楽空間が変わってきました。客席が暗くなっても、視野の中に聴いている人の姿が入ってきて観客が一体となっているという感じが非常に強い。またオペラハウスの典型である馬蹄形という空間形式は、必ずしもステージが見やすいとは言えませんが、実際に座ってみると他のお客さんが良く見えます。あれも一種のWebだと思うのですが、お客さん同士の関係を考えた時、あの一体感というのはとても重要な要素ではないでしょうか。

伊東◎確かにそうですね。そういう風に考えることでホール空間を違った形で考えられるようになりますね。恐らくこれまではそういう空間が少なかったのでしょうね。ベルリン・フィルハーモニーは、僕の最も好きなホールです。そう考えることで空間はもっと自由になってくるでしょうね。これは非常に大事なことだと思います。僕自身が固い形式にまだまだ呪縛されているのでしょう。

　松本で馬蹄形にしたかったのは、観客の視線を無意識には考えたのでしょうが、エレガントにというのがまずありました。観客が揃って正面を向くようなホールでは、空間のエレガンスを感じられないのです。

10. ホールデザインのこれから

井口◎伊東さんの設計では、これまでホールであまり使われなかった素材をよくもち込まれています。例えば長岡リリックホールのコンサートホールにおけるインテリアでは、沢山のガラスパイプを立て、外壁では波形ガラスをホールの周りに回して、その裏側に照明を入れて夜にはそれは浮かび上がるように計画しています。ホワイエの天井の金属の使い方も独特です。大社の時には、チップボードをあらかじめ埋め込んだコンクリートPC板とフロストガラス壁面によってホール内への光をコントロールしている。ヨーロッパの建築家たちは、比較的設計の初期段階から素材のイメージをハッキリもっている。ところが日本の建築家は、白いモデルでずっとスタディしていて、最後に素材を決めることが多いような印象をもちますが、これについてはいかがでしょうか。

伊東◎実を言いますと、最近「モノ」に対する関心がちょっと変わってきているのです。以前は白い空間で、抽象的なイメージで、できるだけ最後まで「具体的にならにように」と狙って設計していたのですね。そうしますと、白かったり、メタルを使って「モノ」としての厚みや重さを感じないような素材に限定されてしまっていたのです。つまりイメージとしての抽象的な空間をどうすれば壊さずに済ませられるだろうかに固執してやってきたんですね。ところが最近になって、松本の外壁のように素材の開発そのものにも興味が出てきました。そんなに「抽象的なもの」にこだわらなくてもいいかな、と思い始めています。

抽象的に考えるという考え方そのものが前時代的かなと思うようになってきたのです。
　そうした考え方は近代的な思考ではないでしょうか。近代においては複雑なものを複雑なまま、具体的なものを具体的なまま思考する方法論がなかったと思うのです。現代はコンピュータの解析能力が高まり、複雑なことが複雑なまま解けるようになると、抽象とはいったい何なんだろうと改めて考えざるを得ない。もしかすると具体的なままの空間の方が面白いかもしれない。
　先のわからないことを苦労しながら、その瞬間、瞬間での判断を連続させる方がはるかに面白い。そういう方法ではいつも未知のことばかりやらなければなりませんから不安ですし、自治体はそれにとても耐えられないし、現在の制度では不可能な方法だと思うのですが、そうしないと真に創造的なもの、あるいは具体的な思考はできないのではないでしょうか。最近はそう考えるようになりました。

第4部
音楽空間づくりの実践

第3部までにコンサートホールに関わるいろいろな立場にいる専門家の考えが紹介されてきた。それでは実際にコンサートホールはどういうプロセスで建設され、またホールの個性はどのように醸成され、どんな視点から評価されるものなのだろうか。第4部では、この点を日本を代表する3つのコンサートホールに焦点を当てて考えてみたい。

まず、1987年の落成後ほんの数年のうちに世界で最も名の知られたホールのひとつにまでなった「サントリーホール」がなぜ成功したのかについて、この本の制作にたずさわった日本建築学会の劇場・ホール小委員会の委員による座談会で探ってみた。続いて日本の各都市に誕生した公共ホールのなかで、建設の動機や設計プロセスなどが明快で1997年の落成からは地域の拠点としての役割も着実に深めている「札幌コンサートホール」についてインタビューを

交えて地方のホールのありかたを検証する。そして札幌と同年に完成した「東京オペラシティ・コンサートホール」では、都市再開発事業のなかから東京に新しい個性をもったホールをいかにして生みだそうとしたのかについてソフトとハードの両面の取材をもとに再考する。

　無意味な建設ブームや視野の狭い公共ホール批判は沈静化しつつあるが、全国にホールの建設を望む街や住民は今日でも決して少なくない。これまで日本全国で音楽空間づくりのために費やされてきた途方もないエネルギーの中から、新しい空間と音楽の関係を築くためには何が必要なのか、演奏家にも聴衆にもこれまでにない楽しいホールを誕生させる原動力は何なのか、私たちみんなが考えなければならない課題はまだまだ山積しているように思う。

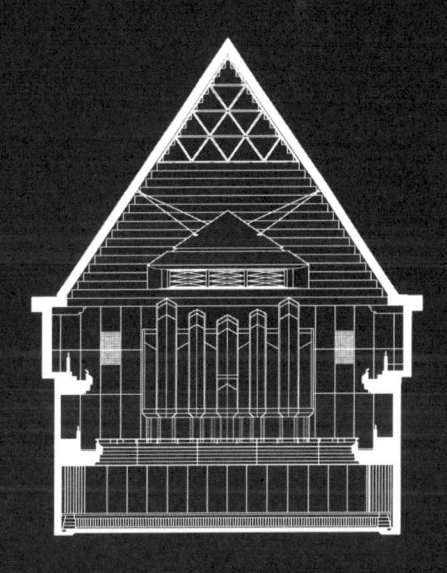

序

井口直巳

　音楽の聴き方を大きく変えることになったウォークマンが商品化されたのは、盛田昭夫氏がソニー社内の強い反対を「これからの若者は音楽なしに生きていけなくなる」と説得したからという逸話は良く知られている。時代はたしかにそのようになり、消費動向調査でも若者に限らず観劇やコンサートへの出費はデフレのなかでも増えている。その中味はクラシックでないように見られがちだが、わざわざ音楽を聴きに出かけるのならコンサートホールで楽しみたいという傾向が、グレゴリオ聖歌から現代音楽までのクラシックに限らず、クロスオーバーのジャンルにまで確実に広まってきている。

　コンサートに出かける人の多くは、お気に入りのコンサートホールがあるに違いない。たびたびホールに行くようになると座席の好みも、S席ならここC席だったらあそこと決まってくる。東京では、10年ほど前から同じ演奏家が続けて異なったホールで公演する例も増えて聴衆がホールを選択する時代となり、興行もそれに大きく影響されるようになってきた。そうした流れのなかで、好みのアーティストだから聴きに行くという動機から、好きなホールでやるから聴いてみようといった変化が確実に進んできている。そしてより重要なことは、聴衆はホールの好き嫌いを必ずしも音響の善し悪しだけで決めているわけではないという点にある。コンサートホールの議論がすれ違いになりがちなのは、建設時や竣工時に関係者の多くが音響に膨大なエネルギーを注ぐ一方で、ホールに足を運ぶ人たちは何を求めているのかといういろいろな要因が見落とされてきたことも理由にあげられよう。

　第3部までにコンサートホールに関わるいろいろな立場にいる専門家の考えが紹介されてきた。それでは実際にコンサート

ホールはどういうプロセスで建設され、またホールの個性はどのように醸成され、どんな視点から評価されるものなのだろうか。第4部では、この点を日本を代表する3つのコンサートホールに焦点を当てて考えてみたい。

　まず、1987年の落成後ほんの数年のうちに世界で最も名の知られたホールのひとつにまでなった「サントリーホール」がなぜ成功したのかについて、この本の制作にたずさわった日本建築学会の劇場・ホール小委員会の委員による座談会で探ってみた。続いて日本の各都市に誕生した公共ホールのなかで、建設の動機や設計プロセスなどが明快で1997年の落成からは地域の拠点としての役割も着実に深めている「札幌コンサートホール」についてインタビューを交えて地方のホールのありかたを検証する。そして札幌と同年に完成した「東京オペラシティ・コンサートホール」では、都市再開発事業のなかから東京に新しい個性をもったホールをいかにして生みだそうとしたのかについてソフトとハードの両面の取材をもとに再考する。

　無意味な建設ブームや視野の狭い公共ホール批判は沈静化しつつあるが、全国にホールの建設を望む街や住民の数は今日でも決して少なくない。これまで日本全国で音楽空間づくりのために費やされてきた途方もないエネルギーの中から、新しい空間と音楽の関係を築くためには何が必要なのか、演奏家にも聴衆にもこれまでにない楽しいホールを誕生させる原動力は何なのか、私たちみんなが考えなければならない課題はまだまだ山積しているように思う。

4.1
サントリーホールは なぜ成功したか

座談会 本杉省三、斎藤義、井口直巳、武政博史、浦部智義、大月淳(司会)

　日本を代表するコンサートホールがサントリーホールであることに異を唱える人はいないであろう。わずか十数年の間に、しかも数々の新しいホールが誕生してきた中で、なぜサントリーホールだけが聴衆にも演奏家にも絶大な人気を得てナンバーワンの存在になれたのだろうか。日本初のアリーナステージ、東京初のコンサート専用ホール、再開発事業とマーケティング戦略によるクラシック界への初挑戦……。バブル経済へ向かう追い風を受けたとは言え、今日のわが国の音楽界を支えている人材や手法においてもサントリーホールがもたらしたものは大変に大きい。音楽空間・ホールづくりの実践を考えるにあたって、まずこの本の制作にたずさわった日本建築学会の劇場・ホール小委員会メンバーによる座談会でサントリーホールを自由に論じてみた。

1. サントリーホールの成功とは

大月◎日本のホール事情を考えるとき、どうしてもはずすことができない、いわばひとつのターニングポイントとなったできごとがサントリーホールの誕生ではないかと思います。日比谷公会堂、東京文化会館などのある意味で日本特有な演奏会場ではぐくまれてきた日本のコンサートシーンが、1986年のサントリーホールの出現によって大きく変わりました。

斎藤◎サントリーホールの建築的な評価というのは難しい部分がありますよね。この座談会では、何を作り上げることで魅力的なホールになりうるのかということについて考えてみたいんです。

武政◎東京のコンサートホールをリストアップしたものを調べてみますと、都内のホールのほとんどが規模の違いはあってもシューボックスホールなんですね。そうした現状の中でホールの個性というのはどうやって生まれてくるのだろうという疑問をも

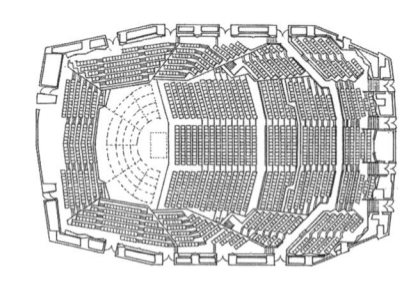

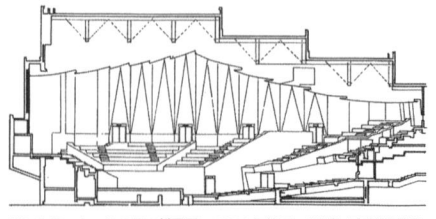

サントリーホールの平・断面図　1986年竣工。設計は安井建築設計事務所。座席数は2006席。客席が舞台を取り囲むアリーナ型。

ったんです。

斎藤◎僕はサントリーホールの頃、少し遅れて計画されていたBunkamuraオーチャードホールの建設に関わっていたんですが、そこではサントリーの後に続くホールとして、どういうホールが求められるかということが語られていました。非常につらい戦いでしたが。ところが結果的にはオーチャードホールができた後も、東京芸術劇場、すみだトリフォニーホールなど第三、第四のホールが次々と都心に建設されていくんですね。こうした東京のホール事情というのは、世界的に見て非常に特異だと思うんですよ。ベルリンにしても、ライプツィッヒにしても、世界的に音楽都市と呼ばれている場所でもこんなにたくさんのホールはない。そんな特殊な都市にあって、サントリーホールがどうやって作られ、これだけたくさんのホールの競合関係がなぜ続いているのかということについて、一度きちんと議論をする必要がある。

その一方で、地方のホールというのは、また事情が違います。ある地域の代表的なホールとしてきちんと集客ができるかどうかということの方が問題だと思うんです。東京圏に存在する何十万の観客をどう取り合うか、ということとは根本的に話が違うわけです。地方のホールの立ち上げ方というのは、そういう意味で違ってきますよね。

井口◎我々がこの二年間シンポジウムを通し

て考えてきた「観る・観られる」というテーマは、日本ではこの関係というのがサントリーホール以降論じられるようになってきたのが重要だと思います。サントリーホール以前と以降では、音楽界ばかりでなくホールでも時代が変わった。

本杉省三氏

浦部◎僕はホールの運営について正直そう詳しく知らないのですが、ただ力のあるホールというものを考えた場合、誰がそのホールを借りるかということも含めてソフトが重要だろうなという印象はもっています。でも一方で、サントリーホールはアリーナ型だから成功したのか、例えばサントリーホールがシューボックス型であればどうだったのだろうかとか思うときがあります。つまり、ホールの型に関係なくホー

サントリーホールの内観 舞台から正面客席方向を見る。舞台の上には浮雲といわれる音響反射板がある。

斎藤義氏

ルの運営として結果的に成功したから、それ以降成功したホールの代表例として日本でもアリーナ型が良いといわれはじめたのか、それともアリーナ型を選択したこと自体がサントリーホールの成功に大きな割合を占めているのかということについて考えてみたいんです。

僕は数年来、音楽空間を対象に座席から舞台がどの様に見えるか、あるいは聴衆同士の一体感などを研究しているんですが、一般に言えば、音響面だけでなくその様な視覚面がホールの印象に影響していると思います。しかし、単に視覚面が良ければそれで運営も含めて良いホールができると言えないことも事実です。サントリーホールの場合、型を選択する際の重要度はどの程度で、その影響はどうだったのかを純粋に知りたい。

本杉◎ホールの力ということに絞って考えたとき、運営ですとか吸引力とかいろいろなキーワードがでてきましたが、例えばサントリーホール以前・以後という考え方で言いますと、少なくとも日本には舞台が真ん中にあって、聴衆がそれを取り囲んでいるという形式はなかったわけですから、それが日本のホールにどういう影響を与えたのかということを考えた方が良いのではないでしょうか。それと同時に、そもそも「アリーナって何」「どうしてそういう関係が生まれるの」という、音楽と人間との空間関係がどう関わってきているのか、少なくとも今世紀になって舞台と客席との関係が意識されるようになってきたことについて考えてみる必要がある。

また、サントリーホールの場合、お客様を「もてなす」というこれまでの公共ホールにはなかった概念が出てきています。その後、セゾン劇場や東急Bunkamuraにも採り入れられたこの「もてなし」というスタイルが劇場やコンサートホールを変えてきたのではないかと思うんです。聴衆へのサービスをはっきりさせたという部分は大きいですね。

さらに、サントリーホールが示したものに「複合」「集積」という概念があります。ホテルがあり、放送局があり、オフィスがあり、レストランがありと、非常に都会的なものですよね。それぞれ非常

サントリーホールの内観 サイドから舞台を見る。近くでオーケストラが見渡せる座席が多く存在する。

第四部 音楽空間づくりの実践

に都会的なイメージを集約したという、最近ではついに地下鉄が通るという都市のネットワークまで変えてしまったわけですから、そうした都市のイメージの作り方にも影響を与えたホールと言えます。

また、運営力という点においては、萩元さんを総合プロデューサーに据えて、単に花火を挙げるだけではなく、持続させるという点で非常に戦略的であり、また前衛的であったと思うんです。

大月◎そうですね。そのようなサントリーホールをみていくにあたって、先程話の出た地方に作られるホールとの関係性はどのように考えればよいのでしょうか。地方に作られるホールがどうあるべきかということが今日におけるひとつの課題であるとすると、サントリーホールという特殊な例でそれに対する何らかの解を導き出そうとすることは難しくありませんか。

本杉◎僕はそう思いません。つまり、サントリーホールでは今までの日本のホールになかったことを実現することによって、あるいは今まで各地でやられてはいたもののそれほど意識されていなかった部分を意識的に「誰にでもわかるようにやった」ことで成功したと言えるのではないかと思うんです。

例えば建築デザインとしてサントリーホールよりも良いホールはそれ以前にも以後にもあったと思うんですね。神奈川県立音楽堂のファサードは今でもすごいと納得させられる。また、もぎりのサービス嬢は東京文化会館にもいましたし、日生劇場にもいたわけです。ビュッフェだってサントリーホールから始まったわけではない。そうしたいろいろなものが以前からあったのだけれど、「これぞ」という形で見せたとい

う点がサントリーホールのすごいところで、アリーナという形式に対しては、はじめ音楽家はブーイングだったという話ですが、お客さんが喜んで受け入れたという。そういう部分が大きいと思うんです。

2. 日本初のアリーナ型のインパクト

武政◎『ぴあ』のホールマップには東京の「音楽を中心とした演目を上演する」というホールが54件ありまして、それを席数順、形式別に並び替えてみたんです。まず客席数で言いますともっとも大きいホールがNHKの3600席、そのあと2300席から200席くらいまでほとんどの大きさが分布している。たしかに規模としてはそれぞれいろいろと考えながら建てているという気がするんです。その一方、形式別に見てみますと、54件のうち24件がシューボックスと言えるようなタイプのホール。25件がプロセニアムの劇場に音響反射板が付くタイプ。その他の形式というのがサントリーホール。つまりアリーナと呼べるような形式のホールは、東京にはサントリーホールしかないんです。それはどうしてなのかということについて考えてみたいですね。確かにデータをみてみると、これがサントリーホールを特徴づけていると言いますか、サントリーホールが「良い」と言われている原因にもなっているかもしれませんね。

大月◎浦部さんが「サントリーホールはアリーナ型だから成功したのかどうか」という発言をされましたが、アリーナ型ホールのもつ意味について考えてみたいですね。

浦部◎「街」で見た場合、サントリーホールのある周辺は建設当時は決してホールを作るのに凄く魅力的な街ではなかったよう

Bunkamuraオーチャードホールの内観 1989年竣工。設計は三上祐三＋MIDI綜合設計研究所。座席数は最大で2150席。写真©村井修

愛好家にとって演奏会場というのは東京文化会館か他の多目的ホールだったと思うんですね。僕はむしろサントリー以降がシューボックス一辺倒になった気がして、それ以前の方が音楽会場にもっといろいろな形があった印象を持っています。音楽を聴く場の雰囲気として、東京文化会館の六角形の空間を楽しんでいる人が大勢いた。そういう意味において、客席での楽しみ方の拡大版としてサントリーホールが音楽ファンにも素直に受け入れられたのではない

な気がします。特に車以外のアクセスは、東京の他の主要な「街」と比べて良いとは言えなかったんじゃないですかね。そうしたことを考えたとき、アリーナ型という部分も成功の一翼を担っているのかな、なんて……。

井口◎演奏空間の話で言いますと、サントリーホール以前には、外来や在京オーケストラの定期演奏会も1961年以降の四半世紀はほとんど東京文化会館だけでした。オペラも含めて、東京近郊のクラシック音楽

かと思います。シューボックスでは聴衆と舞台とが一対一では結びつくけれども、自分が聴衆の中の一員である一体感は薄いので、サントリーホールの特徴は、シューボックスが増えることでむしろますます強まっていった。ベルリンのホールを模したとかそうでないとかいう形式論というのは建築や計画をやっている専門家にとってのイメージであって、東京の聴衆には、もっと東京文化会館の延長上にある空間として自然に受け入れられたのではないかと考えて

います。

本杉◎一方、サントリーホールというのはある意味で「野暮ったい」とも言えると思うんですね。その野暮ったさがポピュラリティーを生んでいる。よく言えばカジュアルなんだけれども、僕ら（建築側）の感覚で言うカジュアルではない。東京文化会館ほどの重みはないし、Bunkamuraほどキラッとしているデザインでもない。それがかえって空間として受けた。

井口◎敷居が高くないんですよ。それが「都市的なもの」の中にポッとある。あれが特徴ですね。多くの場合、建築家は建物に象徴的な意味合いをもたせるのが好きですよね。外からホールへ入るまでのアプローチや、日常性と非日常性の切り替えなど。ただホールでは、それが必ずしも必然とは言えないわけです。そんな中でサントリーホールというのは建築家が建築的に作るのとは全く逆にデザインされたことで「大衆性」をもち得たのではないかと思います。これは非常に重要な部分ですね。大衆的でありながら中でやっているものは一流であるという。

斎藤◎そうですね。ここで形式の話を整理したいんですけど、僕も東京のホールを年代順に書き出してみたんですよ。そうして

サントリーホール前広場　大規模開発された都市的複合施設の中にサントリーホールがある。ホール前のオープンスペースはカラヤン広場と呼ばれる。

みますと、くさび形といいますか、多目的形式のホールがずーっと続いていて、その後が全部シューボックス。その間にぽつんとワインヤードのホールがある。僕はサントリーホールというのはやはりアリーナだから成功したのだと思っています。しかも、あの時期にアリーナという形式を日本にもち込んだというショッキングな発想というのがすごい。そうした出会いを成功させたサントリーチームの勝利だと考えているんです。では、それ以降のホールを作った人たちはなぜアリーナを作らなかったのか、あるいは気が付かなかったのか。僕だったら、今からでもアリーナ形式のホールを設計すると思うんですが。

本杉◎僕は建築家が自信をもてないからだと思うけれども。

斎藤◎建築家だけなのかな。僕はホールのオーナーの中にサントリーの佐治さんのように関わった人が居ないからではないかと思うんですよ。あそこまでこだわって、最後まで捨てなかったからこそ成功したのではないかと。例えば東急Bunkamuraを作るときにも当時Bunkamuraには五島昇さんが健在で村づくりを推進されたけれども、最後には「みんなに任せるよ」というような態度をとられた。さらに、公共ホールの場合、もっと主がわからない。主である施主が方針を打ち出して、それを最後まで貫くという幸せな状況というのがないことが多いと思うんです。「やっぱりシューボック

井口直巳氏

スが無難だ」という発想がある。

3. アリーナのホールが続いてできてこなかったのはどうしてなのか

本杉◎そういった「シューボックスが無難だ」という発想に建築家がものすごく加担しているという気がします。むしろ、地方の方に最近アリーナが作られている。しかもそれを「作りたい」と意思表示をしているのは建築家ではないわけです。札幌の場合はオーケストラですし、新潟の場合は市長だった。建築家たちは、むしろ後追い的に形を作っているという印象ですね。例えば東京文化会館を考えるとき、1961年にあれだけの空間を作っていながら、その後の多くの建築設計者が無能だったとも言えるわけです。その点について、もっと建築設計者は反省すべきだと思います。

大月◎サントリーホールは一般の人たちに受け入れられたわけですが、建築家にとってそうしたものをコピーすることに対して抵抗があったという見方はできませんか。

本杉◎平気で「もどき」をつくる建築設計者がいることに問題がある。

井口◎しかし、ひとつのホールが作られるとき、そもそもホール形式の決定というのは実は非常に他愛のないものというか、いい加減なものだったりしていますよね。つまり議論を尽くした上でホール形式を決定した例というのはあまりないでしょう。例えば、サントリーホールが作られるまでを記した本を読んでも、結局のところサントリーホールがアリーナになった最大の要因は「カラヤン先生にプランを見てもらおう」という動機だったようですし。

本杉◎その分建築家にはもっと責任があるんですよ。

武政◎建築の設計をする立場の人間としてあえて言わせていただくと、シューボックスは簡単だからという理由だけで設計している建築家なんていないと思

武政博史氏

いますよ。建築家がホールを考えるとき、コンサートというのは「フォーマル」なものだと。そういう場所を作りたいと考えている人が多いと思います。そうしたとき、よりフォーマルに見えるのはこれまでのシューボックスタイプだと思うんですよね。アリーナ型のホールというのはインフォーマルに見える。そのインフォーマルさを嫌っているのではないかと思うんです。クラシックのホールだからこうあるべきだと思いこんでいる建築家が多すぎることが問題なんだと思うのですが。

大月◎武政さんは、都内のホールが規模で棲み分けをしているというお話をされていましたが、サントリーホールのようなアリーナ型のホールの規模について考えるとき、演奏者の背面に客席があるという形式とそれに伴う視覚特性、音響特性等のバランスから、アリーナ形式にするための適正な規模というものがあるような気がするのですが、そういった点についてはいかがでしょうか。

本杉◎確かにね。300席ではつらいですよね。

武政◎ただ、アリーナ型に近いものとしては水戸芸術館のATMが680席のホールですよね。そういう規模もありますよね。

本杉◎水戸はあまりアリーナだと思えないけれど、例えば八ヶ岳高原音楽堂などは非常に自由であり、アリーナに近いと思える。

4. ホールの中の空間だけでなく

大月◎サントリーホールについて語られるときにアリーナですとかワインヤードという表現が使われますが、その両者がかなり曖昧に使われているような気がするのですが。

本杉◎それを僕に言わせると結構長い(笑)。ベルリンの発想の原点はドイツ人の日常生活に関連していると見ることができる、ワイン用のぶどう畑は、斜面の、わりあい景色も陽当たりも良い場所にあるんですね。ドイツ人は散歩好きだから、そういう気持ちの良い場所を散歩するんです。必ずしもお天気でなくても雪が降っていたとしても行く。そういう生活習慣がまずある。日常生活をゆっくり家族や友人と過ごす場がそこなんですね。僕は、ハンス・シャロウンがそういう形式を作ったというのは、散歩というか彼らの生活習慣に根差して自由に音楽空間を楽しむという生活スタイルにオーバーラップしているんだと思います。ところが日本人である我々は散歩はしないし、ワイン畑なんて知らないし、だから形式だけでしか把えられないんだけれども、本当の発想の基にはそういう生活との結びつきがあったと思うんです。

斎藤◎我々が言うところのアリーナ型というのはもっと形の概念ですよね。

本杉◎シャロウンの場合は形の概念ではなくて、「音楽が中心にある」なんですよ。代表的なのは指揮者。つまり音楽によって人々が結ばれるという感覚なんですね。ベルリン・フィルハーモニーを見るとよくわかるんですが、ここでのワイン畑という概念は、ホールだけではなくて、ホワイエにも統一的に表れています。だからあんな風に階段がいっぱいあって、道がグニャグニャのホワイエになっているんだと僕は思っているんです。日本では演奏空間だけが強調されていますが、ベルリンではコンサートホールの周りを取り囲むホワイエも回って歩けるようになっています。

井口◎ユトレヒトのフレーデンブルフ音楽センターなんかもそうです。向こうで言うワインヤードタイプのホールというのは、

水戸芸術館コンサートホールATMの断面パース 1990年竣工。設計は磯崎新アトリエ。座席数は680席。
変形六角形の特徴的な平面形が、舞台と客席の一体感を強めている。

ホール空間だけではなくてホワイエも含めてカジュアルといいますか、フォーマルを崩した意図があるように感じられます。でも日本ではホールの形だけが伝わって建築としてはフォーマルのままという気がします。

大月◎サントリーホール以降には、例えば札幌コンサートホール・Kitaraなどがアリーナスタイルで作られていますが、そもそもサントリーホールそのものがコピーではないにせよ、ベルリンの引用であるわけですよね。そうした中で、Kitaraが設計された時のサントリーホールの位置づけですとか、ベルリンの意味というのはどうだったのでしょうか。

井口◎札幌コンサートホール・Kitaraはコンペでしたから。アリーナと決められたコンペの要項でみんなが追っかけたのは当然サントリーであり、ベルリンであったわけです。ですから設計に参加した人たちはサントリーホールを研究し尽くして、そこでできなかった部分を実現しようとした。スペースにも余裕がありましたし、特に舞台裏については良く研究されています。サントリー、札幌、そしてその流れの中に新潟もあるのでしょうが、そうした一連の設計を通じて、ベルリンを原型としながらも、いわゆる日本的なアリーナスタイルというものに変化してきたと言えるのではないでしょうか。

大月◎今、コンペの要項でアリーナを指定されるということは増えているのでしょうか。

本杉◎京都コンサートホールの小ホールはそうでしたね。でもそれほど多いわけではないですね。むしろホールの形式についてはコンペの半分以上が建築家の手に委ねられていると言えるかもしれません。

5. 客席から舞台の見え方について

大月◎浦部さんはコンサートホールについて「見る」ということに焦点をあてて研究されていますが、そうした面からアリーナの良い点と悪い点についてお聞かせいただけますか。

浦部◎まずアリーナは、例えば皆の関心がラジオからテレビに移行していった様に「ビジュアル重視の現代性」といったものにシューボックスより応えやすいというのがあるんでしょうね。例えば、現代のクラシックに幾らか興味のある聴衆というのは、コンサートに行く前にすでにテレビなどの視覚メディアを通して、ホール・演奏というものを見て知っているわけです。ややもすると、一番リラックスした状態

京都コンサートホール小ホールの内観 1995年竣工。設計は磯崎新アトリエ。アンサンブルホールムラタと呼ばれる小ホールは座席数が514席。平面形は六角形である。

で、しかも一番良い場所でコンサートを見ていると言えるかもしれないんですね。時にはソロ演奏者の手許が見えたり、指揮者がアップになったり。そういった聴衆が非常に遠い席や手摺や、前の人でかなり見えなかったりすると、やはり単純につまらないと感じると思うんですね。

規模が大きくなった場合、舞台全体が見渡せてしかも距離が近い席はある程度で良いと考えるのであれば、典型的なシューボックス型やその発展形で良いと思いますが、ホール全体として普段テレビでコンサートを見ている人たちを満足させられるだけの客席をより多く確保できるのはアリーナだと言えると思うんです。細かく見ると同じアリーナ型でも違いはありますよね。わが国の例で比べても、サントリーホールと札幌コンサートホール・Kitaraとの一番の違いについては、土間席の勾配の違いですね。舞台を低くして土間席の勾配のある札幌コンサートホール・Kitaraの方が、視覚的には良い席が多い。また、1階席と2階席が分かれているサントリーホールと、勾配が連続している札幌コンサートホール・Kitaraでは、空間の連続性など雰囲気の面でも大きく違いますよね。

アリーナ型の問題があるとすれば、やはり音でしょうか。アリーナの舞台後ろで聴くと、合唱・声楽の音が良くないというのは音に関して素人の僕でもわかる。でも、コンサート会場に来ている方がみなさん、音にこだわっているというわけではないと思うんです（笑）。演奏を聞きに行くわけですから、音に関してあるレベルは確保すべきだと思いますけど……。それと、今の聴衆は、かなり年齢層が高くて、一般に言う知的・知識レベルが高い方が多いように感じていますが、やや若い世代からいうと、クラシックもこれから娯楽の多くをテレビで済ませているような、より若い世代を取り込まないといけない時代に入っていくと思うんですね。そういう点においても、より多くの座席において、わかりやすい視覚面の充足や他の聴衆による刺激のあるアリーナ型に分がある様な気がしています。

少し話がずれるかもしれませんが、「今の日本人ってどういう人なの」とか、あるいは「音楽を聴く人々を増やしていこう」ということを考えると、今のクラシックコンサート空間は堅苦しい感じが私なんかはしますね（笑）。日本人も基本的には社交が好きだと思います。でも、現代の特に若い世代の多くの人は、決してヨーロッパ的なフォーマルな社交ではなくて、歌舞伎にもみられるようなカジュアルな社交が好きだと思うんです。フォーマルな服を着てもカジュアルというか……。そういう意味では、サントリーの様なアリーナ方が何か気楽で伸び伸びとした社交ができ、しかもサントリーホールは行き場を考えなければならない程にホワイエが広くないといったようなことなどがサントリー人気の一翼を担ってるのではないでしょうか。

斎藤◎ある意味ではアリーナ型というのがデザイン面も含めてもっと競争できるような環境になっていくといいなと考えています。札幌はサントリーホールの発展型であ

浦部智義氏

サントリーホールのホワイエ　ホワイエは小ホールと共有しており座席数に比べて広いわけではないが、人々で賑わうと赤絨毯やインテリアなどと相俟って華やかさがある。

るわけで、新潟もまた違うバリエーションだと思いますし。ですから建築家にもっとアリーナ型ホールに興味をもって欲しいですね。だってシューボックスホールって建築家がやることってそんなに無いじゃないですか。

本杉◎確かに。でも、素材や構成面ではまだ挑戦できる。

斎藤◎アリーナ型のホールに建築家が興味をもつためには、もっと音響的なバックアップや発注者側の明確な意向も必要でしょうね。建築家がアリーナを背負うのは、なかなか難しいかもしれませんね。シャロウンの場合は天才なのか、ひらめきなのかわかりませんが、とにかく大発明ですよね。

大月◎ベルリンの場合、カラヤンの意向というのはどうだったのでしょうか。アリーナ型を生み出した栄誉をシャロウンに与えるか、カラヤンに与えるかといった話はあると思うのですが。

本杉◎ベルリンもコンペなんですよ。カラヤンが審査員にいたかどうかは知らないけれど、ドイツにまだ壁が無い時代、ロシア軍の占領地とフランス・イギリス・アメリカの占領地の線が引かれている場所に未来をイメージする希望をもった場所として審査員があの案を選んだのには敬服します。

井口◎まだ戦後という時代ですよね。そのころヨーロッパではいろいろなホールやオペラハウスの復興作業が行われていました。そうした中で同じシュターツオパー（州立劇場）でもミュンヘンのように昔のスタイルをそのま復元する街もあれば、ハンブルグのように新しいスタイルを作り出すといったようにそれぞれの国、それぞれの街でさまざまな議論がありました。その中で自由主義圏のショーウィンドウだったベルリンは、政治的にも新しいものを求めていたのではないかと思いますね。

本杉◎シャロウン自身が挑戦的だったというのもありますよね。実現はしませんでしたがカッセルの州立劇場のコンペがあったとき、そこでも前衛的な劇場を提案しています。実現した中では、ヴォルフスブルグというフォルクスワーゲンの工場がある街に作った市立劇場もなかなか挑戦的なスタイルです。客席に自然光を取り入れることができる劇場で、非常に好きな劇場です。バックヤードもホワイエもホールもそれぞれ独立して使うことができ、また別々に使うこともできるんです。例えばホールでリ

ハーサルしていてもホワイエをパーティーに使ったりできる。

大月◎先ほど話が出た、ベルリンのホールとホワイエとの関係とも共通点が見られるようですね。

本杉◎回遊するという概念は共通しています。

6. ホールの形態について

武政◎ワインヤードというのは形がかなり自由だと思うんですね。変化がたくさんある。シューボックスの場合、音楽そのものは変化に富んだものを聴きに行っているはずなのに、空間的にはとても窮屈なところに閉じこめられる。そういうイメージがあってつまらないという印象があるんでしょうね。

本杉◎公共ホールでアリーナがやりにくいというのは、文句を言うのが議員さんだからだと思うんですね。例えば舞台に対して横向きにある席を作ってあると「なんだ、こんな席見えないじゃないか!」と、必ず文句を言われますよね。彼らは劇場やホールのことをあまり好きじゃないし、滅多に行くこともない。で、とにかく舞台にまっすぐ相対している席が良い席だと思ってしまうみたいなんですね。でも学生に聞くと、オペラを見るときに舞台の真横に近いとても安いチケットを買って、でもその席なりの面白さといいますか、まっすぐ見るだけではわからない楽しさを味わったりしているわけです。また、そういう席が好きな人だって少なくないんですよね。だけど主がいない場所でホールを作ろうとしたときは、みんなが満足するそこそこの条件を整えなくてはいけない。だからシューボックスになってしまうということでしょうか。

斎藤◎誰も責任をとりたくないんですよね。

本杉◎主がいれば説明してくれるんですよね。でも、日本のアリーナって、実はかなりシューボックスですよね。アムステルダム・コンセルトヘボウの域を出られない。

大月淳氏

井口◎だから平面図を並べて見ると、シューボックスとアリーナの区別があまりつかない。本当はホワイエや敷地条件まで含めて、ここではどんな演奏空間が成立するか、というスタディが行われるともっといろいろな可能性がでてくると思いますが。

斎藤◎サントリーに話を戻しますと、書籍によると佐治さんも、安井さんも、カラヤンもほとんど同時に「アリーナ型がいい!」と言ったように書かれているんですが、それではあまりに話が美しすぎる。ちょっと嘘っぽいと思うんだよね。実際、安井さんは4案を作って、それでカラヤンに選ばせているわけです。では佐治さんが自らどれほどワインヤードを選んだかというとそれもわからないですよね。結局カラヤン頼りだったわけです。だからベルリンでシャロウンが先かカラヤンが先か、というのは大変興味深い話だと思うのですが、おそらくカラヤンは結果的にシャロウンの案が選ばれたときに喜んだと思うんですね。だって空間の中心に自分が居られて、後ろだけではなく全部の方向から聴衆に囲まれるわけですから指揮者としても快感ですよね。目立ちたがり屋だというだけではなくて、聴

衆と自分との良い関係ができると。そこでカラヤンを喜ばせた空間形式が日本のサントリーでカラヤンにあの形式を選ばせたのだと思うんです。

井口◎その一方、日本のアリーナ型ホールの流れを考えた場合、サントリーホール、札幌コンサートホール・Kitara、新潟市民芸術文化会館というのは必ずしも一直線上にはないと思います。アリーナにも、ステージの求心性が強くて客席とHub状の関係になっている場合と、客席がステージを囲んで聴衆相互のWeb状の関係がより強い場合というふたつがあると考えられます。札幌はいわゆるステージの一点に中心があって聴衆がそれに向かっているのではなくて、むしろ聴く方の人たちが札幌交響楽団の親しい奏者をそれぞれ近くで見たいという欲求から生まれたスタイルですね。新潟はもっとインフォーマルで、バルコニーが舞台を囲んでいる劇的な空間になっています。

7. ホールの運営について

大月◎サントリーホールは、運営についてもうまく話題を集められるような仕掛け作りをしていると思いますが。

斎藤◎先ほど浦部さんがソフトが重要な面もあるのではというお話をされましたね。もちろんプロデューサーが運営について継続的なプランを出すということも意味があったとも思いますが、実際の所、サントリーも貸しホールとして稼いでいる部分は大きいわけです。それと自主企画とが非常にうまく馴染んでいて、ちょっと見ただけでは見分けがつかない。

井口◎特に立ち上げが非常に上手かったんだと思います。

斎藤◎結果的に良い演奏会が行われ続けるということが、日本人にとっても外国人の演奏家にとっても常にお客さんを集めることのできるホール、ステイタスとして完成したんですよね。そうするとさらにお客さんが切符を買う。いわばNo.1ホールになることで「好循環」が起こっている。そういう意味での運の良さと、自ら努力をして創り出してきたという両面が働いているんでしょうね。

浦部◎そうですね、サントリーホールはその前の時代とは違う新しい「いろいろ」をやって、No.1というイメージができあがったことが全てを良く回していると思います。そう考えると、クラシックはこうだなどと括らずに、ホールの型も含めこれからのホールももっといろいろなことがあってよいですよね。もちろん、新しく「いろいろ」をやるには、お金・さまざまな面でのエネルギーなど費やすものが多くないとできないのでしょうが……。

大月◎サントリーが行った「いろいろ」を少し具体的に話してみましょうか。

井口◎例えば「ホールオペラ」。サントリーホールの設計には、照明設備などほとんど組み込まれていなかったんですが、そこにあれだけのものをもって来るというのはやはり一種、賭だったと思います。

本杉◎それまでは「ホールオペラ」という言葉もなかったしね。日本語だよね。

井口◎登録商標まで取っているので他のホールで「ホールオペラ」という言い方は使えません。コンサート形式のオペラというのはヨーロッパでも最近一種の流行になってきています。

本杉◎あとは、ランチタイムコンサートとか、現代作曲家への委嘱作品とか。お客さ

井口◎おそらく日本で固定客を作った初めてのホールでしょうね。とにかく毎日何かをやっている。だから「このコンサートがあるから行こう」というのでなくても、「今日は誰々の誕生日だから音楽会にでも行こうか」と思い立ったときにサントリーホールの公演案内を見れば、特に聴きたいというものではなかったとしても、それなりの水準のコンサートを楽しむことができる。そういう気軽な行き先としてホールを訪れて帰りに近くで食事でもしましょうと。そうした位置づけでの固定客を開拓した日本初のホールだと言えるでしょうね。都市生活の習慣の一環に入り込んだという感じですよね。仕事が終わらずに開演時間までになかなか行けない、終演後は、終電を気にして食事もできず家に帰ってカップラーメンをすする（笑）。そういう東京近郊の寂しいクラシックファンのイメージをサントリーホールは完全に変えました。

武政◎そういった意味では、「固定客をつかまえる」というのは地方のホールであっても可能だと思います。逆に東京よりもやりやすいですよね。東京だとメディアを使ってばんばん情報を流さないと気が付いてもらえませんから、地方のホールは個性を打ち出しやすいと思います。むしろ、東京のこれからのホールがどうするかということの方が難しいでしょうね。

しかし、例えば音響ひとつをとってもサントリーホールができてから今日まで音響技術はものすごく進歩したはずなんですよね。そのテクニックを使ってサントリーホールとは違う、シューボックスでもない魅力的なホールを作ることはできると思うんです。つまりバックアップの体制に支えられて、空間の自由度が広がっているのではないかと思うんですね。

本杉◎僕はそういうのはいやだな。建築家としては、まず空間のイメージが第一にないと。音響家にはあんまり頼らない方がいいと思う。もう少し「音楽を楽しむ」という行為そのものを建築家が理解して、音楽の楽しみ方も変わってきているという状況を知っていく方が大切だと思いますよ。日本でサントリーホールが成功したという意味は、お客さんがどう思うかということに焦点をあてたという部分にあるんだということを設計者も作り手ももっと理解してほしいと思います。

4.2
札幌コンサートホール
[Kitara]

宮部光幸、藤垣秀雄
聞き手:井口直巳

　Kitara（キタラ）の愛称で親しまれている札幌コンサートホールは、建築界よりも世界中の音楽関係の人々から高い評価を受けている。そのような先例としては、サントリーホールが有名である。サントリーホール以降しばらく生まれなかったアリーナ型に積極的に挑み、札幌で人々の記憶に残る興行がいくつも刻印された中島公園に、2万m²という恵まれた条件で作られた世界に目を向けた、都市における公共ホールの代表例と言えよう。札幌コンサートホールの完成までには、市民に親しまれている札幌交響楽団の存在や、パシフィック・ミュージック・フェスティバル（PMF）の役割、札幌市で初めての設計コンペや、独自に世界のアーティストと関わってノウハウや評価を得る姿勢など、政令指定都市のホールでもまれないくつもの要因を見ることができる。これまで知られることの少なかった音楽専用公共ホールの成立に至るプロセスを検証して、単に設計上の要因にとどまらず、今後の公共ホールの在り方も考えてみたい。

1. プロローグ
それは天安門事件からはじまった

　1989年6月、北京の天安門広場でデモ隊への発砲事件が起きた。世界的な指揮者レナード・バーンスタインが環太平洋地域の若手音楽家の育成を目的に準備を進めていた北京での音楽祭は、この銃声とともに霧散した。そして新たに白羽の矢が立ったのが札幌であった。開催まで1年しかないという状況の中で、札幌市には、1986年から整備を進めている途中の「芸術の森」しか対応できる場所はなかった。「芸術の森」は15年計画で滞在型の芸術村を建設する予定であったが、当時は音楽ホールはおろかコンサートができるような施設は何もなかった。しかし音楽祭のオーガナイザーは「芸術の森」を見て大変に気に入った。そこで将来計画にあった屋外ステージを急遽建設することで、PMF音楽祭は突然降って沸いたように札幌で行なわれることになった。

2. PMF音楽祭が札幌を世界に知らしめた

　1990年6月26日から7月14日まで、18の国と地域の約900人の中からオーディションで選ばれた123人の若者が札幌に滞在して、第一回のパシフィック・ミュージック・フェスティバル（PMF）が開催された。バーンスタインはほとんど動けないような病いを押して来日し、渾身の力を振り絞るようにPMFオーケストラを指導して

コンサートの指揮もおこなった。この模様は全世界に映像とともに伝えられ、そのヒューマニティー溢れるシーンは多くの人の感動を呼んだ。しかしバーンスタインは、東京でも予定されていたPMFオーケストラの公演では指揮する体力がもはやなく、その年の10月に帰らぬ人となった。この世界的指揮者が、PMFに集まった音楽家、聴衆、そして札幌の人たちに残したものはあまりに大きな遺産であったに違いない。

3. バーンスタインの死で市長が心に決めたもの

翌1991年、バーンスタインの遺志を継いで第二回のPMF音楽祭が前年にもまして盛大におこなわれた。この年から札幌市を中心に設立された「PMF組織委員会」が主催者となり、毎年7月上旬から約1カ月間芸術の森を中心におこなわれる名実ともに札幌市の音楽事業の中心的な存在となった。PMFが他の音楽祭と大きく趣を異にしているのは、有名な音楽家やいわゆる本場のオーケストラを集めた音楽会が目的ではない点である。音楽を学ぶ若者に、世界の一流の音楽家を講師として招いて共に演奏する機会を与えるという教育が主題となっている。聴衆は、すでにでき上がった演奏を聴くのではなしに、その過程や成果を楽しみに集まってくる。札幌はそうした場を提供することを決意したのである。バーンスタインの急逝に、時の札幌市長板垣武四氏は、PMF音楽祭の継続のみならず、札幌の音楽環境をその精神で継承していくことを宣言した。

4. 芸術の森は札幌の音楽環境のインキュベーターとなった

PMFが始まるまでの札幌の音楽環境は、札幌交響楽団が中心だった。1961年から札響の愛称で市民に親しまれてきたこのオーケストラは、日本の地方オーケストラの中でも、最も特色をもった団体のひとつとして知られている。年間約100回にのぼる公演のうち半数は札幌市以外での演奏会や音楽教室に割かれ、広く北海道全体に生の演奏を聴く機会を広める使命も負っている。また団員は札響としての活動の他に、それぞれ個人の音楽活動や教師として市民と強い関わりをもっている。

芸術の森は、市の中心から車で30分ほど離れた40haの緑の中に、美術館や工芸館、工房やアトリエなどが点在し、幅広い芸術活動の制作・研修・発表・交流の場を意図したものである。突然のPMFの到来によって、芸術の森は音楽祭の会場として全国に有名になったが、特に音楽を中心とした施設ではない。しかし音楽祭によって1990年に野外ステージが、1993年にはアリーナや大小の練習室を備えたアートホールが完成し、札幌交響楽団の練習場にもなるにしたがって、芸術の森は札幌の音楽環境の中心地となっていった。

5. 最初から世界を見て考えたホールのあり方

札幌市が本気でコンサートホールの建設を検討し始めたのは、1990年頃とされている。当時は全国各地で同様の機運が高まっていたが、札幌でも、札幌シアターパークプロジェクト（STP）などの市民団体が、強力にそれを推進する活動をおこなっていた。STPは、札幌交響楽団の定期会員や音楽団体、演劇団体などを母体としていたが、PMFを目の当たりにして勢いづいたのは想像に難くない。こうしたホール建設機運が盛り上がった時点で、札幌にはすでに札響

とPMFがあったという事実は大変に大きな意味をもっている。

　1990年に札幌市の市民文化課にホール準備室が置かれた。主査の板垣明彦氏は、その前年まで札幌市の東京事務所に勤務し、その間は音楽会に通い詰めたという音楽愛好家であった。PMFに当初から関わりホールの建設を担当して後に札幌コンサートホールのプロデューサーになる藤垣秀雄氏は、1977年の東京国際ギターコンクールで優勝しスペインにも留学したという、市の職員としては異例の経歴の持ち主である。そして1991年に発足したPMF組織委員会のオペレーティング・ディレクターには、札幌交響楽団の発足にホルン奏者として参画して長らく楽団の事務局長を勤めてきた竹津宜男氏が就任した。札幌市にとって、PMFは突然転がり込んできたようなものであった。しかし札幌には、このような大規模の音楽祭を行なうことのできる人材が存在していた。その人たちが新しいコンサートホール建設の原動力となっていくのである。

6. アリーナは札幌市民の音楽の聴き方に相応しい

　札幌コンサートホールの大きな功績のひとつに、サントリーホールから11年ぶりに日本でふたつ目のアリーナ型ホールに挑戦し、見事な成果をもたらしたことがあげられる。1986年に落成したサントリーホールは、瞬く間に日本を代表するコンサートホールとしての地位を確立した。しかしその大きな特徴であり人気の秘密でもあるアリーナ型のホールは、なぜかそれ以降のホール建設ラッシュの中では出現しないままだった。1991年に札幌市からホール計画の基礎となる調査を委託された北海道開発コンサルタント（現ドーコン）は、宮部光幸氏を中心に報告書をまとめた。その中で、札幌の人たちが音楽を聴く場としてはシューボックスよりアリーナの方が相応しいのではないかという提言を行なっている。同時に新しいホールは、札幌交響楽団のレジデントであるのが当然という考えで、楽団員の部屋が備わった楽屋規模も提案している。また音楽博物館や見学者のためのミーティングルーム、貸しレッスン室など実現しなかった数多くの機能が含まれているのも大変に興味深い。（井口）

7. 宮部光幸氏との対話　その1

井口◎なぜ調査報告でアリーナ型の方が望ましいという提言をされたのですか。
宮部◎コンペの2年前に札幌市の方からアリーナ型かそれとも対面型か、どっちがいいのか考え方を出してくれと言われました。札幌市の音楽を聴いていた人たちは、

札幌コンサートホール・Kitaraの内観　座席数は2008席で、舞台の中心性がより強いアリーナ型である。札幌交響楽団の本拠地である。

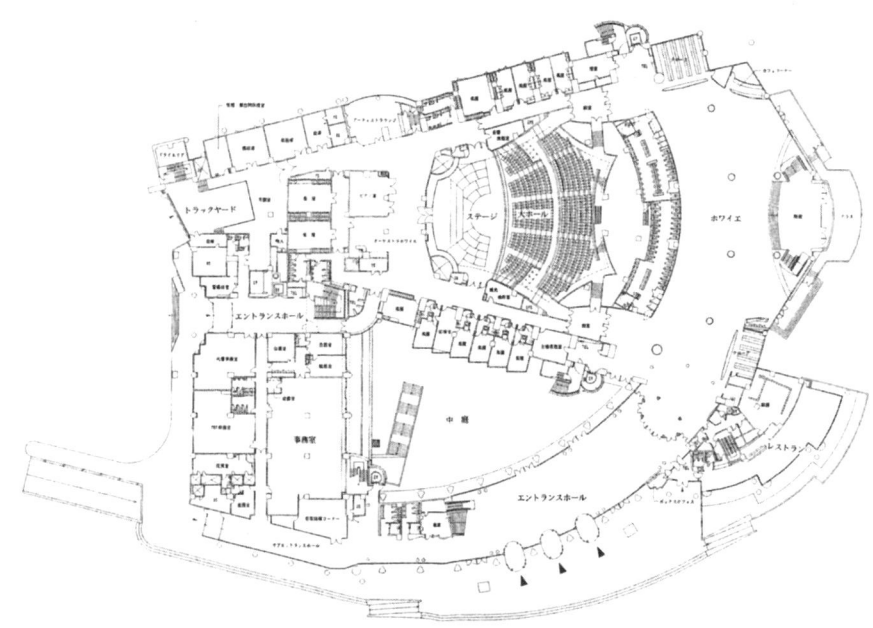

札幌コンサートホール・Kitaraの1階平面図 1997年竣工。設計は北海道開発コンサルタント（現ドーコン）。多くの聴衆が開場を待てる大きなエントランスホールは、北国ならではの配慮。

札幌交響楽団のメンバーを知っているわけです。札幌交響楽団はこの街に定着していますし、市民との関わりが強いのです。普通は指揮者に対して拍手をしますが、札幌では各演奏者に対して拍手したり、演奏が終わるとステージに上がってきてそれぞれのパートの人と話をしているという風景が印象強かったので、これだったらアリーナ型といわれるタイプのものをうまく使えるのではないかと思いました。

井口◎単なるホールの形式としてだけではなくて、もっと生きた意味でアリーナが活きると。

宮部◎パフォーマーと演者の人間関係ですね。演奏しているときの手をみるとか、どちらか一方向からでは見えないようなことを含めて音楽のすべてと関わるそういうような形として、アリーナ型はいいんじゃないかという提言をしました。

井口◎完成した建物は、楽屋や舞台廻りが非常に充実していると思うのですが、調査の報告やコンペの要綱でもこういう条件が出ていたのですか。

宮部◎楽屋の数や面積は、報告のとおりに要項になりました。調査の時にヨーロッパとアメリカの事例はほとんど見てました。今回ベースにしているのは、基本的な構成はベルリン、諸室の周りはミュンヘン・フィルハーモニー（ガスタイク）が参考になっています。あそこはフランチャイズですよね。基本的にこのホールは、PMFという期間限定の使用はしますけれども、日常的には札幌交響楽団のホームグラウンドであるべきだというのが私の見解なんです。

井口◎今、札幌コンサートホールには、札

宮部光幸氏

幌交響楽団とPMFの事務所も入っていますね。

宮部◎札幌交響楽団が、PMFに刺激されて、ここで練習してどんどんレベルをあげてほしいという構造なんです。そのためにはここに住んでほしいと。それで各楽器の編成ごとにちゃんと部屋を用意して、そこに自分たちの楽器もあるし資料とか本とかもある。例えば、そこで第一バイオリンの方からずーっとパートごとにある形にする。

井口◎現在は実現していませんが、精神としては本当のフランチャイズですね。

宮部◎本当のフランチャイズ。PMFの時は、自分たちのロッカーには鍵をかけてその部屋を使ってもらう。ヨーロッパのコンサートホールではごく当たり前のスタイルのものにしようという意図が楽屋にはあります。それをPMFやいろいろな楽団が来るので、貸し館の時に使用するという考えです。

井口◎調査報告では、その他に何を提案されたのですか。

宮部◎例えば、見学者のための専用のインフォメーションルームとか、音楽博物館とか。そういうようなものをこちらサイドからどんどん受け入れる体制も提案したのですけれども、それはまだできないということで、コンペの要項ではそれらはカットされてしまいました。

井口◎他には何が抜け落ちましたか。

宮部◎情報検索関係ですね。演奏会のない時でも市民や音楽家がここに来て、例えば過去5年までの何日の音楽をそこで聴いてみたいとか、そういう音楽関係の情報の検索。またここに来ている演奏者の生徒っていますでしょ。その生徒がここで習ったりすることもあるんです。そのための貸しレッスン室みたいなものをもつことも提案したのです。ですから要はミュージックシティーにする。建物である以上に、敷地の川向こうまで全体の成長とかもマッチングさせて、そういうひとつの構想として話していたのです。

井口◎今の調査のお話は92年ですか。その時はヨーロッパでも実際そこまで形になっているものはあまりなかったのではないですか。

宮部◎ベルリンとパリでした。パリの音楽都市のプロジェクトが進行中で、まだ建物は建てている最中ですね。

井口◎ヨーロッパでもまさにそれを計画して作ろうとしていた時期に、同じものをこの札幌でも作ろうとしていた、新しい考えですね。

宮部◎PMF自体が暮らして演奏するというスタイルですから、その核としてホールを作るのなら、音楽をもっと広く知ること、それからそれを市民に知らせること、そういうトータルな場として考えたのです。

8. 市の職員が舞台裏の調査を行なって臨んだ設計コンペ

　STPなど市民からの強い要請もあって、札幌市では初めての設計コンペとして、1992年に6社による札幌コンサートホールの指名コンペが行なわれた。その要項には、大ホールはアリーナ型で2000席、小ホールはシューボックス型で450席とされた。コンペ前の調査の報告の中で実現可能なものは含まれ、音楽博物館などの提案はカットされたにもかかわらず、建物の延べ床面積は、それらを含んだ2万m²を減らされることはなかった。それによって札幌コンサートホールは、日本で最もホワイエ

や楽屋回りなどが充実した施設となった。公共ホールでは、調査の段階で検討された重要な案件が設計の条件に盛り込まれない例が大変に多い。例え設計コンペであっても、設計者は要項で抜け落ちたものまで設計して提案するのは困難である。その意味で行政側の姿勢は極めて重要で、当時の状況を藤垣秀雄氏に伺ってみた。(井口)

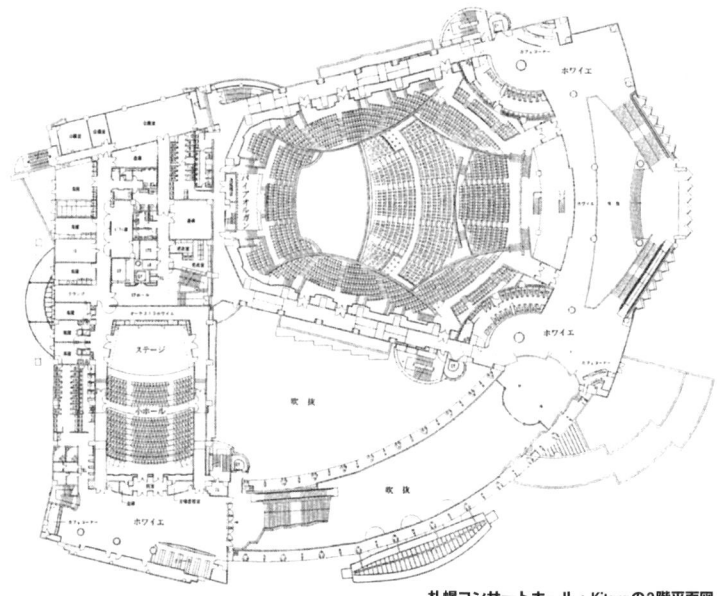

札幌コンサートホール・Kitaraの2階平面図

9. 藤垣秀雄氏との対話

井口◎大ホールはアリーナ型とシューボックス型のどちらが良いかという議論は、市の側としてはどうだったのですか。

藤垣◎やはりサントリーホールの出現が、非常にインパクトがあったと思います。つまり海外に良いホールがあるのは、それは伝統があるヨーロッパでは当たり前の話で。ザ・シンフォニーホールの場合はまだ完全なアリーナとは言い難く、あの形状に驚いたというよりも音の良さに驚いた。ところが、今度はカラヤンがなにかアドバイスしたとか、そういう西洋の音楽の伝統と直結したサントリーホールが出現した。札幌の音楽好きの人たちは、当然サントリーホールへ行くわけです。新しい時代が来たなという実感を、当時私は札幌市の文化部にいて、調査をしながら肌で感じました。

井口◎2000席という規模はどのように決まったのですか。

藤垣◎やはりサントリーホールがひとつの指標だったと思います。それと札幌の厚生年金会館が2300席、市民会館が1600席で席数のすみ分けというのがありました。1600とか1700席という方が濃密な音が得られるらしいと専門家に言われてましたけれども、原価計算すると演奏会そのものが成り立っていかないだろうというデータもありました。例えば大阪のフェスティバルホールが2700席と非常に大きい。ザ・シンフォニーホールは、音はいいけれどもキャパが小さい。自信のある海外のオーケストラは、絶対フェスティバルホールでやるでしょう。そういう風に、札幌の厚生年金会館との300席のひらきは大きいなあと。チケットを1万円で計算したら300万円の差が生じます。だから経営上の問題と音の問題が平行して進んでいました。音の問題というのは、いずれにしてもオーケス

藤垣秀雄氏

トラの採算性とは別次元のきわめて抽象的なことで、「らしいらしい」ということなわけですよ。そういうのが平行してあって、最終的な決着はサントリーホールが前例としてあったこと、非常に評価されていたということが決め手となりました。

井口◎アリーナ型に結論づけた理由というのも同様ですか。

藤垣◎特化したホールが欲しいというのはあったわけです。要するにオペラでもない多目的でもない特化したホール。そうすると余計なものが中途半端にあってはいけないです。そんなものをやりだすといつかはまた専門のものが欲しいということになる。そこでアリーナ型というのは、まさに特化した空間ですよね。当時音楽専用ホールという言葉をどこの自治体も使っていたわけです。多目的ホールに対してね。でも音楽専用ホールというのにふさわしい形態がやはりアリーナ型だったのではないでしょうか。

それと、音楽を聴く形態。音楽をじっくり聴くのは、シューボックスが向いているかもしれないと言われました。最前列に座ったりすると、まるで自分が演奏家を招いて聴いている気持ちになれるわけです。だけどやはりね、こうみんなが取り囲むことでひとつの音楽を、共有する聴衆同士の賑わい、祝祭的雰囲気、そういうものに僕たちは新鮮さを感じ

たと思うんです。何か芸術家を、何か良い音楽を取り巻いているという、それが何とも言えない。それをサントリーホールで実体験して、みんなが「ああ良いもんだなあ」と確認できた。

井口◎むしろ市の中ではベルリンではなくてサントリーホールだったのですか。

藤垣◎ところが結局ベルリン・フィルハーモニーを知っている人は、やはりベルリンはすごいと。ステージに対して、必ずしも座席が正対しているわけではなく、客席はまるで動いているように見えるしね。市側ではああいうダイナミックなホールを、サントリーホールの存在を通して身近に感じていましたね。宮部光幸さんもやはりベルリン・フィルハーモニーを意識してられました。

井口◎そしてPMFが来て弾みがついて、市民運動があって、世の中はまだ好景気で。いろいろな意味でそういうベクトルが向いていったのでしょうか。

藤垣◎乱暴な言い方をすると、札幌交響楽団がまず唯一のプロオーケストラとして多くの時間をかけて市民に音楽を普及した。PMFが一気に意識を、そしていきなり世界と結びつけ、東京でもできないようなことをこの札幌がやり始めた。その2段階のど

ベルリン・フィルハーモニーの外観 1963年竣工。設計はH.シャロウン。サーカス小屋に例えられた外観。竣工当時は、より素朴な外装であった。

ちらが欠けてもコンサートホールはできなかったと思います。

　もうひとつ大事なのは、地方都市で札幌ほどクラシック音楽の供給者が多いのは他にあまりないのです。そこで慢性的にホールが不足していました。クラシックのみならず歌謡曲もオペラも含めて、そういう慢性的な満杯状態がなかったら、人口180万の都市が音楽に特化したホールを建設するなんてことはできないですよ。

井口◎この建物は、大と小のホールはそのままで延べ面積を15000m²にできたのではないですか。

藤垣◎できたと思います。でも僕たちは、例えば「廊下を広くしてくれ、広くしてくれ」ってずっと言ってましたから。

井口◎どういう理由からですか。

藤垣◎演奏者のアメニティと主催者の利便性でしょう。ここからは、海外のオーケストラが来ると終演後楽器は、トラックですぐ出るわけですよ。できるだけその搬出を短時間でしたい。そのためには既存のホールの廊下幅だと狭いわけですよ。

井口◎演奏家は廊下に物を置きますね。楽器運搬の箱だとかケースだとか。

藤垣◎僕たちは、PMFの会場だとか札幌交響楽団のステージ裏に何度も行ってスケッチしてました。自分たちで勉強してきました。それで、人がどういうふうに動くかとか。

井口◎計画の段階やコンペやっている頃にですか。

藤垣◎コンペやっていたり基本構想やっているあたり。それから、そろそろコンペが決まって図面に、まあコンペだから基本的には修正を嫌うんだけれども、だけどやっぱりねえ。

井口◎言うこと聞いてくれましたか。

藤垣◎会話ができた。実際に見てね、ああアーティストはこういう動きをするのかと。札幌交響楽団の場合は、楽器ケースを置くためにステージの脇にいっぱいテーブルを並べるわけです。これのスペースは必要だなと。並べる本数がわかればこれくらいの幅は必要だなと。それは全部シミュレーションしました。コンサートが終わって何分後にどれだけの人がここを、団員がどんな身支度して楽器を納めて退出していくかなあと。それと楽器を運搬する人の動き。何分ぐらいで出ていくかなあと。何分と何分の勝負だから動線がクロスしちゃあまずいとかね。それは考えて自分なりにやっていましたよ。この建物は7.2メートルのスパンなんで、結構組み替えがしやすかったです、素人にはね。単純なほどいいなあと思っていたから、基本的なものは崩さないで実現できました。

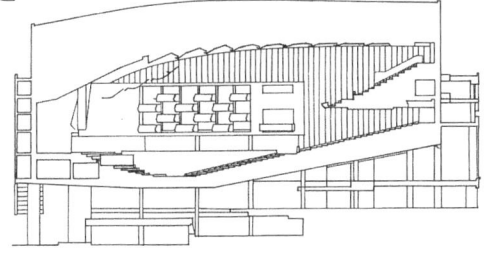

ロイヤル・フェスティバルホールの内観と断面図　1951年竣工。設計はR.マシュー。客席数は2895席。舞台が低く、舞台付近から客席が急勾配である。左右の壁から突き出たボックス席が特徴的である。

井口◎どうしてそんな調査をする気になったのですか。

藤垣◎シミュレーションやるのが好きで、すごく関心がありました。やはりロイヤル・フェスティバルホールは、ああいうところがいいなあとかね、僕もやはりそういう建築を見るのが好きですから。

井口◎これから良いホールを作りたい行政は、そういう人を選ばなければいけませんね。

藤垣◎上の人が僕らに任せてくれたのが大きかったですね。

井口◎当然そういう各地のホールには自費でいらしたのですか。

藤垣◎担当者はだれも行かせてもらえるチャンスはありませんでした。だけど給料をもらっていますから、以前からいろいろと行って見ていました。

井口◎藤垣さんはご自分でも演奏をなさるので、客席側だけ見ているわけではないですね。お客として演奏会に行って見るのではなくて、裏まで見て演奏家の動きやなんかをきちんと見られるということも重要でしょうね。

藤垣◎だから来てもらったオケにはやはり、できるだけ搬送しやすくしようと思ってね。そういう具体的目標値があったわけです。例えば苫小牧港に向かうんだったら、とにかく早くトラックは出すというようなそういう人たちの利便性を追求しないと。楽屋関係についても今回の設計はあまり面積的にも制約がないわけだから、制約がない分だけやはり甘えてしまうと変なのできますでしょ。建物なんてお金があって土地がたくさんあればろくなものができない。ネガティブな要素があればあるほど素晴らしいものがね。

井口◎頑張るし、またそこでアイディアが出てくる。

藤垣◎そういう意味では、逆にこの辺は恵まれすぎているから、やんなきゃだめだと思っていました。

井口◎今のお話は貸し館のレベルではありませんね。普通の公共ホールは、貸し館といってもそんなところまで真剣に考えないで作っています。

藤垣◎それと何故そんなこと考えたかというと、「あそこは使いづらい。あそこは狭い」という他のホールに伺うとそういう否定的要素ばかり聞かされるわけです。そんなことがないように気をつけろよと上から指示されるわけです。どうしたら良いかは分からないですけれども、これから作るんだからそういうのは解消するように、専門家がいるのだからよく聞きなさいと言われました。でも調査の専門家なんてどこにもいないのですよ。建主なんです。建主がどれだけ深く勉強して要求していくかということなのです。

井口◎結局その学習効果がないから、これだけ日本各地にホールができても使いにくいというのがなくならない。

藤垣◎そうそう、蓄積されたノウハウが他都市にまでまかすのが非常に難しい。そろばんがね全部ご破算になっちゃうのね。

10. 冬は雪に降られてホールに来て下さい

　札幌コンサートホールの指名コンペは、宮部光幸氏の率いるドーコンが最優秀となった。他の案との大きな違いは、唯一北側に大ホールを配置した点にある。公園内であるにもかかわらず敷地の関係で北側斜線が存在するため、他の案がそれを避けて高さの必要な大ホールを南に配置したのに比

べて、南側からのアプローチ道路とサービス管理部門、北東側の公園とメインエントランスやホワイエ、レストランなどの関係の整合性がはかられている。都市公園法の改正で生まれた2万m²の面積が、そのまま中島公園の中にコンサートホールとして出現することになった。その一方で、車社会の札幌で駐車場を置かないという方針への批判は大変に大きかった。また、公園内にシェルターや地下道を作って降雪期に備えるべきだとの意見もあったが、市長は議員の質問に「北海道は雪が降るのが当たり前なのだから、冬は雪に降られてホールに来て下さい」と毅然として答弁したという。札幌コンサートホールは、大都市のホールとしては稀な公園の緑に囲まれた独特のロケーションを獲得した。これは聴衆にとってばかりでなく、多くの場合公園脇のホテルに宿泊するアーティストにとっても、一回のコンサートが忘れがたい強い印象をもたらす重要な要素となっている。

音響の善し悪しが決定的な要因となるホールで、設計者となった宮部氏が以前から音響に深い興味をもっていたことは幸いであった。また音響設計を担当した永田音響とドーコンはこれまでも仕事をしてきた経験があり、アリーナ型という難しいテーマに共に挑む姿勢が始めからできていた点も重要である。永田音響は、サントリーホールの音響設計で一躍世界的に有名になった音響コンサルタントであるが、評価の定ま

札幌コンサートホール・Kitaraの外観 中島公園内にあるホールは、北海道らしい大きさを感じさせる。基本的に電車・徒歩による来場を想定し、ホールには駐車場を設けていない。

ったサントリーホールの経験を踏まえて、アリーナの空間に新しいコンセプトを吹き込もうとしていた。（井口）

11. 宮部光幸氏との対話 その2

井口◎実施設計で、特に大ホールのデザインと音響についてどういう方針でしたか。
宮部◎私たちは音楽の施設をこれ以前にいくつかやってますが、音楽用の部屋でなくともちょっとでも演奏のできそうな小さな部屋でも、これまで全部音響設計をしています。ちょっとコンサートがなされそうな場合だったら、積極的に残響を長くしたりしているので、随分以前から永田音響設計と仕事を続けています。サントリーホールはご承知の通りホールの天井高さが十分に取れていない。永田設計の話しでは、圧迫された上から押さえられた空間になっているので、実際に聴いてみてもちょっとそういう感じがする。それと反射板が充分反射していないので、初期反射音が足りないのと、一番前のほうの列の音圧が足りないというようなことを感じて、それでノウハウをずいぶん吸収したそうです。もうひとつ

は札幌交響楽団の音というのは、相当デリケートなあんまり音圧が高くないんです。

井口◎札幌交響楽団の音のイメージというのは、北の国のオーケストラに特徴的な透明感のあるデリケートな響きですね。

宮部◎繊細な静かな音楽の時にいい音を出すので、それが表現できるような空間にしたい、響く空間にしたいと思いました。ですから、天井に空調だとか照明だとかの穴は開けない。私は天井が音響的に重要だと考えているのですが、天井に対する思い入れがすごく強いんです。このホールの前にサントリーホールとか東京芸術劇場とかたくさんできましたけれど、これらのホールは隙間も含めて天井にずいぶん照明や空調の開口があります。私は天井が第一反射面と思っていて壁を吸音にしよう、それで天井にPC板を使いました。それで穴も最低限までに減らして、使用しない時には塞ぐとか、そういう意味で音場としてどうあるべきかということが第一の考えでした。もうひとつ聴衆が座ったときに囲む、囲み方がラッシュしてくる、前のめりで音に向かっていくような、そういう空間の作りをなんとか表現できないかというような考えで設計をスタートしました。

井口◎このアリーナ型ですが、いろいろあるようでもその時に先例とされているようなものはそんなに数がなかったですよね。

宮部◎ありませんね。

井口◎私がユニークだと思う一番特徴的なのは、ステージの両サイドを大きな曲面でかなり狭めてくびれさせて広がっていくところです。今までだとだいたい直線でいくつかの面で構成されている。これがここのホールの大きな特徴かなと。これはどんな理由からですか。

宮部◎それはほとんど音の拡散です。面的に衝立のような押さえではなくて、もっと連続的に分散していく。ご承知の通り曲面の端部の処理が難しかったのですが。

井口◎端の方では床がだいぶ余っているというか、座席のないところが多くて、贅沢だなと思うんですけど（笑）

宮部◎まだ100席は入るかなと。（笑）

井口◎それから、客席のブロックが全部がつながっていますが。

宮部◎ベルリン・フィルハーモニーは、そのブロックに行くのにその度に階段に出なきゃいけないので、聴衆としては大変なので全部回れるようにしようというように考えました。

井口◎やはりベルリンのを見られた経験が反映されているのですか。全体の構成としては、客席部分に対して廊下や階段がかなりゆったりとしていますね。

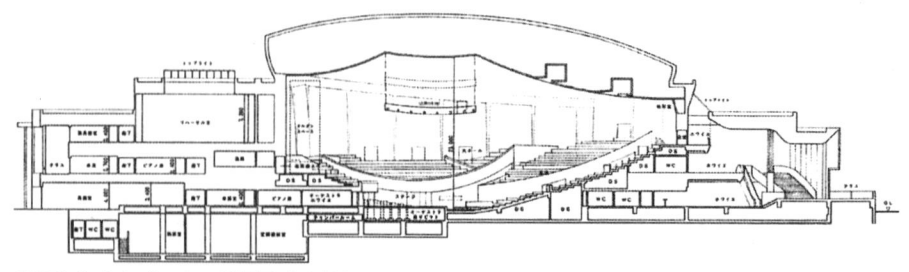

札幌コンサートホール・Kitaraの断面図　舞台を低く、さらに舞台付近から客席を急勾配にしている。
客席のブロックを仕切る壁は、反射音を考えて内倒しである。

宮部◎ゆったりしてますね。実際こういうつなぎの空間は広く取っています。そういうところをもう少し詰めてレストランだとかに面積をもっていくとか、そういうこともももちろんあるでしょうけれど、まずこれをゆったり設計するということから始まりました。

井口◎それでいながら、これはアリーナの特徴だと思いますが、後ろの席でも舞台から近い。聴衆にとっては、このホールだったら一番安い席でも全然不満がないでしょう。

宮部◎特に音圧が高いので、聴いている分にはぜんぜん差し支えないと思います。

井口◎見た目もそう遠くないですね。実際の距離以上に近く感じるのはなぜでしょう。

宮部◎高さの関係だと思います。サントリーホールに比べますと、こちらの方が高いですね。サントリーホールが約20mで、これは23mあります。ですからだいぶ立体的に見えるんでしょう。

井口◎アリーナの場合、本来は初期反射を考えるとステージの上があまり高いよりは、天井が低めにあった方がいいと考えられます。札幌コンサートホールの断面は、サントリーホールと同じようにステージの上が一番高くて、まわりが下がっていますが、これはどうしてこういう形になったのですか。

宮部◎まず基本的なこの空間のイメージは、ベルリン・フィルハーモニーにあるのです。ですからあそこは26mぐらいあります。大地にテントがある、そういうイメージはそこでもらっています。

井口◎ベルリンはまさに外観もそうですね。そういうデザインがコンセプトですし

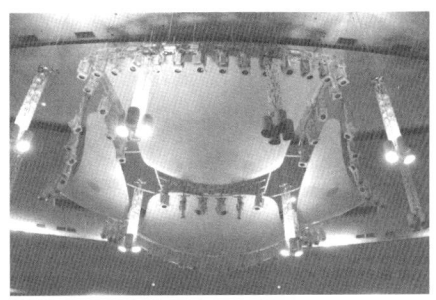

札幌コンサートホール・Kitaraの反射板 舞台の上に吊り下げられた軽量コンクリート製の音響反射板とその間のシャンデリア。全体幅が17mと巨大である。

ね。

宮部◎そういう形のものをもってきますと、おっしゃるように初期反射音の問題があります。天井反射板を分散して、小さいものをたくさん並べるという方法もあるんですが、ただそれがいかにたくさんの失敗例があるかということも知っていました。それでダラスのホールのように大きな反射板のもっている魅力というのがあり、やはり効果があった方がいいということで、それでここは思い切って反射板を大きくしました。それで可変で13〜16mの間を移動しています。基本的には16mですが、今の状態は13mに下げてます。

井口◎大ホールの音響については、お考えと結果はどうでしたか。

宮部◎ものすごく小さい音のレスポンスがいいというのと、低音部がよく響いていると思うんです。天井をああいう天井にした効果だと思います。

井口◎天井全体がPCなんですか？

宮部◎全部PCです。厚みが180mmで幅が1m長さが12m、全部で480ピース位だと思います。

井口◎そうすると凄い重量ですね。だいたい天井が重くてしっかりしているホールはいい音がしますね。

宮部◎それはずいぶん見て歩いて、それで音響設計は、石膏ボートの15mmとか18mmを3重張りしてくれればいいと。それが音響的な条件だったんです。

井口◎それでは足りないと思われたのですか。

宮部◎私のほうは音響的な問題もさることながら、このホールができると多分50〜100年は使うと思っています。その間の天井裏での設備作業というのが相当あるということをいろいろなホールを見て歩いて聞いています。実際、人も相当入っているんですね、天井裏に工作室があるホールもありますし。そこで天井裏での作業がフリーになるように天井を歩くことを前提にしました。ボードの上は歩けませんが、PC板の上は歩けますのでそれでPC板で歩行できる天井にしちゃったんですね。ですから工事の時に設備の業者さんは、もう全然足場が無く直接天井の上を歩いていました。

井口◎上野の東京文化会館はモルタルが厚く塗ってあって、補修でそこを塗り直したりはしていますけれど、やはりかなり音の良さには貢献しています。

宮部◎やっぱり重さは必要なんじゃないんですか。

井口◎そうですね。ウィーンのムジクフェラインスザール（楽友協会大ホール）は、割と見た目はきゃしゃに作られているように見えますが、天井裏には砂利が30cmくらい敷き詰めて頑丈にしてあり、壁はペコペコで逃げている。その意味では先程ちょっとおっしゃられていたような、音響の基本の考えは似てますね。しっかり天井を固めて脇で逃げている。

宮部◎相当細かい部分がずいぶん響くんじゃないでしょうか。

井口◎繊細でありながら低い方の音に充実感がある。その辺が素晴らしいですね。

12. 北海道でなければできない音楽環境

　札幌コンサートホールは、1997年7月にオープンした。以来、札幌交響楽団の定期公演会場となり、PMFもその成果を披露する場はこちらになった。来日する著名なオーケストラや音楽家の多くは、喜んでこのホールで演奏するために札幌まで足を延ばすようになってきた。これらの札幌市が新しいコンサートホールを必要とした主な目的の催しでは、観客からも演奏家からも予想以上に好評である。札幌コンサートホールは、北海道の人以外では、国内よりむしろ海外で先に有名になっていった。それは都市にはその街の音楽文化を反映したコンサートホールがあるものだという欧米の感覚が、札幌に見事に実現されているからであろう。四季を通じて否応なく対峙する自然環境の中に人々が集まり、開場前や休憩時間もゆったりとした空間の中に身を置いてくつろぎ、アリーナで音楽を広く共有する。こうしたスタイルが、日本に数え切れないほど存在するコンサートホールの中で最も似つかわしいのは札幌という街である。PMFが芸術の森の屋外ステージで培ってきた、大自然の中で自由にしかし雨の中では傘をさしてでも音楽を楽しむという文化がこのホールを生み出した。何かをことさら演出して見せるのではなく、180万都市になっても周辺に自然を残した札幌ならではの都市文化を、札幌コンサートホールは実現している。

13. ベルリン、サントリー、そしてKitara

　市民からの公募でKitaraという愛称がつ

ノイエス（新）・ゲヴァントハウスの内観 1981年竣工。設計はシェコダ、ゲッシェル、スツィーゴライト。座席数は1905席。急な客席勾配、アリーナ型であるが舞台後方の座席は比較的少ないこと、正面の後方客席部がかなり広がっていることが特徴。

いた札幌コンサートホールの建築的な大きな特徴は、大ホールとその楽屋廻りがまずあげられる。それに比べると小ホールは、ホワイエから2階に上がったロビーからホールも含めて、特に際だった特徴はなく、小ホールの楽屋は不足しているとの声も聞く。大ホールについては、これまで見てきたようにベルリン・フィルハーモニーとサントリーホールから大きな影響を受けている。ところが、ベルリンに端を発するアリーナ型のコンサートホールは、その空間の意味を大きく変えてきた。ベルリンでハンス・シャロウンが「音楽が中心に」というコンセプトを打ち出したのは、ひとつの革新だった。1960年代、音楽界は指揮者の時代と呼ばれ、オペラでもコンサートでも聴衆は歌手やソリストよりも指揮者に注目する時代をむかえていた。ベルリン・フィルハーモニーの空間は、音楽というよりもカラヤンに代表されるような舞台に立つ指揮者個人が中心になったのが特徴であった。

一方で、1977年のユトレヒトのフレーデンブルフ音楽センターのように軸線をもたない正八角形の空間で、聴衆が演奏を等しく取り囲んで聴くという極をもたないアリーナ空間も出現してきた。1981年のライプツィッヒのゲヴァントハウスや1986年のサントリーホールは、ベルリンのフィルハーモニーに大きく影響されながらもホールの基本形は、それぞれ7角形、ほぼ4角形の平面で客席が舞台を囲む構成をとっている。こうして聴衆にとっては舞台と他の聴衆の双方との関係による新たな構図が生まれつつある。札幌コンサートホールでは、大半の客席が舞台に向かって弧を描いて配置され、ブロック毎の壁は音響的に客席とは逆に舞台に向かって張り出すように大きな曲面となっている。この空間構成は、ベルリンが根源的にもっていた中心性とそれによるステージから聴衆への逆支配の構図とは大きく異なる属性を有している。

14. エピローグ：
Kitaraができて札幌は変わったか？

開館から5年、札幌コンサートホールは順調な歩みを続けている。札幌でのクラシックの公演の大半は、Kitaraが担うこととなり、音響についてもサントリーホールの時のような演奏側の違和感もすでに薄れていることも幸いした。ホールの評価に時として決定的な影響を与えることもある著名な音楽家の反応も良好であるという。東京のようなホールの競合がない状況で、聴衆の興味はむしろ企画の中味に移りつつある。札幌交響楽団とPMFに加えて、年間6〜70本の自主事業と貸し館事業が行われている。その中でオペラに取り組むという姿勢を表明しているのが注目される。建設時にあえて切り捨てた部分を、ホールでオ

ペラの何ができるかというチャレンジは、サントリーホールの例に限らず、近年ヨーロッパでも盛んになってきたひとつの潮流でもある。また大ホールのパイプオルガンにフランスから毎年1年間契約で専属オルガニストを置くことも続いており、すでに5人目を数える。貸し館需要の好調さからか、思い切った企画がホールそのものから出てこない印象もあるが、2000年には芸術の森や市教育文化会館も管轄として含めた札幌市芸術文化財団に改組され、札幌交響楽団・PMFとの3者が、札幌コンサートホールに同居している。このポテンシャルがホール建設の時と同じように、また集約されて高まったときに日本のどこにもできないような企画がKitaraから生まれてくる、そんな期待を抱かずにはいられない。(井口)

札幌コンサートホール・Kitaraのホワイエ 柔らかな曲線を描いた天井が特徴的なホワイエ。

4.3
東京オペラシティコンサートホール
《タケミツメモリアル》

作曲家：武満徹　プロデューサー：岡村雅子　設計者：柳澤孝彦
聞き手：斎藤義、浦部智義

1. タケミツメモリアルの理念
――人間の知性感情を信じて

　現在、東京にはコンサートホールが大小合わせて60以上も数えられる。これらホールの競合が、演奏会の機会の増加とプログラムの多様性やクオリティの向上を促進し、より音楽の楽しみ方が広がるのであれば、聴衆にとって望むべき状況と言えよう。そのために、ホールに求められることは、それぞれの独自性、つまり施設内容から運営方針にわたる「個性」であると思われる。

　東京オペラシティコンサートホール・タケミツメモリアル（TOCコンサートホール）を考える際、とりわけ大きな意味をもつのは、武満徹の参画である。武満徹は、当初文化事業全体の方針や運営方法を議論するための組織「文化施設検討懇談会」の座長として参画し、後に文化施設運営委員会の顧問としてプログラムの決定、プロデューサーの人選などを一任された。1995年10月には芸術監督を委任することが決定され、彼はコンサートホール運営のために、自ら依頼の手紙を送り、アーティスティック・アドヴァイザリー・コミッティーとして、エサ＝ペッカ・サロネン、オリヴァー・ナッセン、ケント・ナガノ、サイモン・ラトル、岩城宏之、大野和士、若杉弘の7人の参加を実現した。さらに、後に「武満徹作曲賞」と改称される「ネクスト・ミレニアム作曲賞」も設置した。しかし、武満は開館を待たずして1996年2月に他界した。東京オペラシティではこれを悼み、コンサートホールに「タケミツメモリアル」との愛称を冠することにした。

武満徹氏
写真©木之下晃

　残念ながらオープン前に亡くなったとはいえ、それまでの膨大な対話は、コンサートホールの個性を形成する貴重な資料として受け継がれている。武満は「文化施設検討懇談会」において、東京オペラシティの文化憲章に相当する理念を以下のようにまとめている。（斎藤）

2.「東京オペラシティに期待するもの」
（武満徹）

　芸術ジャンルの境界は、今日かなり曖昧

なものになり、ことに、美術と音楽は、その活発な相互影響によって、かつて無いような新しい表現形態を生み出そうとしています。そしてそれは、電子メディアの発達と普及に伴ってさらに押し進められ、変化し、商業主義によるパッケージ化が、そうした新しい芸術の鑑賞形式をも、これまでとは著しく異なったものにしようとしています。そして、その傾向は、将来もっと極端になるでしょう。

これまでのような集団的な授受の（量的）関係は、より個別な（質的）体験へと変化し、（AV機器の発達と普及、それに伴う情報量の増大が）芸術体験の在りようを千差万別なものにして行きます。そうした時に、（人間の）集会の場としてのコンサートホールや、美術館等はどのような姿であるべきか。これは、人類にとって、たいへん大きな研究課題であろうと思われます。

今回の、「東京オペラシティ」の計画は、そうした意味からも、重要な試金石であり、(NTTの) ICCを中枢として、音楽と美術の空間を両翼にもつこの集会場の機能は（わが国では）前例を見ない斬新なものであり、その意義は、将来、人間生活にとって、想像以上に大きなものとなるでしょう。

今日の地球上の変動の激しさからして、これが（実現）完成される未来を予測するのはかなり難しいことですが、数度に渡る懇談会で討議された内容から、現在、明瞭になったことは、「東京オペラシティ」の空間と機能は時代の先端をゆくものでなければならないが、その根底にもつべき思想は、人間の知性感情を信じ、それを最優先するものでなければならないということです。

技術は、つねに、そのために必要とされ

るものであり、「東京オペラシティ」でのその規模は（商業主義によって）パッケージ化されたものとは自ら異なったものであるべきでしょう。「東京オペラシティ」の（建設の）理念は、その設備が地上に姿を現した時に、社会的に機能するものとして動き始めるものであり、その地点で停止し、停滞するものではないはずです。盛られる内容、運営の方法等、そのどのひとつも、新しい人間的な器官であるこの空間と機能に照らして検討されるべきでしょう。
(1991年3月)

3. 個性ある運営をどのように立ち上げたのか

岡村雅子氏（元オペラシティ文化財団プロデューサー）に聞く

斎藤◎コンサートホールのプロデューサーの仕事は、ホールと演奏家と聴衆との幸せな結びつきを考え出し、それを実践することではないでしょうか。オープン前の準備段階から武満徹さんに協力して個性ある運営方針を打ち出し、それを具体的な企画に組み上げ、氏亡き後のオープニングを経て辞められるまで、企画・運営の中心メンバーの一人として舵取りに携わってこられた岡村雅子さんに、運営のソフト面からみたホールづくりのプロセスやノウハウ、また武満さんが具体的な企画の立案にどのように関わられたか、どのような思いをもってこのプロジェクトを構想していたのかなどについてお話を伺いたいと思っています。そして、オープン後4年になりますが、だいたい武満さんの思惑通りに企画が進められているのか、その特色についてもお聞かせ下さい。

とりわけ多くのホールが競合する東京の

音楽シーンの中で、タケミツメモリアルがどのようにして独自の立場を確立し、アピールしてきたかというお話を伺いたいところです。しかしホールの運営は、社会や経済の動きに振り回されるとてもデリケートなものだという事実も突きつけられていると聞いています。カザルスホールとタケミツメモリアルが、室内楽と現代音楽の両面でわが国の音楽界に残した功績が大きいだけに、今後のコンサートホールの運営状況がどうなるか、そうした課題についても私たち聴衆は大変気掛かりに思っているところなんです。

　まず手始めに、岡村さんのキャリアやこのホールの運営に関わるようになったいきさつ、ホールの企画・運営とはどういう仕事なのかをお聞かせいただけますか。

プロデューサーへの道：
カザルスホールでの経験

岡村◎私自身もともと音楽は好きでしたが、いわゆるコンサートゴアではありませんでした。大学での専攻は英語ですし、特に音楽教育も受けていません。ただ人付き合いが好きな方なので、今の道に入ったという感じです。タケミツメモリアルに来る以前は、87年秋からカザルスホールで仕事をしていました。当時そこでの私は、カザルスホールが招聘した海外アーティストが来日する前からの交渉から帰国するまでの対応に当たっていました。良い演奏ができるように面倒を見るという役割です。このような仕事にとって、音楽の知識があるというよりも、相手に対してどういうセンスで対応ができるかということが重要だと思います。カザルスホールでの話ですが、あるアーティストがソロ演奏を翌日に控えとてもナーバスになっていました。それで公演夜、練習のためにホールを借りたんです。2本の弓で演奏してみるので、その違いを感じたとおりに言ってく

岡村雅子氏

れというのです。彼は、私が音楽の専門的な教育を受けていないことを知っていて、わざわざ私に意見を求めたのです。私にとってカザルスホールで沢山の音楽を聴けたことは、どういう音楽が素晴らしいかを聴き分ける感覚を身に付けることにつながる貴重な経験でした。

　企画の仕事は、91年にカザルスホールで今井信子さんのビオラ・リサイタルを成功させて以降と言えると思います。彼女が私を非常に信頼してくれたというのも、この世界でやってこられた大きな要因です。ヨーロッパを含めても、彼女のビオラ・リサイタルで満席になったのはその時が初めてだそうです。彼女に大変喜んでもらい、ビオラが好きなお客さんがこれほどいるなら「ビオラのための新しい企画をしたい」といって、翌年からカザルスホールで店村真澄さん（元読売交響楽団首席・現NHK交響楽団首席）と二人でビオラのコンサートを始めました。その企画はその後も続いて、95年にはヒンデミットの生誕100年を記念した彼のビオラ曲フェスティバルに繋がりました。この企画は、キム・カシュカシャン、タベア・ツィマーマンと今井さんという三人の世界的女性ビオラ奏者が揃った他、男性ビオラ奏者も揃い踏みの企画で、

私がロンドンのウィグモアホールとコロンビア大学のカトリンミラーシアターにも声を掛けたんです。ウィグモアホールのビル・ライン支配人は、近づきがたい印象のある人だったので、恐る恐る電話を掛けてみたら、予想に反して「面白い企画だ」と乗ってくれ、今井さんと飛び上がって喜びました。

　このフェスティバルは、大変にお金が掛かり難しかったのですが、その時「お金が集まらなくても私がやります」と言ったことで、責任者の萩元さんが「これでやっとプロデューサーが一人生まれた」と喜んでくれました。その後、企画書をもってあちこち駆け回りお金を集めて、何とか開催ができるようになりました。ちょうどその頃、イギリスでは文化に対する企業の援助を奨励していました。新規に援助金を出した場合には、その関連事業に対して国が翌年に同額を支払うというシステムで、EPSONが日本とロンドンの両方に援助をしてくれたんです。その95年の企画が私にとって自信に繋がりました。アウフタクトはカザルスホールの企画運営に携わる組織として設立され、一時は独立した会社にする話もあったのですが、不況のあおりを受けて、2000年の3月末に解散を余儀なくされました。

武満さんに誘われて

岡村◎武満さんとは、カザルスホールのアルデッティ弦楽四重奏団の公演を通して、知りました。アルデッティのメンバーが私を信頼してくれ、武満さんもその様子を見てくれてたのだと思います。そして、93年春に武満さんから誘っていただき、94年から参加することになりました。私の他に制作担当として参加したのが、NHKで30年以上洋楽番組を担当されていた中川基行さん、そして東京コンサーツの小柳さんがいました。

　実はオープン前に知られざる事件があったんです。93年の秋、ベルリンで武満さんがP.ゼルキン、ヨーヨー・マ、P.フランクのために作曲した「ビトゥイーン・タイズ」の世界初演がありました。ある晩ホテルのバーで「岡村さん、僕と一緒に仕事できなくなるからね。僕もうオペラシティのプロジェクトを辞めるって、日本を発つ前に手紙書いてきた」と言うのです。このコンサートホールに何を託すのかという命題に対して、音楽が果たすべき「祈り」をバッハの「マタイ受難曲」でオープンしたいという武満さんに対し、「そんな抹香臭いもの！」と反対の声があがったからでした。この一件はその後なんとか片付き、武満さんの続投が決まりました。武満さんは逝ってしまわれましたが、ホールは予定通り97年9月「マタイ受難曲」でオープンしました。

祈り、平和、希望：武満徹の期待

岡村◎このホールに対して武満さんが期待したことは、次のような「5つの基本的な考え方」としてまとめられました。

①人が人として心を通わすことができる場所とすること

②音楽そのものが「祈り」であり、人の心を動かすような高い質の音楽を提供すること

③世界との交信基地となること（内外合わせて7人の指揮者によるアドヴァイザリーコミッティーの設立）

④創造の場所であること（作曲賞の創設と演

東京オペラシティ文化財団主催演奏会シリーズ内容

	1997年度	1998年度	1999年度	2000年度
①アドヴァイザリーコミッティー・シリーズ 2000年度よりアドヴァイザリー・シリーズ	ナッセン：3 ナガノ：2 岩城：1 若杉：1 大野：1	サロネン：3 ラトル：2	大野：1 岩城：1 ナガノ：1 若杉：1	大野：1 岩城：1
②特別演奏会	オープニングコンサート：1	一周年記念：2 武満追悼：1	NJP+バルエコ：1 フィルハーモニア+アシュケナージ：1	アンサンル・モデルン：1 タリン+エストニア：1
③キーボード・プラス	高橋悠治：1 ゼルキン：1 シフ：6 クロスリー：1 （野島+野平）	ムストネン：2	A・シフ：1 園田高弘：1	
④コンポージアム CH＝コンサートホール RH＝リハーサルホール	演奏会：CH5 演奏会：RH3 教育：RH3	演奏会：CH5 （サロネン3含む） 演奏会：RH2 教育：3	演奏会：CH3 演奏会：RH1 教育：3	演奏会：CH4 演奏会：RH1 教育：3
⑤ヴォイス＝声	東混：1 ヒリアード：1 BCJ：2	BCJ：2 スウェーデン：2	BCJ：2 バッハ モンテヴェルディ	
⑥TIME＝日本のオーケストラの時	都響 東響 日フィル 新日フィル 読売	神奈川フィル 新星 東京シティ 大阪センチュリー 東京フィル	N響	〈夢窓 武満徹没後5年〉 演奏会：CH3 講演会：RH1
⑦アジアの地平	雅楽：1		邦楽：1	
⑧ウィンドウ	計：7 今井信子 パシュメット ストルツマン マ パメラ・フランク ビル・ダグラス エディ・ゴメス ネクサス 東京カルテット	計：1 アルバンベルクQ	計：3 サイトウキネン木管 ガヴリノフ＆カニーノ 豊嶋+矢部+野平	〈インターナショナル・シリーズ〉 竹澤+ヴラダー：1 ヴェングロフ：1 ベロフ：1 児玉/桃：1
⑨オルガン・シリーズ		計：5 オールトメルセン 鈴木雅明 ケイ ノブリゼル アシュレー	計：5（4） 鈴木 ハース プレストン+trp クラップ（ローマン）	
⑩リンガリング	5（無料）	ベリオ（有料）4	4（無料）	4（無料）
⑪ニューイヤー・コンサート	1	1	1	1
⑫ヴァレンタイン・スペシャル	1	0	0	0
共催・制作協力	シュライヤー・シフ：3		ナガノ：1	20
B→C		10	10	10
アンサンブル・ノマド		5	5	
合計	57	53	46	55（内20共催）

奏会での質の高い演奏）

⑤新国立劇場とは互いにジャンルを超えて刺激し合い、高め合う関係となること

そしてホールがめざす究極のテーマは、「祈り」、「平和」、「希望」であるというものでした。

企画段階の最初の頃は、武満さんを交えて月2回程度のペースで会議をしました。その場で、主催公演の基本的な考え方を煮詰めていきました（前頁参照）。

その中でも①の7人のアドヴァイザリー・コミッティーをいつ、どんなプログラムで呼ぶかが大変重要な課題でした。武満さんのすごいところは、友人のネットワークにも表れていて、アドヴァイザリー・コミッティー以外にもピーター・ゼルキンやポール・クロスリー、ストルツマンなど、必ず質の高いものになるというプログラムを並べたことです。④のコンポージアムというのは、作曲賞とその審査員にスポットを当てた現代音楽のフェスティバルです。それらをある形にまとめて、「コンポジション・シンポージアム」を短くして「コンポージアム」と名付けました。⑥のTIMEというのは、日本の各オーケストラに新しいホールを使ってもらう機会を提供して、将来に繋げていくという企画です。⑧のウィンドウというのは、室内楽の企画ですが、名前が最後まで決まりませんでした。⑩のリンガリングは子供のため、未来の聴衆のための企画で、カザルスホールでできなかったものです。アーティストにお願いして、公開リハーサルという形で45分くらい、お話と演奏をやってもらっています。4歳から高校生まで、葉書で応募するものです。

音楽の垣根を取り払いたい

岡村◎コミッティー・メンバーではありませんが、武満さんはマイケル・T.トーマスも呼びたかったようで、病院から来日中のトーマス氏に直接電話をかけていたくらいでした。クラシックの演奏会でバラードの演奏もする。そういうコンサートを日本人に見てもらって、音楽の垣根を取り払いたいいう希望をもっていたようですが、実現しませんでした。他にも若い、違うジャンルの人など、音楽の楽しさを伝えられる人に来ていただきたいと思いましたが、日本ではなかなか難しいですね。アメリカでカーネギーホールを満席にできる人でも、日本で聴衆を誰でも集められるわけではありません。逆に、テレビで紹介されると追加公演まで埋まってしまうという傾向があります。

ホールの運営を考える上で、プログラムの質の良さと聴衆の賑わいとが同時に成立するということが大切なのですが、当時サイモン・ラトルでさえも、2日公演を両日とも満席にすることは難しかった。音楽業界ではクラシック音楽をシリアスミュージックと呼んでいますが、ほんの一握りの好きな方だけが集中するというのも残念なので、なんとか、この壁を破りたいと考えているんです。例えば2000年のカレンダーに入っているナカリャコフですが、ホール代が無料になる「共催」企画第1号にしました。彼は、いわゆるスターで、NHKの朝の連続ドラマで彼の演奏がテーマ曲として使われたこともあり若いファンも多い。彼のファンである若い人にもオペラシティに来て欲しいと思ったからです。ホールはそういうお客さんを大切にしなければなら

ないのですが、全体を通してにお客さんで賑わうし収益も上がるというのはとても難しい。

　アドヴァイザリー・コミッティーのS.ラトルはパンフレットに寄せた文章の中で、「武満は日本のクラシック音楽シーンの限界を超えたかったのではないか」と言っています。「日本の場合、曲目が悲惨なまでに画一的で、50曲程度の人気のある有名曲ばかりが繰り返し演奏される傾向が強い。そこで武満はレパートリーを増やし、人々がさまざまな角度から音楽を考えられるような柔軟性をもった場所を提供したかったのではないか」と日本の音楽シーンに対して怒りともとれる感想を述べています。

　作曲家である武満さんは、音楽の裾野の拡大と創造性に期待を寄せ、常に新しい作品を求めていました。サントリーの委嘱シリーズも、もともとは武満さんの企画なんです。作曲家にスポットを当て、本人が影響を受けた過去の曲、本人の曲、未来を託したいと思っている若い作曲家の曲を一度に演奏しようというものです。もう20年くらいの実績を重ねました。これに対してオペラシティの作曲賞は、35歳位までの若い作曲家に、しっかり基礎をもった作品を書いて欲しいという狙いで、公募形式で行っているものです。97〜99年までの3年間の審査員、デュティユ、リゲティ、ベリオの3人を武満さんが選びました。残念ながら次の3人を決める前に武満さんがお亡くなりになりましたので、私達としては武満さんの意志を反映させることを考えて、武満さんが選んだ3人に、新しい3人をそれぞれ指名してもらったんです。オリバー・ナッセン、アンドリーセン、湯浅譲二の3人が選ばれました。中でもアンドリーセンなどは日本で全く無名でしたから、その年がオランダイヤーということに絡めて、大いに宣伝しました。この賞は世界的に注目を集めるようになっています。

タケミツの意志を繋いで

岡村◎武満さんの基本方針を受けて、世界を代表する演奏家による演奏でホールを紹介すること、ホール独自のプログラムを立てること、めったに演奏されない名作の紹介をすることを心掛けました。集客には苦労がつきものですが、企画の中身は非常に充実していると思います。企画が少ないからこそ、人を集めることのできるアーティストを選んでいます。現代音楽についても、アンサンブル・モデルンを呼ぶなど、世界で2〜3本の指に入る人々を招いています。現代音楽は、特に最高の演奏家に演奏してもらわないと、作品を正しく表現する演奏にならないんですね。

　こうして夢中で最初の3年を終えましたが、2000年以降は経済的理由から、当初の企画通りにはできなくなってきています。自主企画が17本に減るとか、アドヴァイザリー・コミッティーのシリーズでも海外の方を呼べなくなってきたという状況です。代わりに共催コンサートを20公演企画しています。私たちがやっていただきたいと思う企画に対してホール代を無料にするもので、海外オーケストラの招聘や声楽ものなど、予算上できないものに積極的に声を掛けるようにしました。

　今日、社会的、経済的な状況はますます難しくなっています。東京には、新しくトッパンホール、第一生命ホールなどができて競合は更に厳しくなりますし、サントリ

ーホールでさえ空いている日がある状況ですから、魅力的なホール運営は益々難しくなりますね。タケミツメモリアルも最初の3年の予算と比較すると、その後の2年の予算は5分の3に縮小され、その先はまだ分かりません。それが企画本数の減少の最大の原因となりました。運営スタッフの人員削減も同じ理由です。

　アドヴァイザリー・コミッティーは継続はしますが、彼らは謝礼をもらっているわけではなく、武満さんへの尊敬心によってその役割を引き受けてくれている人たちなのです。今までは武満さんの意志を引き継いだプロデューサーがおり、その人たちが作った確固としたプログラムがあって、運営の舵取り役の顔が見えていたんですが、今後は財団の理事や評議委員が引き継いで、そこで方針やプログラムを決めていくことになるのかも知れません。当初の精神がどのように引き継がれていくのか、激しい時代の変化の中で新しい試みとともに展開できるといいのですが。

ベストクラシックステージ!、でも

岡村◎コンサートホール自体について述べますと、東京で1600席という規模は難しいサイズなんです。オーケストラ用の2000席ホールが既に先行してあるわけですから、オーケストラコンサートの主催者としては400席のハンディが最初からあります。そのこともあって、オペラシティとしての独自の路線をもつ必要があったと言えます。最初はユニークなピラミッド型の天井が心配だったのですが、使いだしてみたら音響的に良いことがわかりましたし、海外からのアーティストもよく褒めてくれました。

　しかし、ホールを使っていく上で不都合なことがいくつかでてきました。主階席の平土間の勾配がかなり緩いため、そこに座っていると自分が沈んでいるように感じてしまうこと。2階と3階のバルコニーがとても高いところにあって違和

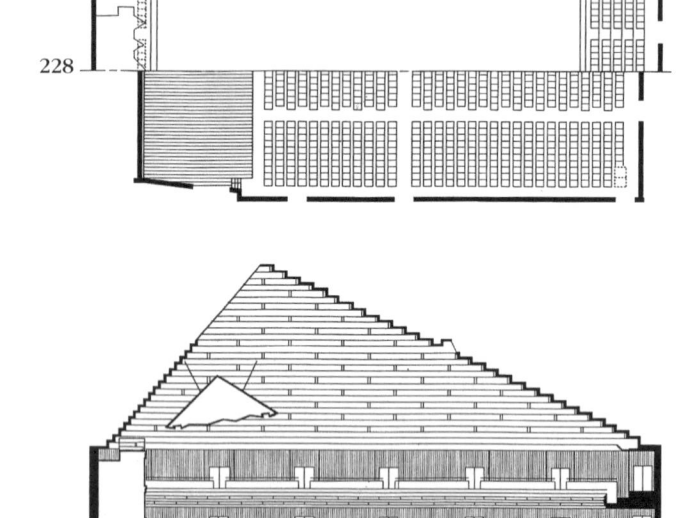

コンサートホールの平断面図　1997年竣工。設計は東京オペラシティ設計JV（NTTファシリティーズ、都市計画設計研究所、柳澤孝彦+TAK建築研究所）。座席数は1632席。

感があり、ステージが見にくいこと。ステージが狭いので前2列の客席をはずしてステージを拡張することも多く、それを全て手作業でやらなければならないことなどです。ホールの響きに関しては、濁りのない、分離のよい、とてもよく響くホールにでき上がったのですが、その響きの敏感さは、逆にマーラーなどの大編成曲や打楽器の多い現代曲の時には裏目に出てしまうのです。指揮者は、常に音を押さえることをオーケストラに要求することになり、体から自然に楽器に伝わるべきフォルテッシモが出せないという窮屈な空間になってしまいます。その敏感な響きは、現代音楽の求める条件とやや異なっている場合もあります。

しかし、弦楽器やピアノのソロリサイタル、室内楽、そして声楽などは本当に良い響きで聴くことができます。邦楽もとても良かった。あるアーティストはここで試奏した際に「ベストクラシックステージ！」と誉めてくれました。

（取材協力：武政博史、青池住子）

4. 音のデザイン、コンサートホールのデザイン

柳沢孝彦氏（ホール設計者）に聞く

融合のコンサートホール・デザイン

浦部◎以前、オープン間際のオペラシティコンサートホールを見学させていただいた際の、第一印象は今までにない新しさを感じましたが、それはなにか漠然としたものでした。その後何回かホールに行き、図面などさまざまな資料を見ていたところ、柳澤さんにお聞きしたいことが幾つか見えてきました。まず、気付かされた点は、平面はウィーンのムジークフェラインスザール

コンサートホールの内観・天井 平面は典型的なシューボックス型であるが、断面に見る変形ピラミッド型の空間形は非常に斬新である。

（楽友協会大ホール）に似ていて、断面の頂点の高さは、ベルリン・フィルハーモニーとほとんど一致していることです。

つまり、19世紀と20世紀を代表するコンサートホールの融合のように思えてきました。空間としてというよりもむしろ型としてするりと抜けた、そこに柳澤さんらしい態度があるのではないかと感じました。それが第一点です。立体のヴォリュームとしては、シューボックスの上部にピラミッドが載った合体形ですね。それがどのようなプロセスで、現在のような変形ピラミッド空間に収斂していったのでしょうか。初期段階から音響コンサルタントと綿密な打ち合わせされていたでしょうが、その際、基本的な空間形として話題になった点はどんなところでしょうか。

次にもうひとつ、和洋の融合といった雰囲気も同時に感じました。ピラミッド状の

天井下に点々と付いている斗供のような部材が、水平線を強調する部材と相俟ってそんな印象を感じさせます。斗供は日本の社寺建築に見られるものですし、木の仕上げがさらにそれを醸し出しているように思えるんです。小澤征爾さんがアメリカやヨーロッパで大きな好感をもって迎えられていても、まだ西洋音楽を日本人が楽しむことをどこか疑っている人がいます。なかなか素直な気持ちになれず、自ら殻を作って閉じてしまう内向きの傾向が見られます。ですから、そうした印象を建築としても払拭しようということで、和洋を統合しようという意図が働いたということでしょうか。

3つ目ですが、柳澤さんは建築を設計される際、大変に幅広く、また深くその機能的側面や使用者の意見を採り上げようとされています。新国立劇場はその大きな成果のひとつです。新国立劇場では、コンペの最初からかなりハッキリとしたイメージとそれに基づく設計条件があり、それを丹念に読み解いて非常に明快なプランニングに到達されたと感じています。そうした与件が、東京オペラシティコンサートホールの場合にもあったのでしょうか。例えば1600席という座席数や舞台の大きさ、客席と舞台の高さ、サイトラインなど舞台と客席の関係をどのように決められたのですか。新国立劇場では、今までの劇場に比べて比較的きつい勾配であるため非常に見やすい傾斜で、舞台を「見る」ことに気を配り、それを強く意識しているように感じられます。一方、ここでは逆に非常に緩やかな勾配です。これには何か特別な理由なり考え方があったということでしょうか。

4つ目の質問となりますが、音楽と空間の関係についてお聞かせ下さい。西洋音楽、とりわけクラシックを対象にしたコンサートホールですが、音楽監督の武満さんから空間的・音響的なリクエストはなかったのでしょうか。というのも、武満さんが捉えられている西洋音楽は、非常に幅広いように思えるんです。ポピュラー音楽から映画音楽、そしてクラシック音楽までとワイドレンジです。個人的には、武満さんのポップな曲も好きで、そんな曲をこうしたホールで聞いてみたいと思っていました。

新国立劇場を補完する
コンサートホールを目指して

柳澤◎タケミツメモリアルホールの存在は、かつて新国立劇場の施設計画にありながら途中で消えてしまったコンサートホールを新国立劇場と民間街区の一体街区に復活させようとの意図によるものでした。とりわけ民間街区側の関係者の深い理解によるもので、芸術・文化に示された見識と、感銘を覚えました。

そこでコンサートホール設計のチャンスに恵まれたことは大きな喜びでした。東京オペラシティは3社の設計企業体によるものでしたが、私は終盤を迎えていた新国立劇場の設計に引き続き、この設計JVに参画しましたので、両街区一体化の役割も大きいものとの自覚をもっていました。従って、私としては常に両街区の一体化が調和を保ち、かつ相乗効果を発揮するものへと設計を進めることに腐心しました。とりわけ新国立劇場の設計でも標榜していた「劇場都市」の発展は格好なプロジェクトだと理解していましたから、コンサートホールの誕生は、かけがえのない機会だったのです。

コンサートホールの規模設定は、世界を代表する3つのホール、ボストン・シンフ

ォニー、ムジーク
フェラインスザー
ル（楽友協会大ホー
ル）、アムステル
ダム・コンセルト
ヘボウは、約
1600席で最良の
音響を保持してい
ますから、私は最
良の音響を誇るも
のとして、1600
席を提案しまし
た。同じ考えをも
つ関係者も多く、
検討の末1600席に目標設定されました。
新国立劇場のコンペプログラム策定の段階
でもオペラ劇場にあっても音響重視の
1600席を主張する人々と、2000席程の
大劇場派との激しいやりとりがあったと聞
いてますが、音響重視側に傾いた収容人数
設定だと記憶しています。また後にオペラ
シティコンサートホールの芸術監督を引き
受けられた武満さんは、量から質への指向
を明確に発言されていますし、従って規模
設定は商業主義によってパッケージされた
ものとは異なるものであることを明言され
ているのです。

　コンサートホールをTOCのどこに配置
するかも重要な問題で、設計側から提案し
ました。私は新国立劇場で経験ずみでした
から国道20号側の振動回避を考えれば、
20号から最遠の現在の位置が最適だと確
信していました。

　またホールが3階に配置された理由は、
ビルトインタイプのホールとは言え、低層
部の最上階であれば、断面構成にある程度
のフリーハンドが確保できると考えたので

東京オペラシティのガレリア　東京オペラシティが右手、新国立劇場が左手。そのふたつをガレリアと呼ばれるモール状の空間でつないでいる。

コンサートホールのホワイエ　ホワイエ空間は、非常に都市的な洗練された雰囲気を醸し出している。

すが、別の意味も重なっていました。それ
は武満さんが芸術ジャンルの境界は、曖昧
なものとなり、特に美術と音楽は活発な相
互作用で新しい表現形態を生み出そうとし
ているとして、コンサートホールとアート
ギャラリーは同一階にあって相互作用が期

待できるとするお考えに基づくものでした。美術や音楽がインターラップした文化活動の場として同一階における展開を設計主旨はまた、コンサートホールに隣接して近江楽堂なる小ホール空間を誕生させることにもなりアートギャラリーとの距離も埋められたと考えています。

さらにまた、コンサートホールのホワイエは音楽をイメージコンセプトにしたパブリックアートが空間の領域を拡げているように思います。

親密性の高い音楽空間の原型：シューボックス

また、初期段階で協議会のメンバーと一緒にヨーロッパへコンサートホール見学にも出掛けました。設計者とオーナーを含めた関係者全員が参加して行きました。中心はウィーンで、アムステルダムのコンセルトヘボウなどにも行きました。その目的は施設見学だけでなく、音楽を一緒に聴いたり、オペラシティ全体をどのようにしようかということまで幅広く理解をもとうというものでした。こうした調査も含めて、その場でいろいろ話し合われたものですから、その後帰国してから、あまり規模やホールの性格について激論にはならなかった。そのようにして1600席にしようという合意がなされました。

その時は、シンフォニーコンサートだけでなくオペラを見たりもしましたが、その時はたくさんのコンサートホールを見学・比較するという企画ではなく、目標都市を絞ったお陰でいろいろ話す時間的余裕があったことが良かった。もうその段階である程度、ムジークフェラインスザール（楽友協会大ホール）がターゲットだという暗黙の了解のようなものが既にあったような感じでした。むしろその参加者は、都市の空気を感じながら音楽を聴く、街ぐるみ、生活ぐるみで文化に接する、そんな体験の中でコンサートホールを確認しようといった感じでした。そんな自然な経過の中でこのホール形式に決まった感じです。舞台の大きさも、ある程度ムジークフェラインスザールなどを参考にしながら決めました。さて私は当たり前のようにシューボックスの平面スケッチを始めて、はたと思いがよぎりました。

前々から気になっていたイギリスのスネイプにあるコンサートホールを思い出した。あそこは作曲家のブリッテンがフェスティバルを始めたところですし、音が良いですよね。倉庫を改造してコンサートホールとしたところですから、建築的にも非常に単純な切妻屋根で、その天井をそのまま生かす形で再利用されています。屋根が大きな印象としてあって、むしろ客席後方では壁が倒れているといった感じです。それを脳裏に浮かべながらピラミッド形というのはいいんじゃないかなと思い続けていたことを思い出したのです。客席に音を返す、音にうまく反応するひとつの原型ではないかなと思っていて、それをピラミッドというものとつなげて考えていたわけです。そこで、すかさず結びついたということでしょうか。また心の底には、シューボックスからの脱却も根強く潜んでいました。

ピラミッド天井のスタディ、音響とのコラボレーション

その後、具体的なディメンションを与える段階になり、どの程度の気積が必要になるかを検討し、ピラミッドの頂点の高さ約

27mを決めましたが、その間に何度もスケッチをしました。舞台後方壁から反射板が突出している案も最終案に近い方でしたが、結局これも捨てて、ピラミッド形を純粋に成立させたいとの考えから、ピラミッドの中空に反射板を吊す案を解答としました。舞台が音源であり、聴衆も舞台に向かって収斂しているということを考え合わせると、この空間の焦点は絶対舞台の上方にしかないという結論に達しました。視覚的にもピラミッドの純粋性は保つべきだなと思い直し、コンサートホールとしての大きなヴォイド状ピラミッドの中にソリッドなピラミッドの反射板を入れ子のような形にして吊り下げることにしました。これに関しては、本当にさんざん迷いました。

トップライトに関しては、天井の形をピラミッド型にしようと決めてから考え出したものです。ムジークフェラインスザールでも両脇壁上方の窓から時には西日が入ってくるんですよ。しかも悠長に手で開閉をしているんです。自然光は気分を和らげてくれますので、ああいうのがいいなと思っていたんです。そんなことで、是非自然採光を計画したいとは思っていました。三鷹市のホールでも、両脇から光を取り入れたデザインをしていましたし、その経験もありましたから自信をもっていました。

武満さんが決められたこのコンサートホールのオープニング・テーマ「祈り」は、この段階ではまだ発表されていませんでした。ホールのインテリアがあたかも合掌のイメージだという人もいます。形は「祈り」というテーマから影響されたものではありませんが音楽的追求と共に生まれた空間が、くしくも武満さんのいう「祈り」と重なったことはハッピーの限りです。ただスタディモデルは武満さんに見てもらったことは1回だけありました。武満さんは「クラシック音楽に対する音響が良ければ現代音楽にも対応できるということです」とのことをおっしゃっただけでした。あくまでも、音楽空間を追求していった結果として生まれたものです。

柳澤孝彦氏

こうした形を決めていく段階で、すでに音響チームとのコラボレーションはもちろん始まっていました。新国立劇場で音響設計コンサルタントとして一緒にやっていたベラネク博士が相談相手でした。スタディの初期段階で、こんな形で考えたいんだという話をしたところ、ベラネク博士は驚きましたよ。これは大変だと。ただ、彼はコラボレーションのルールを知っていますから、最初からこれは音響的に良くないというようなことは決して言いません。設計者がイメージしたものを、音響的に解釈していくという形で、非常にスムースなコラボレーションがありました。私とベラネク博士との間には信頼関係がありましたし、私も音響的に合理な形でかつ豊かな空間性を目指していました。協議会において、比較的早い時期から音響に関する検討体制をこうすべきだと申し上げましたところ、幸い賛同を得ることができました。そこで、ベラネク博士に正式に加わってもらいました。

新国立劇場オペラ劇場の内観　1997年竣工。設計は柳澤孝彦＋TAK建築研究所。座席数は1810席。写真©新建築社写真部

新国立劇場での経験を生かす

　彼も最初は確かにびっくりして、どういう言い方であったかは定かではありませんが、新たな音響指標の組立が必要になったというようなことを言っていました。彼がこれまでシューボックスを初めとして数多く行ってきたコンサートホールの調査データが、ここではそのまま使えない。側方反射に関しては、今まで取ってきたデータを使うことができますが、特に天井反射に関しては、参照すべき事例がなかった。そこで、総合的なデータの再構築を新たに検討しなければならなかったのです。

　しかし幸いにも非常によいタイミングで、機が熟していたという感じでした。新国立劇場設計時には、残響時間以外にもいろいろ考えられる音響指標のデータを総合的に収集する機会に恵まれました。ベラネク博士と組んで、国内の7つのホールを含む世界中のオペラ劇場やコンサートホール、全部で66ケ所の音響データを集めて歩いた経験がありました。その調査旅行には私も参加しました。全部に同行することはできませんでしたが、実際に感応的な体験として生の演奏を聴いて、コンサートの終了後にホールを借り切って用意した測定用の音源を再生し、数カ所の客席でその音を録音測定し、それを日本に持ち帰り解析したわけです。そのことによって、残響時間以外の指標の評価が明らかになってきたわけです。音響的な評価が高いといわれているホールの残響時間以外のデータ、例えば初期反射時間遅れなどのデータを数多く集めることができました。それら採取した

データとそのホールの音響的評価を総合的に評価することにより、各々の指標の目標値が設定できるようになりました。音響設計のクライテリアとしては、非常に豊富になったわけです。

　それらで得た新しい手法やデータをもとにして、音響設計ができるというシステムが半ば整った段階でしたから、ベラネク博士としては、安心というか確信が恐らくあったのだと思います。そういう意味で、このコンサートホールが新しい手法に基づく最初のトライとなったわけです。このホールの評価もこの手法を用いて行いました。例えば、ムジークフェラインスザールとそれらの指標を比較して見ると、ほぼ同じ結果が得られているわけです。この指標は、残響時間だけでなく、低音比、親密感、音の広がり、拡散、音量などいろいろあります。それらを定量化する手法を導き出したのです。これが世界音響学会に発表した主要なテーマにもなりました。

音を中心に設計する

　客席勾配については、確かに新国立劇場とはやや異なった印象になっていることは私も理解しています。これにはふたつの理由というか、背景があります。まずひとつには、タケミツメモリアルの場合は、超高層オフィスビルに内包された、いわばビルトインタイプであるということです。このため、客席勾配を極力つけようとは思ったんですが、舞台の後ろと平土間客席の入口のレベル差をそれほどつけられなかったんです。もうひとつは、コンサートホールでは音楽を聴くことを優先にしたという考えによるものでした。

　私にとってコンサートホールは、音の空間であるという意識が強くあります。それがゆえにサイドバルコニーの椅子も、舞台の方には向けないで、観客同士の対向型にしました。これには首が疲れるとのクレームがあることは承知しています。ただ観客同士が時空を共有している連帯感というのは、こうした対面型の客席配置方が良いと思っています。ホールの形からも素直な計画です。音の側方反射を考えると、ホールの幅を極力狭くすることは、重大な要素です。そのためにサイドバルコニーを採用して左右のバルコニー先端相互の間隔を極力狭めようとしているのです。サイドバルコニー先端相互のホール幅は、ムジークフェラインスザールより狭く、この寸法が、初期反射と親密性には一番有効だと思っていました。ですから、バルコニーは必須なのです。

　バルコニーの高さ方向の間隔はもう少し低くもできたのですが、側方からの音の反射からすれば、なるべく間隔を取る方が良かったわけです。それが一番重要でした。別な問題としては、やはり複合建築ゆえに周りの部屋の高さとも関係がありました。もちろん視覚的には、もっと下がった方が見やすいことは理解していましたが。

音をデザインするディテール

　水平線が比較的目立つため直線的な印象を受けられると思いますが、実は細部においては曲面を多用しているんです。というのも、ベラネク博士からさまざまな部位を全て曲面にしようと提案されたんです。これは、新国立劇場のオペラ劇場でもプロセニアムの額縁内側面まで全てカーブにしたのと同様の理由によるものです。反射音を広くディストリビュートするためで、ここ

でも細かなディテールまで丸くしようということになりました。各部位は音の幅広い反射には凸曲面が現場的には有効であることは基本ですが、私は時にはそれを拡大解釈して段々の集積で表現と結びつけました。ベラネク博士は、それならば段の鼻先をすべて丸くしようと提案してきました。ディテールには各所に曲面が配されています。

また、バルコニーの前面には勾配をつけています。これはシミューレーションをして、うまく客席に音が返る勾配を探し出した結果です。したがって、バルコニーごとに勾配が違うんです。新国立劇場でも同じ手法を用いました。天井に付いている小さな部材はディフュージョンのためです。段々は音が進む方向に対して平行ですので、音が滑るのではないかということで、このデザインを考え出しました。そこで、次にどのぐらいの数が必要かを彼に訊ねたところ、その場では厳密なところは答えず、取り合えずこのぐらいの数で行きましょうと決めて、模型実験でその性能・位置・数を確かめました。デザインは、バルコニーに付いているディフューザーと関連づけて決めました。

このほか細部にもたくさんの工夫がなされています。例えば、ピラミッド天井の基部にある棚状のディテールに音響調整用のチューブ（吸音材を内包したビニールチューブ）を敷設し、音の微調整を行うということもしています。ここではチューニングにずいぶん時間をとってもらえたので、何回も試奏ができました。さまざまな種類の演奏ができて、いろいろな席でそれを聴いて確認しました。そして最後に、小澤征爾さんに演奏してもらい感想を聞いたりして調整しました。小澤さんは「ちょっとドライ」と言っていましたが、ベラネク博士と共に聴いたりして、中音と低音の返りの最終微調整を棚の中のチューブで実際調整を行いました。これは測定データにも出ないもので聴きとりによる感覚レベルでの調整です。

こうして音について考えたデザインの扱いが、結果的に日本的な印象を与えているようですが、日本的表現を意識したことはついぞありませんでした。むしろ木の豊かな魅力を表現のテーマとしたかっただけです。

クラシックができれば現代音楽はいくらでもできる

武満さんは、ホールのことについて特別なことはおっしゃっていなかった。くり返しになりますが、ただホールの模型ができた後に、武満さんとの話し合いが1回だけありました。その時に「クラシックができれば、現代音楽はいくらでもできます」とおっしゃったんです。デザインについては何も言われませんでした。それからもうひとつは、このホールができる以前に、武満さんがカーネギーホールで世界中の鐘を吊るして演奏会をされたんですね。「舞台上だけではなく、客席の上部空間までもインボルブしたホール空間全体を使った音楽というものがあるんだ」ということをおっしゃってました。それは、舞台上の1点から音が観客に向かってくるという対面型ではなく、むしろ音が空間全体の中を行き交っているということをおっしゃっていたのだと思います。それは、このピラミッドの空間性が、武満さんのイメージするものにある程度通じ得るのではないかとの意を強くした場面でした。

シューボックスを超える形がないと言われてきた20世紀までの歴史というものに、どこかで新しい突破口を開けないかなと思って設計を行ってきたことは確かです。そういう意味で、タケミツメモリアルがたまたま20世紀から21世紀への橋渡しの時代に誕生したということ以上の役割を担ってくれることを願っています。

　もうひとつは、コンサートホールは音のために設計するのですが、実はもっと重要なことは、音もひとつの因子であるということです。人間と人間の生の感情の交感の坩堝がコンサートホールであるとするならば、体感的な、空間の興奮というものにデザインが向かうことの重要さを感じています。良く響く巨大な楽器をめざしたこの純木造ホールは、天空に向かうかの上昇的ベクトルをもつ空間性と、次々に新しい音を発展させる音楽の時間性が交錯する、新しい交感の場を作りだそうとの設計意図に意を傾注したものです。

資料編
年譜とホールデータ

制作：劇場・ホール小委員会出版ワーキンググループ
（1999－2000年のアンケート調査結果をもとに制作したものです。）

日本のコンサートホールの変遷100年を語る26のホール

1　旧東京音楽学校奏楽堂 1890
　明治から大正・昭和初期における西洋音楽の演奏の場の殆ど唯一の場所で、1903年に日本で初めて本格的なオペラが公演される。

2　日比谷公会堂 1929
　東京文化会館以前の東京における大規模コンサートの拠点。段床客席、大きなバルコニー席と音響を考慮した天井形状など多目的ホールのさきがけ的存在。

3　宇部市渡辺翁記念会館 1937
　地方都市にありながら、平面構成、細部に至るまでデザイン、音響等の様々な面で当時における公会堂の水準を遥かに凌駕した先駆例。

4　神奈川県立音楽堂 1954
　本格的なシューボックス型のコンサート専用ホールの先駆例である。日本において音楽堂の存在を初めて提示した。

5　フェスティバルホール 1958
　関西において戦後初の民間における本格的なコンサートホール。関西の西洋音楽の場の草分けとなる。

6　京都会館 1960
　大ホールをコンサート、中ホールを演劇に用途わけし、明確に複数ホールを所有した先駆例。

7　東京文化会館 1961
　オペラ・バレエの上演もできる多層バルコニー型のオペラハウス的な断面を基本とした多目的ホールを実現。

8　群馬音楽センター 1961
　高崎を音楽の町として位置づけ、その建設プロセスや実現した空間は、地域の音楽の場を意欲的に示した先駆例。

9　鉄鋼館 1970
　「楽器としての音楽堂」のコンセプトの基に正方形のプランを完全3次元ステレオ等により、多様な音を電気音響で実現を目指した。

10　石橋メモリアルホール 1974
　教育機関においては、本格的な音楽ホールの先駆例であり、貸しホールとしても音楽普及の拠点となる。

11　中新田町バッハホール 1981
　当時約1万5千人の町において、クラシック専用ホールを実現。地域とホールの関係の1つのモデルとなる。

12　ザ・シンフォニーホール 1982
　わが国初の民営による自主公演のプロデュースと残響時間2.0秒を確立。これ以降コンサートホールが都市における文化装置として有効な選択肢として扱われる。

13　熊本県立劇場 1982
　大ホール＝音楽、中ホール＝演劇とした複合形式を地方都市で初めて本格的に実現、これ以降地方中核都市における文化ホール整備の1つの複合形式モデルとなる。

14　サントリーホール 1986
　日本におけるワインヤード型の先駆例であり、新しい客層の開拓を含めてホール運営としても成功を収める。

15　カザルスホール 1987
　独立した室内楽音楽活動をメインとした。事業面で独自のプログラムを創出し、日本の室内楽ホールの1つのモデルとなる。

16　八ヶ岳高原音楽堂 1988
　六角形の平面形と木質の内装材を用いて、自然環境と音楽の場の新しい関係を提示した。

17　Bunkamuraオーチャードホール 1989
　シューボックス型の構成をとりながら、「可動音響シェルター」を導入しコンバーティブルなホール空間を設定。

18　水戸芸術館 1990
　3つのレジデンシカル・アンサンブルを中心としたクラシック音楽専用ホール。初の本格的な芸術監督制度を導入。

19　愛知県芸術文化センター 1992
　オペラ公演に対応した大ホールとコンサートホールを中心に美術館や情報センターも含む複合施設で広域文化行政の拠点の在り方を提示した。

20　霧島国際音楽ホール 1994
　森の中に位置し、木の葉型の形状をした演奏者と一体になる包み込む空間の提示と先行した音楽祭も含めた地域の音楽拠点を実現。

21　京都コンサートホール 1995
　一部客席を非対称に配置し、軸中心性を和らげたり、照明や音響拡散体等により非日常的な空間を実現。

22　札幌コンサートホール 1997
　サントリーホール以降の本格的なワインヤード型を実現。音楽祭（PMF）や地元オーケストラによるソフト先行型としても位置づけられる。

23　すみだトリフォニーホール 1997
　計画当初からの演奏家と事業主体と建築設計者と音響設計者4者による協同化が実現。

24　東京オペラシティ 1997
　隣接する新国立劇場を含めて街区単位で劇場都市構想が計画された。タケミツメモリアルとして公演内容も斬新なプログラムを展開。

25　新潟市民芸術文化会館 1998
　空中庭園や空中ブリッジで隣接するの文化施設と公園・川を繋ぐ等ランドスケープの手法を駆使することで文化施設における外部空間の新しい関係を実現。

26　秋吉台国際芸術村 1998
　オープニング公演のルイジ・ノーノ作曲「プレメテオ」を念頭に置いた特徴的な平面形と空間を実現。

日本のコンサートホールの変遷100年を語る12のキーワード

①黎明期（1880〜）
　近代化政策や西洋文化の急速な広まりなどから、文部省に音楽取調係（1879）、演奏者の育成の場として東京音楽学校創立（1887）、表現の場の始まりとして東京奏楽堂（1890）等が開設されることにより、日本における西洋音楽の基礎が築かれた。

②公会堂の発展（1890〜）
　1920年代に入り、各地で集会を前提とした公会堂が整備されるようになった。それと同時に公会堂が地域住民の舞台芸術鑑賞の中心になっていった。地方都市においてクラシック音楽が経験として蓄積される契機となった。

③音楽ホールの幕開け（1954〜）
　日本における初めての音楽ホール「神奈川県立音楽堂」（1954）とともに、大都市では、公会堂の時代から、旧草月ホール（1954）、読売ホール（1958）など舞台芸術の上演を可能とする民間ホールが登場する。また、神奈川県立音楽堂や旧NHKホール等の施設計画を通してコンサートホールの音響設計が理論からより実践の場で展開され、より発展する契機となった。

④本格的な文化会館の登場（1961〜）
　終戦を経て、中野区文化会館（1952）を最初に中央文化と地方文化の交流などの名目で文化会館が建設され始める。その中でより舞台芸術として明確に提示された1つが、当初設計者の前川にミュージックホールの実現を意図した東京文化会館である。これ以降、京都、千葉等それまでの公会堂・市民会館とは異なり、舞台芸術上演を念頭においた文化会館が登場した。

⑤多目的ホールの建設ラッシュ（1965〜）
　70年代には神奈川県民ホールや岩手県民会館に代表されるように、大規模な多目的ホールが建設された。逆にその後の多くの建設ラッシュにより、音響反射板の格納の問題等多目的ホールの限界と問題点が露出し、80年代以降の専用ホールの時代の布石となった。

⑥専用ホールのあけぼの（1981〜）
　中新田町バッハホール（(1981)地方での専用化）、熊本県立劇場（(1982)プランタイプ）、ザ・シンフォニーホール（音響技術）の3つのホールは、これ以降の都市部或いは地方都市におけるホール整備での1つのモデルとして大きな影響を与えた。他方、ホールの画一化を助長した側面も指摘される。

⑦企画力のあるホールの出現（1986〜）
　サントリーホールを皮切りに、カザルスホール、オーチャードホール、いずみホール等の開館により、民間ホールを中心に、都市でのクラシック鑑賞、ワインヤード型や室内楽という専用性、観客の視点に立ったホール運営が確立される。好景気による企業メセナ等も加わり、日本におけるクラシック専用ホールの幾つかのタイプが形成される。

⑧オーケストラとコンサートホール（1990〜）
　90年代に入り、80年代の専用ホールの流れをより明確にする形で、水戸芸術館・金沢・紀尾井ホール・京都コンサートホール・すみだトリフォニーホール等では、従来までの貸し館でないオーケストラのフランチャイズとしてのコンサートホールが実現される。

⑨都市再開発とコンサートホール（1995〜）
　ホールの集客性、施設としてのイメージ等から、都心ではサントリーホール・東京オペラシティ・すみだトリフォニーホール、地方ではアトリオン、浜松アクトシティ、岡山シンフォニーホール等の様に都市再開発や市街地再開発事業の中核にコンサートホールが組み込まれるようになる。その結果、ホールと街との関係がより求められるようになったのと同時に、施設が大規模化し多岐にわたる制約からコンサートホールそのものの多様な展開が見えにくくなった面も生まれた。

⑩音楽祭が生みだしたコンサートホール（1990〜）
　従来のハード先行の整備への批判から、ソフトが先行する形でのホール整備が幾つか試行され始める。その例として、霧島国際音楽祭と霧島国際音楽ホール、PMFと札幌コンサートホールの様に音楽祭が先行して展開され、地域の音楽資源を構築しながら、その過程でホールが整備され、質を重視した地域の音楽文化の器の実現が目指された。

⑪地域における開かれ（1995〜）
　地方都市にホールが計画・整備されるにつれて、従来以上にホールが如何に開かれるかがデザイン面、施設計画面、運営面で試行されるようになる。デザイン面では箱の消去という観点から「ランドスケープ」という外部空間の積極的な取り込み、施設計画面では生涯学習や創作スペース等の施設の複合化や多様な使い手の内包、運営面ではヴォランティア等の市民による積極的な運営への関与が展開されている。

⑫21世紀への課題（1995〜）
　現在のコンサートホールにおける課題としては、リニューアル、市民参加、地域における音楽支援等が考えられる。特にリニューアルは99年に大規模な改修工事を経て開館した東京文化会館に代表されるように60年代、70年代に建設されたホールが建築的・社会的な変化から新たな形でのホールの在り方が求められている。

著者紹介

●**相沢政宏**（あいざわ　まさひろ）
1968年生まれ　フルート奏者、東京交響楽団首席奏者
1989年東京音楽大学在学中に東京交響楽団のオーディションに合格し入団。山元康生氏、小泉剛氏、齋藤賀雄氏、パウエル・マイゼン氏に師事。1991年第5回フルートコンヴェンションコンクール、ソロ部門第3位入賞。現在、オーケストラ、室内楽、ソロ、レコーディングなどで活躍。フルートアンサンブル「よっつのふえ」メンバーとして活動している。

●**井口直巳**（いぐち　なおみ）
1953年生まれ　建築家、足利工業大学非常勤講師
日本大学大学院修了、1984年井口直巳建築設計事務所設立・代表。在学中に文部省海外派遣研究員としてイラク・シュメール人古代遺跡発掘調査参加、1981年オマーン首都サウスルイ再開発コンペ最優秀賞。主な設計作品に、サンハーモニーホール、恩田ヴィラ那須（栃木県マロニエ賞）、山梨のCD小屋（JIA第1回環境建築賞）など多数。NPO活動では故渡邉暁雄氏らとハーモニーの家、東京・北区の依頼で北とびあ国際音楽祭（1994～99年）の企画・運営などを務め、北区文化功労賞受賞。

●**石田常文**（いしだ　つねふみ）
1951年生まれ　コントラバス奏者、新日本フィルハーモニー交響楽団
東京芸術大学修了後、1974年新日本フィルハーモニー交響楽団入団。江口朝彦氏に師事。

●**伊東豊雄**（いとう　とよお）
1941年生まれ　建築家
東京大学卒業後、菊竹清訓建築設計事務所を経て、1965年URBOT設立・代表。1979年伊東豊雄建築設計事務所に改称し、現在まで世界的に活躍。設計作品に、シルバーハット、八代市立博物館・未来の森ミュージアム、長岡リリックホール、大館樹海ドーム、大社文化プレイス、せんだいメディアテークなど多数。フランクフルト市オペラ劇場照明コンペ、コニャック・ジェイ病院設計コンペ、松本市市民会館改築コンペなどコンペ最優秀賞多数。日本建築学会作品賞、村野藤吾賞、毎日芸術賞、日本芸術院賞など受賞多数。

●**井上道義**（いのうえ　みちよし）
1946年生まれ　指揮者　演出
桐朋学園大学にて斎藤秀雄氏に師事。1971年ミラノ・スカラ座主催ヴィット・カンテルリ指揮者コンクールにて優勝して以来、世界的な活動を開始する。1977～82年ニュージーランド国立交響楽団音楽監督。1984～89年新日本フィルハーモニー交響楽団音楽監督。1990～98年京都市交響楽団音楽監督、常任指揮者。ロイヤル・フィル、ミュンヘン・フィル、ドレスデン・フィル、フランス国立管弦楽団など数多くのオケを指揮する。1991年第9回中島健蔵音楽賞、1998年フランス政府より芸術文芸勲章（ジュヴェリエ賞）を受賞。

●**浦部智義**（うらべ　ともよし）
1969年生まれ　日本学術振興会特別研究員、東京電機大学非常勤講師
東京電機大学大学院修了後、現職。主な著書に、「劇場・ホールの視覚特性に関する研究（学位論文）」、井上書院「空間演出（共著）」、丸善「建築設計資料集成　総合編（共著）」。2002年日本建築学会奨励賞受賞。近年、建築をはじめデザイン・文化をクリエイトする集団「ATIMONT（アティモント）」に加わりプロジェクトに参画。

●**大月淳**（おおつき　あつし）
1969年生まれ　名古屋大学大学院環境学研究科助手、博士（工学）
1995年名古屋大学大学院工学研究科博士課程前期課程修了、同後期課程進学、日本学術振興会特別研究員。1997年名古屋大学大学院工学研究科博士課程後期課程退学、同研究科助手。2001年より現職。可児市文化創造センター（1996～2000年）、武蔵町民会館（2001年～）建設プロジェクトに専門委員として参画。

●**大友直人**（おおとも　なおと）
1958年生まれ　指揮者
桐朋学園大学・NHK交響楽団指揮研究員を経る。在学中は、小澤征爾氏・秋山和慶氏に師事。日本フィルハーモニー交響楽団正指揮者、大阪フィルハーモニー交響楽団指揮者を歴任。現在、東京交響楽団正指揮者、京都市交響楽団常任指揮者。国内オケで精力的な演奏活動を続ける他、近年は欧米のオーケストラへの客演も多い。2001年より琉球交響楽団の初代ミュージック・アドバイザーもつとめている。2000年渡邊暁雄音楽基金音楽賞受賞。

●**岡村雅子**（おかむら　まさこ）
エアリエル代表
1994年3月まで、カザルスホールにて招聘実務、企画制作、プロデューサーおよびマネージャーとして勤務。1994年4月より、武満徹氏の誘いで東京オペラシティ・コンサートホールのプロデューサーとなる。その間、1991～95年には、今井信子との連携でヴィオラのプロジェクトを立ち上げる。その後、2000年9月に、時代、国、楽器などのジャンルを超え、すぐれた音楽を届けることをモットーにしたエアリエル設立し現在に至る。

●**小野田泰明**（おのだ　やすあき）
1963年生まれ　東北大学助教授
東北大学卒業。1998～99年UCLA客員研究員。建築計画者として、（仮称）横須賀市美術館、せんだいメディアテーク、演劇工房せんだい10-BOX、名取市文化会館、仙台基督教育児院などのプロジェクトに参画。主な設計作品に、苓北町民ホール（阿部仁史アトリエと共作）。主な著書に、彰国社「日本の現代劇場設計事例集（共著）」、芦屋協出版部「地域に生きる劇場（共著）」など。1996年日本建築学会論文奨励賞受賞。

●**勝又英明**（かつまた　ひであき）
1955生まれ　武蔵工業大学助教授
武蔵工業大学大学院修士課程修了後、1982～88年アール・アイ・エーに勤務。1993年武蔵工業大学大学院博士課程修了、工学博士。同年より武蔵工業大学助手、専任講師を経て現職。1998～99年イーストロンドン大学客員研究員。劇場演出空間技術協会理事（2000年～）、日本建築学会劇場・ホール小委員会主査（2002年～）。著書に、彰国社「建築設計教室新訂版」など。

●**金沢茂**（かなざわ　しげる）
1947年生まれ　東京交響楽団パーソナル・マネージャー
国立音楽大学、ウィーン国立音楽大学卒業。H.バウアー氏、伊藤

清氏に師事。1971年トロンボーン奏者として東京交響楽団入団。1994年から現職。中央大学音楽研究会吹奏楽部で指導も行う。

●金山茂人（かなやま　しげと）
1940年生まれ　東京交響楽団専務理事、楽団長
国立音楽大学卒業。多久興氏、ヘンリー・ホルスト氏に師事。1963年ヴァイオリン奏者として東京交響楽団入団。1976年、代表代行などを経て現職。関連団体として今日まで日本演奏連盟常任理事、東京オーケストラ事業協同組合理事長などを兼務。

●金子典樹（かねこ　のりき）
1965年生まれ　ホルン奏者、新日本フィルハーモニー交響楽団
国立音楽大学、フランクフルト音楽大学を卒業。ホルンを千葉馨氏、大阪泰久氏、守山光三氏、近藤敬氏、ミヒャエル・ヘルツェル氏、マリールイーズ・ノイネッカー氏に師事。1991年第8回日本管打楽器コンクール第2位。1992年第42回プラハの春国際音楽祭コンクールディプロマ賞。ドイツ・フィルハーモニア・フンガリアを経て、1997年新日本フィルハーモニー交響楽団入団。

●小鍛治邦隆（こかじ　くにたか）
1955年生まれ　指揮者、作曲家、東京芸術大学非常勤講師、東京現代音楽アンサンブルCOmeTディレクター
東京芸術大学・パリ国立音楽院・ウィーン国立音大を経る。O.スウィトナー氏、O.メシアン氏に師事。現在、日本現代音楽協会(JSCM)において、国際現代音楽協会(ISCM)専任委員をつとめる。1983年第1回クセナキス国際作曲コンクールで第1位となる。作曲作品に、「オーケストラのための愛の歌」など。1988年文化庁舞台芸術創作奨励賞入選。

●児玉真（こだま　しん）
1950年生まれ　セカンドプロデュース・プロデューサー、NPOトリトンアーツネットワーク・アドヴァイザー
一橋大学中退後、音楽マネジメント界に入る。音楽事務所勤務を経て、1986年カザルスホールのオープニング・プロジェクトに参加以来、同ホールのプロデューサー（1994～2000年チーフ）として若手アーティストの紹介や、聴衆育成プログラム「仲道郁代の音楽学校」などの主催事業や斬新な企画を数多く手がける。数多くのホールのプロデュースのみならず、アートマネジメント分野でも活躍。

●近藤高顕（こんどう　たかあき）
1953年生まれ　ティンパニー奏者、新日本フィルハーモニー交響楽団首席奏者
東京芸術大学を卒業。有賀誠門氏、高橋美智子氏に師事。旧西ドイツ政府給費留学生としてベルリン芸術大学でO.フォーグラー氏に師事。1985年新日本フィルハーモニー交響楽団入団、1989年より首席ティンパニー奏者。カラヤン・アバド・小澤征爾指揮のベルリン・フィルなどの日本公演に出演。水戸管弦楽団、紀尾井シンフォニエッタ東京などのティンパニー奏者もつとめる。1985年には、パーカッショングループ72のメンバーとなる。

●斎藤義（さいとう　ただし）
1938年生まれ　建築家・環境デザイン研究所
早稲田大学卒業後、菊竹清訓建築設計事務所勤務を経て、アトリエR設立・主宰。2001年から環境デザイン研究所所長。主な設計作品に、六本木自由劇場、黒テント移動劇場、シアターアプル、地鉄劇場、近鉄アート館、河口湖ステラシアター、世田谷パブリックシアターなど多数。また、東急Bunkamura開発室コーディネーターなど数々の劇場計画に関わる。主な著書に、建築資料研究社「劇場・ホール」・「演劇の劇場」（ともに共著）など。

●坂口大洋（さかぐち　たいよう）
1970年生まれ　東北大学助手
東北大学大学院修了後　現職。2002年東北建築賞研究奨励賞受賞。建築計画者として、せんだい演劇工房10-BOXなどのプロジェクトに参画。

●澤岡清秀（さわおか　きよひで）
1952年生まれ　建築家・工学院大学教授
東京大学、ハーバード大学大学院修了後、ケヴィン・ローチ／ジョン・ディンケルー事務所（米コネティカット）、リチャード・ロジャース事務所（ロンドン）勤務、1980～92年槇総合計画事務所勤務(1989年～主任所員)。主な担当作品に、スパイラル、京都国立近代美術館、津田ホールなど。1988～89コロンビア大学客員教授。1992年工学院大学助教授を経て現職。2000年澤岡建築都市研究所設立・主宰。主な著書に、彰国社「日本の現代劇場設計事例集（共著）」日刊建設通信「コンバージョンによる都市再生」など。

●清水裕之（しみず　ひろゆき）
1952年生まれ　名古屋大学教授
東京大学大学院修了後、千葉工業大学助教授などを経て現職。1978～80年西ドイツハノーバー大学（旧工科大学）留学。建築計画者として、愛知芸術文化センター、彩の国さいたま芸術劇場、長久手町文化の家など多数のプロジェクトに参画。主な設計作品に、ゆだ文化創造館（A&T建築研究所・高橋設計と共作）など。主な著書に、鹿島出版会「劇場の構図」、「21世紀の地域劇場」、共団協出版部「地域に生きる劇場（共著）」など。2001年日本建築学会賞（論文）受賞。

●千住真理子（せんじゅ　まりこ）
2歳半よりヴァイオリンを始める。N響と共演し12歳でデビュー。日本音楽コンクールに最年少15歳で優勝、レウカディア賞受賞。パガニーニ国際コンクールに最年少で入賞。慶応義塾大学卒業後、本格的に国内外で活躍。モービル音楽奨励賞受賞。CDも多数発売。演奏活動の傍らNHK教育テレビのキャスター、司会、ステージ音響の研究など多方面で活躍。著者には時事通信「聴いて、ヴァイオリンの詩」などがある。NHK朝の連続テレビ小説「ほんまもん」の音楽を兄の千住明氏が担当、自身が演奏し、話題となった。

●高関健（たかせき　けん）
1955年東京生まれ　指揮者
幼少よりピアノとヴァイオリンを学び、桐朋学園入学後指揮を学ぶ。1977年カラヤン指揮者コンクール・ジャパン優勝。翌年ベルリン・フィル・オーケストラ・アカデミーに留学。1985年までベルリン・フィルの演奏旅行・録音等でカラヤンの助手を務める。この間、ニコライ・マルコ記念国際指揮者コンクール第2位入賞、1984年にはハンス・スワロフスキー国際指揮者コンクール優勝などで注目され演奏活動を開始。内外のオーケストラに出演を重ねている。広島交響楽団音楽監督・常任指揮者を務めた後、1993年から群馬交響楽団音楽監督。2003年4月より札幌交響楽団正指揮者を兼任予定。1996年渡邊暁雄音楽基金音楽賞受賞。

●武政博史（たけまさ　ひろし）
1965年生まれ　建築家
武蔵工業大学大学院終了後、1991～2000年柳澤孝彦＋TAK建築研究所勤務。その間の担当作品に、新国立劇場（実施設計）東京都現代美術館、東京オペラシティコンサートホール（以上基本設計のみ）など。2001年 A-drift Architects（エイドリフトアーキテクツ）設立、主宰。主な設計作品に「北烏山の家」、「佃島の家」など。また、小劇団の舞台美術デザインも手がける。

●豊嶋泰嗣(とよしま やすし)
1964年生まれ　ヴァイオリン・ヴィオラ奏者、新日本フィルハーモニー交響楽団ソロコンサートマスター
桐朋学園大学を卒業。江藤俊哉、アンジェラ両氏に師事。大学在学中にハレー・ストリング・クァルテットを結成。新日本フィルのコンサートマスターを歴任。1997年からは、九州交響楽団・新日本フィル両楽団のコンサートマスター。1986年民音コンクール室内楽第1位及び斎藤秀雄賞を受賞。1991年度村松賞、第1回出光音楽賞、1992年文化庁芸術選奨文部大臣新人賞を受賞。

●仲道郁代(なかみち いくよ)
ピアノ奏者
大学1年在学中に第51回日本音楽コンクール第1位、増沢賞受賞。デビュー以来、温かい抒情と完璧なまでの技巧に支えられ、これまでに国際的な指揮者、アーティストとの共演、カーネギーホールでのリサイタル等、海外でのキャリアを築く。また日本国内ではリサイタルを行う。その他、「ベートーヴェン・ピアノ・ソナタ全曲演奏会」、「仲道郁代の音楽学校」「絵とお話とピアノでつづる"星のどうぶつたち"」等意欲的なプログラムが高い評価を得ている。著書に、音楽之友社「ステージの光の中から」。
http://www.ikuyo-nakamichi.com

●西巻正史(にしまき まさし)
1961生まれ　プロデューサー・トッパンホール企画制作部長、TAM運営委員会音楽ディレクター、東京芸術大学、東京純心女子大学非常勤講師
上智大学卒業後、ワコール入社しスパイラルホールの企画・制作を準備室時代から担当。1989年社会工学研究所に移り、芸術文化のインフラ整備と具体的なプロデュース活動を行う。ほか、「ステージラボ」などのホールスタッフ育成事業を企画・実施する。1997～2001年水戸芸術館コンサートホールATM勤務。

●平佐素雄(ひらさ もとお)
1949年生まれ　(株)梶本音楽事務所・副社長
早稲田大学理工学部卒業後、(株)フジタ工業に入社。1973年、梶本音楽事務所に移り、今日まで一貫して内外アーティストのマネジメント、及びコンサートのプロデュースに携わる。中でも、ピアニスト ウラディミール・ホロヴィッツの招聘、ピエール・ブーレーズ・フェスティバルの開催、1976年より担当マネージャーを務めている指揮者小澤征爾の数々のプロジェクトのプロデュースなどの業務を中心的に推進したことが特筆される。

●藤垣秀雄(ふじがき ひでお)
1949年生まれ　札幌コンサートホール・Kitara企画主幹
1975年札幌市奉職。1977年第20回東京国際ギターコンクール第1位。スペイン政府給費生としてサンチャゴ デ コンポステラのマスターコース参加。ドイツ、ポーランド等でフェスティバルに参加する他、リサイタルツアーを行う。1990年世界チューバ・ユーフォニアム世界大会、第1回パシフィック・ミュージック・フェスティバル(PRF)を担当。その後Kitaraの建設を担当し、現在に至る。

●船越徹(ふなこし とおる)
1931年生まれ　建築家、東京電機大学名誉教授
東京大学大学院修了後、同大学助手を経て、東京電機大学教授(2001年退任)となり研究・教育活動を行う一方、1970年にアルコムを設立、代表となり現在に至る。この間、日本建築学会理事・建築計画委員長などを歴任。1988年日本建築学会論文賞、1993年同作品賞、その他、公共建築賞・東京建築賞など多数受賞。主な設計作品に、市原市行政センター、昭和大学病院、相模原市

上九沢住宅など多数。著書に、井上書院「建築・都市のための調査・分析方法(共著)」など多数。

●三界秀実(みかい ひでみ)
1966年生まれ　クラリネット奏者、元新日本フィルハーモニー交響楽団副首席奏者・現東京都交響楽団、東京芸術大学非常勤講師
東京芸術大学を卒業。学内で安宅賞受賞。クラリネットを小島皓二氏、大橋幸夫氏、村井祐児氏、鈴木良昭氏に、室内楽を山本正治氏、海鋒正毅氏に師事。東京国際音楽コンクール室内楽部門に木管三重奏で入選。1991年東京芸術大学大学院修了後、新日本フィルハーモニー交響楽団入団。

●宮部光幸(みやべ みつゆき)
1948年生まれ　株式会社ドーコン(旧社名　北海道開発コンサルタント株式会社)
北海道大学大学院修了後、北海道開発コンサルタントに入社し、現在に至る。主な設計作品として、札幌市芸術の森アートホール、ホテル・ニドム、千歳市民文化センター(岡田新一設計事務所と共作)、キリンビール千歳工場(北海道建築賞)、札幌市高速電車東車両基地(公共建築賞)、札幌コンサートホールKitara(公共建築賞)など多数。その間、北海道大学で講師を勤める(建築設計論)。

●本杉省三(もとすぎ しょうぞう)
1950年生まれ　日本大学理工学部教授
日本大学大学院修了後、同大学助手、文化庁文化部非常勤職員(第二国立劇場担当)、ドイツ学術交流会給費生としてベルリン自由大学演劇研究所に留学中、ベルリン・ドイツオペラ及びシャウビューネ劇場技術部で実習研修などを経て現職。主な計画・設計協力に愛知芸術文化センター、つくばカピオ、新国立劇場、新潟市民芸術文化会館、ビックハート出雲、大社文化プレイスなど多数。著書に、芸団協出版部「地域に生きる劇場(共編著)」など。

●柳澤孝彦(やなぎさわ たかひこ)
1935年生まれ　建築家
東京芸術大学卒業後、1986年まで竹中工務店(1981年～設計部長、1986～年設計プリンシパル)勤務。1986年「第二国立劇場」国際設計競技で最優秀賞受賞を契機に独立、TAK建築・都市計画研究所を設立・代表。設計作品に、中川一政美術館、群馬県立美術館、東京都現代美術館、三鷹市芸術文化センター、新国立劇場(第二国立劇場)、東京オペラシティ(JV設計)、桶川市民ホールなど(10を超えるホール設計を含む)多数。吉田五十八賞、BCS賞、日本芸術院賞、日本建築学会作品賞など受賞。

●幸和紀(ゆき かずのり)
1970年生まれ　武蔵工業大学客員研究員、東京家政学院大学非常勤講師
　武蔵工業大学大学院修了後、現職。舞踏家・和栗由紀夫主催「好善社」の舞台美術を経て、1993年より創作集団「Cheap Thrill」を結成し、舞台作品の構成・演出・美術を担当。著書に、「多目的ホールの舞台備品収納空間計画に関する研究(学位論文)」。

■渡辺哲郎(わたなべ てつろう)
1954年生まれ　コントラバス奏者、東京交響楽団首席奏者
東京芸術大学を卒業。江口朝彦氏、今村清一氏に師事。東京シティ・フィルハーモニック管弦楽団を経て、東京交響楽団入団。御茶の水管弦楽団で指導も行う。

図版出典・資料協力者リスト

第1部1.1
「音楽のための建築」鹿島出版会
「Das Gewandhaus Leipzig」Nrnst & Sohn
本杉省三

第1部1.2
「人間と音楽の歴史・コンサート」音楽之友社
「音楽のための建築」鹿島出版会
前川建築設計事務所
積田洋
浦部智義
本杉省三

第2部1.1
「音楽のための建築」鹿島出版会
津田ホール

第2部1.2
三鷹市芸術文化センター
ムジカーサ
梶本音楽事務所

第2部1.3
群馬交響楽団
すみだトリフォニーホール
浦部智義
本杉省三

第2部1.4
NHK
大阪フェスティバルホール
積田洋
本杉省三
梶本音楽事務所

第2部2.1
東京交響楽団

第2部2.2
新日本フィルハーモニー交響楽団
井口直巳
浦部智義
本杉省三

第2部2.3
「SD8910」鹿島出版会
ジャパンアーツ
積田洋

第2部2.4
ジャパンアーツ
積田洋
浦部智義

第2部3.1
児玉真

第2部3.2
平佐素雄

梶本音楽事務所

第2部3.3
トッパンホール

第3部1.1
勝又英明

第3部1.2
「SD7911」鹿島出版会

第3部2.1
NHK
三沢浩
吉田イサム事務所
浦部智義

第3部2.2
「劇場の構図」SD選書　鹿島出版会
「都市と建築のパブリックスペース」鹿島出版会
「音楽のための建築」鹿島出版会
井口直巳

第3部3.1
いずみホール
浜離宮朝日ホール

第3部3.2
「音楽のための建築」鹿島出版会

第3部3.3
伊東豊雄建築設計事務所

第4部1
サントリーホール
磯崎新アトリエ
積田洋
浦部智義

第4部2
ドーコン
浦部智義
本杉省三

第4部3
柳澤孝彦+TAK建築研究所
浦部智義

年譜
秋吉台国際芸術村
「アントニン・レーモンドの建築」鹿島出版会
サントリーホール
東京交響楽団
前川建築設計事務所
浦部智義
本杉省三

編 集 委 員 会

日本建築学会 建築計画委員会
劇場・ホール小委員会

勝又英明 (主査)

浦部智義 (幹事)

大月　淳 (幹事)

音楽空間研究出版ワーキンググループ

本杉省三 (主査)

井口直巳 (幹事)

浦部智義 (幹事)

斎藤　義 (委員)

坂口大洋 (委員)

武政博史 (委員)

幸　和紀 (委員)

青池佳子 (委員)

取材協力

田中伊都名 (新国立劇場財団)

おわりに

　研究会をひとつずつ実行していく段階は、目前の決まった日程に向け役割分担を決め短期決戦で進むというやり方でよかった。しかし、いざその成果を本にまとめようと動き出してみると、なかなか想像していたようにはかどらない。一つひとつの資料は大変興味深いのだが、研究会ごとに対象施設と関連するサブテーマを考え取り組んできたため、本というかたちになると、当日資料のままというわけにいかず、ライブ感覚を大切にしたインタビューもそのままでは脈絡に欠ける、文章のボリュームも大きすぎるなど、原稿を大幅に再構成する必要があった。鹿島出版会側も組織の変更などがあり、思った以上に時間が掛かってしまったが、ようやく関係者の一致団結により陽の目を見ることができた。

　コンサートを企画した研究会当日台風に見舞われたり、地方都市でコンサート付きの研究会を催した時には、本当に人が来てくれるものかハラハラドキドキの連続だった。多くの方に寄稿していただいた厚い資料の印刷代と郵送費に悩んだり、予算上のリスクが毎回頭から離れない研究会だった。赤字でもいいと力まずに行った最終回が逆に大幅黒字で、自分たちの読みのなさ、関心のズレを思い知らされる結果となった。

　委員会というよりもまるで企画屋さんのようだと冗談とは思えない本音を口にされる場面もあった。すべて委員全員の協力なしにはなし得なかったことである。研究会後、講師を囲んで皆で飲むビールとそこでの会話は何にも代え難い交流・学習の場となった。ご協力いただいた音楽家、プロデューサー、建築家、会館・ホールの方々には、本当に多くを学ばせてもらった。委員会を代表し厚く御礼申し上げたい。

　挫けそうになりながらも、ここまでたどり着けたのは出版WGの努力の賜である。特に、井口直巳さん、浦部智義さんは、本書をまとめるために本当に時間と労を惜しまず力になってくれた。浦部さんは追い込みとなったここ2ヶ月ほどは週の半分近くを鹿島出版会に出向き図版整理や編集協力に当たってくれた。拙い企画から出版にわたる沢山のわがままを辛抱強く支援してくれた鹿島出版会の伊藤公文（現鹿島建設）さん、小田切史夫さん、相川幸二さんのおかげでようやくここまで来られた。テープ起こしや資料印刷を手伝ってくれた学生の協力も忘れられない。ご協力いただいたすべての方々のお名前を挙げることはできないが、紙面を借りて関係者の皆さまに心より感謝申し上げたい。

　　　　　　　　　　　　　　　　　　　　　　　　　　　　　　　　　本杉省三

音楽空間への誘い
コンサートホールの楽しみ

2002年12月30日　第1刷発行©
2004年 4月30日　第2刷

編者	日本建築学会
装丁＋DTP	海野幸裕＋宮本 香
発行者	新井欣弥
発行所	鹿島出版会
	〒107-8345　東京都港区赤坂6丁目5番13号
	電話03-5561-2550　振替00160-2-180883
印刷	半七写真印刷工業
製本	牧製本

ISBN4-306-04428-9 C3052　Printed in Japan
無断転載を禁じます。落丁、乱丁本はお取替えいたします。
本書の内容に関するご意見、ご感想は下記までお寄せください。
URL: http://www.kajima-publishing.co.jp
E-mail: info@kajima-publishing.co.jp